U0920438

本专著为“法治建设与法学理论研究司法部科研项目成果”，同时，也得到了中央财政支持地方高校发展专项资金——“浙江民营企业转型升级法制保障研究”项目经费资助。

序　言

伴随经济全球化程度的不断加深、各国对资本要素流动的逐步开放，以外资并购为主要形式的第五次并购浪潮自1993年起一直方兴未艾。外资并购多是巨型跨国公司在两个或两个以上的国家进行的并购，其产生的影响不仅仅局限于一国之内，还会造成国际性市场垄断结构的形成。因此，一项跨国并购往往会成为多个国家反垄断法的规制对象，这就会导致各国在规制外资并购时发生冲突与对抗。如何解决此问题，是摆在各国面前的一道法律难题。此外，外资垄断性并购挤占我国国内市场份额，垄断中国市场，并可能威胁国家经济安全，加强对它的规制势在必行。由于我国在应对外资垄断性并购的法律规制方面存在许多缺陷，现有的外资并购审查制度无法充分而恰当地评估并购交易可能对国家安全造成的影响，反垄断法的相关配套法规和实施细则仍不甚完备，因此，完善相关的制度设计迫在眉睫。

如何从客观、理性、事实的角度分析外资垄断性并购对我国经济的作用和影响，既需法理实证分析研究，也需经典的案例考量标准，以便能最终考察研究出一整套既符中国国情、又能参照国际规则进行市场化规范运作的防范外资垄断性并购的法律规制，保证外资并购在良性的轨道展开，使得我国在吸引外资过程中始终处于主动和有利的地位，从而促进我国经济的全面协调可持续发展。

本课题研究的重要价值在于把法律研究和经济学分析有机结合起来，从国际法、全球化视野对外资垄断性并购与国家经济安全的关系进行系统的辩证和梳理，提供外资垄断性并购的利弊分析，探讨当前国家经济安全面临的主要困境及研究新思路，提出符合中国发展需要而又便于操作、具有前瞻性、预测性、可行性的应对外资“垄断性并购”、维护国家经济安全的对策建议。

主要研究内容如下：

第一部分，外资并购与国家经济安全。概括性地介绍两者的基本含义、特征和性质；系统分析外资并购与国家经济安全的辩证关系，解读规制外资垄断性并购的必要性，阐述当前国家经济安全面临的主要困境及其研究新思路。

第二部分，外资并购的历史演进。以全球外资并购的历史发展脉络为契入点，探讨外资并购在我国的发展历程，研究外资并购的市场动因和经济背景，以进一步认清新一轮外资并购的战略意图和新特点。

第三部分，国内外规制外资垄断性并购的立法考察。研究发达国家外资并购反垄断的法律规制比较，系统分析我国应对外资垄断性并购的法律制度现状及面临的困境，探讨国外相关立法对我国的启示。

第四部分，外资垄断性并购经典案例评析。通过多个典型的并购案例的介绍和分析，透视外资垄断性并购对东道国产业安全和经济安全的威胁，总结出几种已有的和潜在的安全隐患问题，深刻评论和剖析每个案例所蕴含的并购难点及其由此所折射出的国家安全的最底线。

第五部分，反垄断与国家安全审查。从反垄断审查与国家安全审查的关系入手，系统介绍美国的外资并购国家安全审查制度及其对我国的启示；在评论我国“并购安全审查制度”的主要内容及其缺漏的基础上，进一步评析反垄断适用除外制度，以寻求构筑外资并购审查制度安全坝。

第六部分，外资并购反垄断规制的国际协调。通过对外资并购反垄断域外适用的矛盾冲突的解析，实践考察国与国之间的双边协调、典型性区域协调的探索及其代表性多边协调的尝试；通过反垄断规制国际协调的前景瞻望，构建 WTO 竞争规则下的外资并购反垄断国际协调规制和最佳途径设计。

研究的重点和难点：

第一，国际国内如火如荼的跨国并购现象对企业并购的传统理论和规则带来了哪些挑战？以美国为代表的发达国家的外资并购反垄断政策及国家安全审查制度具有何种优势及独特之处？对中国有什么启示？

第二，“影响国家经济安全”的因素究竟有哪些？民族工商业保护和国家经济安全应当具体考量哪些价值？平衡哪些利益？采用哪些应对措施和手段？

第三，为顺应当前外资并购的国际化趋势，外资并购的相关立法应确立怎样的指导思想、基本原则和具体规则？

第四，中国应当构筑怎样的防火墙和安全坝来应对外资“垄断性并购”、维护国家的民族产业和经济安全？

主要研究方法：

（一）实证研究法。深入实际进行调研，以获取第一手资料，归纳出一些经典案例；深入有代表性的公司企业，广泛了解外资并购的现状、演变规律。在理论指导下，对所得材料进行分析论证。

（二）比较研究法。包括横向比较和纵向比较。通过横向的国与国之间的相互比较和纵向的国内现实与历史的比较分析，不仅对各国规制跨国垄断性并购的立法与司法实践有充分的了解，为我国相关立法提供借鉴和启示，而且也了解了国内并购的演变规律和有效途经，以使现代人们对外资垄断性并购的规制更具科学性。

（三）经济分析研究法。运用产权经济学、法律经济学、博奕论等经济分析工具，对外资并购与国家经济安全的法律规制问题予以系统分析论证。

第一章　外资并购与国家经济安全

在经济全球化背景下，外资并购已成为当前国际直接投资的一种主要方式。随着我国投资环境的日益改善和加入 WTO 后政策法规的逐渐松动，外资并购热潮对我国经济发展的影响也越来越强烈。相较于绿地投资，外资并购可以使外国投资者避免重复建设，直接利用其目标企业原有的基础设施、人力、物力等资源，减少投入成本，并借此缩短建设周期，更高效快捷地进入东道国市场，从而极大地降低了投资成本和风险。诚然，外资的注入对我国企业的发展起到了一定的推动作用，诸如盘活国内不良资产、改革国有企业及上市公司的治理结构、开拓国际市场、引进现代化管理经验和先进技术、优化股权结构等，这对提高我国企业竞争力无疑提供了较强的助力。但同时，外资并购的负面效应也应引起我们的高度重视，其中最为重要的就是其潜在的垄断可能。这种垄断往往表现为技术垄断、品牌垄断和市场规模垄断等，从而严重制约我国幼稚产业的良性发展。不可否认，来华投资的外国投资者多是实力强大的跨国公司，拥有雄厚的资金实力、技术水平、先进的经营策略，实践中其往往以各行业的优势龙头企业为目标，通过对该类目标企业的并购，直接获得原企业已有的优势条件，诸如品牌效应、销售渠道等，并借此挤占市场份额，达到控股垄断地位，以攫取垄断利润。从微观角度看，如若外资在某行业领域内形成垄断，必定会利用其垄断的优势地位限制甚至是排除竞争，为其他竞争者进入市场设置障碍，最终获得相关产品的定价权，直接损害消费者利益。从宏观角度看，外资通过垄断性并购对产业主导权进行争夺。目前已有学者表明外资垄断性并购可能对国家经济安全产生威胁，长远来看，甚至会影响我国宏观调控的能力及效果。因此，如何在开放中寻求安全，是摆在我们面前的一个重要课题。

一、外资并购与国家经济安全的概念界定

（一）外资并购

1. 对外资的界定

“外资”是个通俗的称谓，而非精确的法律概念，讨论外资并购有必要对“外资”这个词汇的内涵和外延予以明确。“外资”这个称谓一般是从资本输入国角度出发对来自外国的投资的简称。从法律意义上讲，外国投资者合法拥有的资金或资本均可以称为外资。因此，我国法律意义上的外资内涵可以界定为：按照中国法律规定，外国投资者为取得我国企业的股权或者类似权益而投入的资本。①

由于我国国情和历史的特殊性，我们需要对外资的外延作扩张解释：其一，港澳台投资者虽属我国居民或法人，但基于历史和现实，一直被视作外资。其二，外国投资者在我国境内的合法收入也属外资，这是出于鼓励外商投资的政策考量。其三，外国投资者在中国境内设立的外商投资企业尤其是投资性公司，虽属中国法人，但发生再投资的情形时，也被视作外资。

综上所述，本文所称的“外资”，是指外国投资者为取得我国企业的股权或类似权益而投入的资本。外国投资者，既包括外国的公司、企业、其他经济组织和个人，也包括属于中国法人的外商投资企业（含投资性公司）；外国资本，既包括外国投资者从国外投入的新增资本，也包括外商投资企业境内所得的再投资。

2. 对并购的界定

一般意义上理解，并购（Mergers and Acquisitions）主要指企业并购，是企业兼并（Merger）与企业收购（Acquisition）的统称，一般称之为企业并购（M&A）或企业购并（A&M）。② 无论是企业兼并还是企业收购，其实质均是为了获取对目标公司的控制权。

根据《大不列颠百科全书》（1999 年版），企业兼并（Merger）是指两家或更多的独立的企业、公司合并组成一家企业，通常由一家占优势的

① 叶军、鲍治：《外资并购境内企业的法律分析》（2008 年修订增补版），法律出版社 2008 年版，第 153 页。

② 刘恒：《外资并购行为与政府规制》，法律出版社 2000 年版，第 1—2 页。

公司吸收一家或更多的企业。根据该解释，在企业兼并中，一个公司的法人资格被另一公司所吸收，存续公司承受被兼并公司的财产、责任、特权与权力，被兼并公司不再作为独立的法律实体存在。[①] 美国公司法也有类似规定，Merger 是指一个公司吸收另一个公司后另一个公司被解散不复存在，其财产转移到存续公司的行为。在西方各国的公司法中，企业兼并还可分为吸收兼并和新设合并两种。前者指一家公司兼并其他公司并继续存续，而目标企业的法人地位消失；后者指参与兼并的双方企业均丧失法人资格，共同组成为一个新的法人主体。

根据布莱克法律词典的释义，企业收购（Acquisition）是指“获取某项特定财产所有权的行为”，意思是指一家公司在证券市场上用现金、债券或股票购买另一家公司的股票或资产从而获得该公司控制权的法律行为，而该公司的法人地位并不消失。在我国，常常把“Acquisition”翻译为企业收购，其含义为，收购企业以达到对被收购企业的绝对或相对控制权为目的的购买行为。2002 年中国证监会发布的《上市公司收购管理办法》第 2 条规定：“本办法所称上市公司收购，是指收购人通过在证券交易所的股份转让活动持有一个上市公司的股份达到一定比例、通过证券交易所股份转让活动以外的其他合法途径控制一个上市公司的股份达到一定程度，导致其获得或者可能获得对该公司的实际控制权的行为。”根据收购工具的不同，可以把企业收购分为资产式收购和股份式收购两大类。资产式收购，是指买方企业收购卖方企业的全部或部分资产，使之成为买方的一部分；股份式收购，则是指买方企业直接或间接收购卖方企业的全部或部分股票的行为。股份收购可以分为全面股权收购、多数股权收购以及少数股权收购三种。全面股权收购实质上是目标企业成为收购企业的全资子公司，该子公司仍是一个独立的法人实体，这是不同于企业兼并的地方；多数股权收购是指收购目标公司 50%—99% 的股权，被收购方成为收购方的控股企业；在一些股权分散的公司，只需要收购目标企业的少数股份，即大约 10%—49% 的股权，就能够控制目标企业，此乃少数股权收购。

从法律后果来看，企业兼并和企业收购的区别在于，兼并是两个或两个以上的法人合并成为一个法人，它必然导致目标公司法人资格的丧失，

① 江平主编：《新编公司法教程》，法律出版社 1998 年版，第 84 页。

改变市场上的法人数量；而收购则保留着被收购公司的法人资格，它不改变市场上法人的数量，改变的仅仅是被收购企业的产权归属或者经营管理权归属。换言之，在企业兼并中，并购企业完全拥有目标公司的终极所有权和法人财产权，是企业产权的完全转让；而在企业收购中，目标企业仍以法人实体存在，并购企业只是通过全部或部分终极所有权的购买而获得对目标公司全部或部分法人财产权的实质上的控制。

作为企业的市场经营行为，兼并与收购有着许多共同的特点：从动机上看，都是为了取得对目标公司的控制权；从手段上看，都是通过产权交易来实现企业控制权的让渡；从结果上看，都满足了企业外部扩张的需求；从宏观上看，企业兼并与收购都会使市场力量、市场份额和市场竞争结构发生变化，对经济的发展产生相同的效应。因此，无论是在法律实务还是在理论研究上，人们习惯于将兼并和收购合在一起，被统称为企业并购（M&A）。①

基于以上分析，笔者将并购定义为：在市场竞争中占优势的某一企业或法人机构通过吸收或购买的方式获取目标企业的全部或部分资产或股权，从而取得该目标企业实际控制权的行为。

3. 外资并购释义

学界对于外资并购（cross-border merger and acquisition），又称跨境并购或国际并购，所下定义为：一国企业基于某种目的，通过一定渠道或支付手段，将外国企业的一部分甚至全部份额的股份或资产买下来，从而对后者的经营管理实施实际的或完全的控制。外资并购主要分为两大类：外资兼并和外资收购。外资兼并是指在当地或外国企业的资产或运营活动被融入一个新的实体或并入已经存在的企业。外资收购是指在已经存在的当地或外国附属企业获得占有控制权的份额。外资并购是外国投资者和与外国投资者具有同等地位的公司、企业或个人，按照我国法律的规定实质取得境内企业权益的行为，也就是说，外资并购的并购方是外国投资者，使用的是外国资本，被并购的企业是中国境内的企业，并购交易应当按照中国的法律进行。

2006年8月8日由商务部、国资委、国家税务总局、国家工商总局、证监会和国家外汇管理局联合出台的《关于外国投资者并购境内企业的规

① 李磊：《跨国公司并购在华并购的法律规制研究》，中国检察出版社2007年版，第7页。

定》第2条对外资并购进行了界定，即“本规定所称外国投资者并购境内企业，系指外国投资者协议购买境内非外商投资企业的股东的股权或认购境内公司增资，使该境内公司变更设立为外商投资企业；或者，外国投资者设立外商投资企业，并通过该企业协议购买境内企业资产，并以该资产投资设立外商投资企业运营该资产”。

2009年6月，为保证《关于外国投资者并购境内企业的规定》与《反垄断法》和《国务院关于经营者集中申报标准的规定》相一致，商务部发布了最新修订的《关于外国投资者并购境内企业的规定》，对于外资并购的概念和模式，规定中有明确的定义和说明。所谓外资并购即是外国投资者与境内非外商投资企业，通过股权并购和资产并购所发生的商业行为。具体如下图所示①：

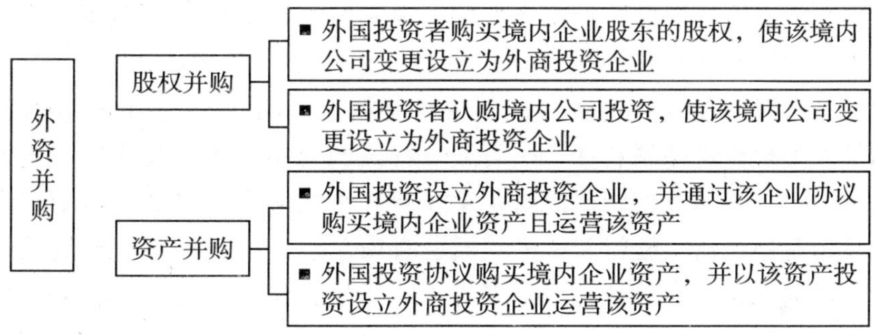

4. 当前外资并购呈现的新特点

近年来外资并购国内企业表现出一系列的新特点，尤其是进入20世纪90年代以后，通过外资并购实施跨国经营和全球扩张，已成为国际资本流动的主要选择和路径。我国加入WTO后，以合资和独资为主的绿地投资模式逐渐淡化，外资并购正成为我国市场投资的主导趋势。当前，外资并购呈现出一些新的特点和趋势：

（1）并购条件苛刻，有可能形成垄断

对许多跨国公司来说，不能获得垄断利润的并购几乎没有任何意义可言。外资垄断性并购的要害就在于通过对产业链条的整合，实现控制，甚至绝对控股，以使控股方获得整个产业链条的绝大部分收益。当前，无论

① 王丹青：《外资并购中中国企业的风险与规避》［N/OL］，正略钧策的博客，2010-04-02，http：//blog. sina. com. cn/zhaominadfaith

在控股权、控制销售权及财务权还是品牌使用权方面，外商都提出了明确的控制目标和要求。其中在控股权方面，表现得尤为迫切，包括最初以参股、相对控股实施并购的跨国公司，现在也正谋求通过增资扩股实现绝对控股。必须控股、必须是行业龙头企业、未来收益必须超过15%，这三点已经成为跨国公司目前在中国并购活动的基本点。正如全国政协经济委员会副主任李德水所说的那样，如果任由跨国公司恶意并购的自由发展，中国民族工业的创新能力和自主品牌就会逐渐消失，跨国公司就会控制国内龙头企业的关键技术和高附加值，甚至我国企业的一大批骨干企业也将不复存在。

（2）并购重点选择为行业龙头企业

近年来，外资在华并购近乎是“斩首行动”，直接并购引领行业发展的龙头企业成为外资并购我国企业的一个新特点。他们往往利用国企改制和地方推进国有产权改革的时机，加快并购步伐，不遗余力、不惜血本，意图通过拿下行业龙头企业，控制战略制高点，实现对整个市场的操控。全球最大的机械设备制造商——美国卡特彼勒公司在中国展开的一场并购扩张风暴中，中国机械制造业的龙头企业几乎均被列入其并购计划：潍柴动力股份有限公司、厦门工程机械股份有限公司、广西柳工机械股份有限公司、河北宣化工程机械有限公司等。实质上，收购龙头企业只是卡特彼勒在中国扩张野心的一小部分，其目的已不仅仅是占领中国市场，同时也意欲将中国的装备制造业纳入其全球产业链，以形成其更强有力的资本吞食，从而在根本上消灭其潜在的竞争对手——中国机械制造业的龙头企业。

（3）整体布局、联合行动

跨国公司在华并购开始由过去的单向选择，渐渐发展为有计划、有步骤的战略行动，这从美国卡特彼勒公司对我工程机械行业的并购可见一斑，其整体布局的意图十分明显。同时，在外资对我国行业龙头企业的并购过程中，既有跨国公司的“单兵作战”，也有跨国公司之间的“联合行动”，同时也有投资公司与基金的相互配合。例如在卡特彼勒大举进入中国机械工程市场的同时，美国凯雷投资集团适时地以3.75亿美元的价格试图收购徐工集团85%的股权。如此“绝配”，显然绝非简单的巧合。

（4）采取分步到位策略

外资对有的重要企业的并购不一定能一步到位，往往采取分步走的策略，通过逐步渗透，迫使中国企业逐步就范。跨国公司通常的做法是，在与中国企业进行合资以后，采取让其陷入亏损的办法，直到将合资企业的中方拖垮，从而迫使中方自愿将整个企业拱手相让，合资企业最终变成了外方独资企业，完成独资后又会在很短的时间内使企业出现戏剧性的盈利和快速发展。

（二）国家经济安全

1. 国家经济安全的内涵

国家经济安全是一个相对复杂的概念。迄今为止，国际社会尚未就这一概念达成共识。由于不同国家具有不一样的国情、不一样的战略目标，同一个国家也会受不同时期的政策、发展阶段、国际局势等环境因素的影响，加上受到研究者本身的立场差异，对国家经济安全内涵的界定众说纷纭。有的学者认为，国家经济安全是一国所具有的相较于其他国家的较强的经济竞争实力；有的学者认为，国家经济安全指的是一种特定的状态，此种状态指的是主权国家的经济发展和经济利益能够不受内部或外部因素的破坏和威胁；有的学者认为，国家经济安全是指政府意义上的国家行使其经济职能时，有克服危机的能力，并能赢得发展的一种稳定而有秩序的状态；[①] 还有学者总结学术界对国家经济安全的三种界定：国家经济安全是军事政治安全附属品，是军事力量和主权的支撑；国家经济安全是经济本身的安全；国家经济安全是经济全球化所带来的非军事的国家安全问题。

很显然，这里所谓的“安全”并非人们在日常生活中的“安全”。日常生活中的安全主要用于个人、具有生命的主体或者与这些主体直接相关的事物，如出行安全、食品安全等，往往与生命息息相关。而从字眼儿上理解，国家作为安全的主体，并不存在与人一样的生命。国家是一个相对抽象的名词，它的安全和经济安全一样具有更加抽象的意义。

本人理解的所谓“国家经济安全”，强调的是一国整体上的经济安全，即在经济全球化背景下，一国在经济发展过程中，维护经济主权，承受内外风险及抵御内外冲击和威胁，同时保证本国经济的持续、健康、协调发展，不断提升本国经济实力和国际竞争力。其内容主要包括：一国经济在整体上主权独立、基础稳定、稳健增长、运行健康、持续发展；在国际经

---

① 张晓君等：《国家经济安全的法律保障制度研究》，重庆出版社2007年版，第13—11页。

济环境中具有强大的的自主性、竞争力和免疫力；不会因为某些因素的冲击而使整个经济受到过重的打击或使国民经济利益受到更大的损失；能够化解和避免可能发生的全局性或局部性的经济危机。

在国家经济安全研究中，必须同时关注国家可能遇到的外来挑战、对抗和不确定性。从根本上讲，国家经济安全是当国家的利益受到某些事件的影响或威胁时，保证国家具有保卫或加强自身利益的能力。这就是国家经济安全研究的基本目标，也是一个受到广泛认同的共识。在狭义上，可以认为国家经济安全仅仅只涉及经济领域问题，而不涉及政治和军事领域，只是寻求经济上的“安全性”，而且保障经济安全的手段最好只限于经济手段。而广义上的国家经济安全首先是作为国家安全的组成部分而存在的，他与国家安全的其他范畴共同构成国家安全的总体框架。因此，在广义上我们可以认为，“国家经济安全”是“国家安全”在经济领域的具体表现。

2. 国家经济安全的特征

国家经济安全问题虽然在理论上已被人们有所接受和认识，但它的影响力却是深远的。了解它的特征对于本国经济的安全、持续、健康发展有着极其重要的启发意义。总的来说，国家经济安全具有以下几方面特征：

（1）国际性。强调一国整体利益不受损害，强调国家安全的主体是一国，中央政府是代表国家利益维护国家安全的终极主体机构。中央政府与地方政府在根本利益上是一致的，但由于地方政府代表的主要是地方利益，而在任何一个国家，国家利益和地方利益不可避免地会存在一定程度上的分歧，因此，维护国家经济安全的主体不可能完全交给地方政府。同样，国家利益和企业利益也不处于同一层面，维护国家经济安全的使命同样也不可能由企业来具体行使。

（2）整体性。国家经济安全不只是强调一国的经济安全，同时也应包括一国经济整体上的安全性，不是单指某一领域的安全性。国家经济安全可以分为国家产业安全、战略资源安全、金融安全、财政安全、科技安全、农业安全等问题。有时一国在某些方面可能安全，但其经济在整体上并不一定都是安全的。国家经济安全与经济风险的概念也不属同一范畴。在国家经济安全范畴中，安全问题不应包括一个企业的倒闭。即使是一个面临严重衰退的行业，也必须具体情况具体分析，未必属于国家经济安全范畴。

（3）广泛性。国家经济安全，虽然从经济利益上得以体现，但它却又超越了一国经济利益的内容，它既包括经济领域的问题，也涉及政治、军事、社会、科技等领域的安全本质，且各领域安全之间存在较多交集且复杂的关系。因为一国经济实力和科技水平的高低是现代社会一国政治、军事的基础，当今世界各国的政治、军事抗争无一不是以经济和科技的发展作为坚实后盾的。国家经济安全的范围不断扩大，不仅加强了对直接影响国家经济安全的战略物资的保护，也重视其他间接影响国家经济安全的经济因素。比如，发达国家往往以保护国内的就业水平为由，严厉限制发展中国家具有优势水平的纺织品进入本国市场。可以预见，随着世界经济竞争的进一步加剧，国家经济安全的范围仍将进一步扩大。

（4）战略性。这一特征通常是被用来标志经济的繁荣状况、经济增长的快慢、是否充分就业、低通胀、高生产率等，且是否都有利于国家经济安全。但经济安全的目的不只是为了发展当前经济，其目标还在于保障本国经济的持续、稳定增长，以避免未来经济遭受更大的打击和损失。一国在维护本国利益不受威胁的同时，往往会采用进攻战略方式夺取他国经济利益和成果。比如，一些国家一方面限制外国商品进入本国市场销售，另一方面则积极开拓国外市场。可以说，国家经济安全的战略特征十分明显，在某一领域制定一个长久的产业政策时，其现实意义远远不及其战略特征和意义。

（5）国别性。国家经济安全是存在着国别差异和时代特点的。每一个国家所谓的国家经济安全都存在着特定的含义和特征。而且，每一个国家所处时代的国家经济安全的意义和地位也会随之而变化。一个国家经济发展处于哪一现实阶段、实行何种经济制度、处于什么样的国际环境等均取决于一国的经济能否持续、健康、协调发展，不会因为某些问题而导致经济受到过大冲击和影响。除此之外，若国家经济安全与某些政治因素发生了一定的关系，则人们对国家经济安全的理解又会产生更大的歧义。

二、外资并购与国家经济安全的关系厘定

中国加入WTO激活了国内企业并购市场。全球并购市场在经历2008年的急速下滑和2009年的沉寂低谷之后，在2010年大幅回暖，2011年的春天更是呈蓄势待发之势。根据清科研究中心的数据显示，2011年第一季度，中国并购市场共完成并购案例227起，同比增长48.4%，环比增长

22.0%，披露金额的202起案例并购总额高达141.52亿美元，与2010年同期的并购金额53.91亿美元相比增长高达162.5%。这其中，外资并购的交易数量和金额呈激增态势，共完成外资并购案例22起，披露金额的16起案例涉及并购金额27.50亿美元，占本季度中国市场并购总额的19.4%（具体数据如以下图表所示）。随着全球经济的日益复苏，以及国内流动性充裕和国家对外资并购的政策支持，预计2011年中国并购市场外资并购活动将逐步回暖，外资的进入无论是在规模还是在深度上，必将迎来一个新的时代。

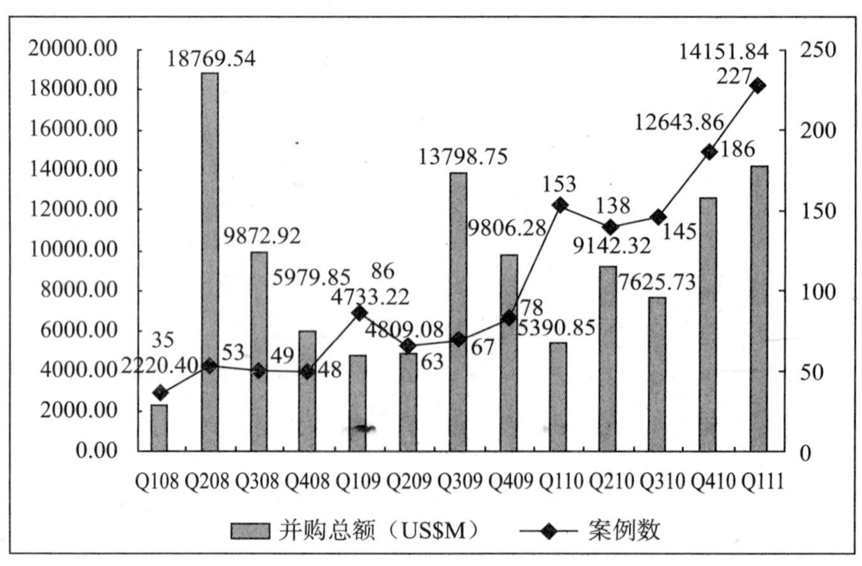

图1　Q108-Q111 中国并购市场总体统计

来源：清科研究中心。

表1　2011年第一季度中国并购市场并购类型分布

并购类型	案例数	比例	案例数（金）	并购金额（US $ M）	比例	平均并购买金额（US $ M）
国内并购	186	81.9%	171	5824.27	41.2%	34.06
海外并购	19	8.4%	15	5578.03	39.4%	371.87
外资并购	22	9.7%	16	2749.53	19.4%	171.85
合计	227	100.0%	202	14151.84	100.0%	70.06

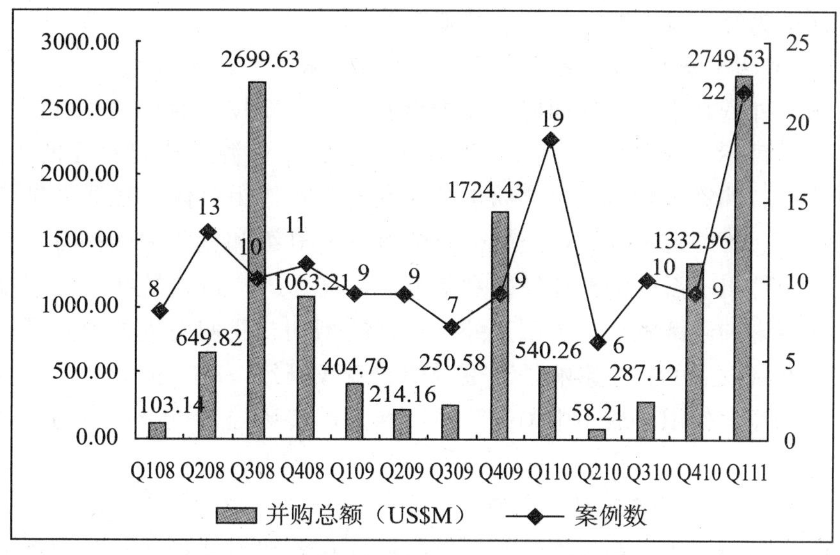

图 2　Q108-Q111 中国并购市场外资并购统计

来源：清科研究中心。

外资并购是近年来逐渐兴起的一种 FDI 方式，相比直接设厂的 FDI 方式而言，股权并购的成本和风险更低、对并购后的市场预期也更加清晰，因此颇受外资青睐，但随着国内几个重点行业的龙头企业被外资“闪电”并购，引发了一场关于外资并购是否会影响国家经济安全的大讨论。笔者认为，外资并购本身是一把双刃剑，不仅会给东道国社会经济带来正面影响，同时也会带来负面效应。因此，在如何看待外资并购与国家经济安全的问题上，我们应该辩证分析外资并购对中国经济安全的影响，理性厘定两者的关系，尤其是针对发达国家对于发展中国家的并购。一方面，外资并购对于国家经济安全形成威胁，由于发展中国家经济落后、体制不健全、金融体系脆弱，在外资并购的过程中极易受到发达国家的控制和外来资本的冲击，这种弱势地位容易使自己的经济利益受到跨国公司的攫取，从而导致发展中国家民族品牌的丧失。另一方面，外资并购在一定程度上有利于发展中国家维护国家经济安全。外资并购可以促进资源的有效利用和合理配置，推动发展中国家的经济发展，而经济发展本身就是最好的安全基础。外资并购也为发展中国家的企业吸收发达国家的先进管理技术和经验提供了机遇，为发展中国家按照国际经济规则管理经济活动提供了动力和压力。这些管理技术、经验和规则有利于发展中国家健全国内经济体制，从而为经济安全打下坚实的基础。

（一）外资并购对国家经济安全的正面影响

这种外资并购，一方面以市场为导向、以高新技术为重点、以增强竞争能力为目标、以强势企业联合为特征，加剧了资源向优势企业的集中；另一方面，外资（特别是著名跨国公司的投资）作为载体一揽子带来的是先进技术、雄厚资金和管理经验，以促进产业升级和竞争力的提升，会在投资国延伸出一系列的产业链条和集群。因此，外资进入能在一定程度上促进东道国的经济发展。中国正处于经济转型期，我们引进外资除了看中外资对经济发展的直接影响外，更看中它对我国经济改革的影响。外资通过示范和竞争作用，成为中国经济体制转型、市场经营机制形成的推动力和催化剂。

1. 促进企业重组，提升产业竞争力

由于历史原因，我国企业中很多行业存在着“行业过剩”的现象，诸如一些家电、日化、啤酒、汽车等行业存在着资源耗费、效率偏低、企业生产能力低下、技术落后等问题，造成资源的严重浪费。近年来，我国医药市场发展迅速，成为外资进入的重点领域之一，跨国企业在华医药领域的投资不断扩大，辉瑞、默克、罗氏、葛兰素、诺华、拜耳等全球前二十大制药企业均已在华投资设厂。截至2006年年底，我国已有合资和外资制药企业约1500家，占我国制药企业总数的30%左右。中国医药保健品进出口商会综合部主任许铭介绍，医药产业是一个涉及国计民生和公共健康的敏感产业，外资进入有力带动了我国医药产业的技术进步和产品升级，加快了境外品牌医药产品的国产化进程，不少产品实现了进口替代。随着医疗改革和外资企业的逐渐进入，外资以其强大的资金实力和先进的技术和管理经验将小型企业加以淘汰，外资并购有助于遏止外商不断建设新企业，一定程度上解决了现有生产能力过剩的问题，这就加快了我国的产业重组进程，起到了资源整合的作用，增强产业集中度。

很显然，目前制造业发达国家正渐渐失去其原先的优势，而我国具有广阔的市场和劳动力优势以及部分的生产资源，这无疑对发达国家具有巨大的吸引力，通过外资并购国内企业无疑可以快速提升技术能力，实现产品升级，增强制造业在国际上的竞争力。我国第三产业发展刚刚起步，而外资企业在科技、信息、金融等方面处于优势，通过外资注入可以引进先进的技术、经营理念和管理制度，这在一定程度上会强化我国第三产业的

薄弱环节，有助于实现内部结构优化。

2. 促进我国企业的科技进步，加速科技成果向生产力的转化

外资并购促进我国科技进步的具体表现主要集中在以下几点：首先，通过与外资的合作，对其技术、管理方式进行学习、利用并加以创新，对我国一些行业诸如汽车、家电业的科技进步起到一定的促进作用；其次，外资的大量进入会催生对某一行业的技术研发，建立相应的研发中心，对国内相关行业的技术研究起到导向作用；第三，外资并购的技术转移使我国企业获得“溢出效应”。当外资并购公司与中国本土的供货商或客户发生业务往来时，本地公司就有可能从跨国子公司的先进产品、管理模式、技术或市场中“免费搭车”，于是就产生了溢出效应。除此之外，还会通过技术的竞争效应和示范效应来实现。外资并购子公司往往会凭借其所拥有的先进技术和管理经验等优势，在与中国公司的市场竞争中，打破原有的市场均衡，迫使中国国内企业改善经营，加强管理，努力提高科技水平并充分利用本地资源，进而提高市场竞争力。同时，跨国公司在华并购成功以后，通过示范效应也为中国国内企业提供了大量学习的动力和机会。跨国公司在华并购成功后，一般都会对被并购企业的员工提供技术培训，当这些受过并购公司培训的员工流向其他企业或独立创业时，他们从并购公司所学的专业技术和管理经验也会随之外流，从而产生技术的外溢效应。

3. 有利于改变经济结构，增强我国在国际市场的地位

以我国农业为例。经过多年长足的发展，我国农业提高了粮食的供给率。但入世后，外资大量进入，我国农业环境中自然资源短缺、耕地资源不足、农业生产落后等问题暴露出来。为面临挑战，调整产业结构，提升农业生产力，我国开始建立了大规模的农业生产基地，农业向着专业化的方向不断发展。利用外资进入的时机加速我国农业的现代化，吸引更多的国外资金、技术和管理经验进入我国农业领域，可以有效促进中国农业现代化生产和管理，缩小与西方国家之间的差距，更广泛地参与国际竞争，主动迎接农业国际化挑战。随着农业规模的不断扩大，也有效地缓解了农村剩余劳动力问题，增加了农民收入，对农村稳定发挥了重要作用。

多年来，我国因粮食进口关系到国家粮食安全问题，一直采取一元化管理模式，由少数拥有进口许可证的国有贸易企业进口粮食，统一管理，从而出现了粮食走私问题。一些地方少数农产品走私猖獗，如禽畜肉、食

用植物油、食糖等，扰乱了农产品市场。外资企业进入后，我国调整了粮食进口政策，对大米、小麦、玉米、大豆油、砂糖、羊毛和棉花等主要农产品预先设定一定数量的进口配额框架。我国调整粮食进口管理政策，根据国内需求情况和国际市场行情进口粮食，粮食市场管理规范化，有效地打击了粮食走私问题，增强了在国际市场上的买主作用，提升了我国农产品的地位。

4. 促成独具特色的分层劳动力市场结构，创造大量就业机会

勿庸置疑，外资企业吸收的劳动力数量在逐年增加，由1985年的6万人增加至2007年的1583万人，年均递增72万人，对同期全国城镇就业新增数的贡献率达到9.5%，为中国创造了大量就业机会。FDI是推动劳动力市场形成的重要力量之一，它们以大量的、多元的劳动力需求参与建构了我国分层的劳动力市场。由于外商直接投资的企业规模和产品类型对劳动力提出了不同的需求，这一需求引发并推动了目前中国独具特色的三位一体的金字塔式劳动力市场结构（分别为低端、中端、高端劳动力市场）的形成。所谓金字塔式劳动力市场是指低端劳动力供大于求和高端劳动力供不应求并存的状况，这种状况使劳动力市场呈现出底部大头部小的三角形结构。以高端劳动力为例，在新自由主义意识形态的影响下，跨国公司巨大的资本优势建构了高端劳动力的过度市场化和碎片化。在华跨国公司高端劳动力与公司的权威与控制关系往往受到后现代资本主义生产模式的影响：在任务管理取向下，高端劳动力人员超强劳动，并依靠自身的专业技术资格与竞争能力发展出了积极的职业生涯策略。

（二）外资并购对国家经济安全的负面效应

在外资并购给我们带来一些正面影响的同时，我们也不能忽视它所带来的负面效应。比如产业安全，外资并购最大的负面效应就在于它可能导致垄断，而垄断必然会损害市场经济的健康发展和国民的福利水平。应当引起注意的是，跨国公司的并购行为近乎于“斩首”行动，专门选择在我国关键领域的重点行业和龙头企业，意图控制战略制高点，实现对整个市场的操控，这有可能涉及国家产业经济安全等方面。此外，外资并购还会在一定程度上带来国有资产的流失和财政税收的缩水，直接影响着我国的经济发展和社会稳定。这些负面效应主要有：

1. 造成某些产业部门的垄断

在外资给我们带来一些利好的同时，对国内市场份额的挤占和产生的

垄断效应也不能不让人担忧。外资企业并购我国企业时往往集中选择那些具有一定的技术垄断、区域市场垄断、资源垄断、行政垄断的行业排头兵企业作为并购重点。外资通过资本市场，借助低成本收购的壳资源，注入其在中国的业务和技术，能在较短的时间内占领中国市场、拓展融资渠道，形成行业垄断。目前，外资在化妆品、洗涤剂、饮料等行业的垄断态势已经形成，并且这种垄断正进一步向通信、网络、软件、医药等行业扩展。外商不仅控制国内市场，破坏市场竞争秩序，损害消费者利益，获取高额利润，将大量财富转移至国外，而且缩小民族经济生存空间，制约国内幼稚产业发展，遏制民族工业的发展和产业结构优化，特别是在能源、基本原材料、交通等基础产业和金融等关键行业，外资市场控制率过高，将对我国产业安全构成极大威胁。例如，2003 年 11 月，生产“March3”剃须刀和金霸王电池等消费产品的美国吉列公司宣布，已经买下中国电池生产商南孚电池的多数股权。截至 2003 年，南孚电池已占据全国电池市场的半壁江山，总销量超过 7 亿只，产值 7.6 亿元，已发展成为中国第一、世界第五大碱性电池生产商。这个曾让国人自豪的“民族力量”，一夜之间就变成了美国吉列公司的子公司。又如，2006 年 4 月，世界最大的现代密封企业约翰—克兰公司，收购了国内最大的密封企业——天津市鼎名密封有限公司，完全占领国内密封行业市场。

2. 降低我国经济政策的执行效果

跨国公司本身是一个自成体系的独立经济体，有着自己的全球经营策略和目标，在并购时必然从其自身利益出发，所以跨国公司的并购活动往往与我国的产业政策导向和经济发展重点存有一定落差。政府只能用法律制约，用经济杠杆来调节，却不能用行政手段来强行要求，无法像对待国有企业那样通过组织和财政上的控制约束使其服务自己的总体规划，进而造成部分外资的投向与我国宏观经济发展目标和产业结构发生一定的偏离。比如，我国政府总希望通过外资发展农、林、牧、渔这些发展慢、收益低的行业，但是跨国公司更愿意并购那些投资少、见效快的排头兵行业。同时，由于外商的热点投资并购区域分布不平衡，会导致我国地区经济差距进一步加大，造成我国区域经济的发展失衡。[①]

---

① 吕红梅：《外资并购对我国国家经济安全的影响及对策研究》，《知识经济》2009 年 16 期，第 42 页。

3. 抑制本国企业的技术创新能力

外资进入国内对本地原有的科技产生一种挤出效应，外方控股实际上就是对“自主”的否定，外资通过并购把国内一些企业的核心技术、关键领域、高附加值的部分牢牢控制。依靠技术优势对外扩张的跨国公司，技术是其核心优势，如何保持技术的独占性是其特别关心的问题，因此跨国公司对先进的技术的扩散严加控制。另外由于跨国公司对其核心技术进行严密的控制与保护，限制了国内人员的参与和接近，特别是由于跨国公司拥有的技术大多是专有技术，加上严格的控制和对技术的保密，使得技术扩散大打折扣。他们也往往采取种种措施，严格限制我国企业的技术创新。

4. 导致国有资产和民族品牌流失

如果说国企改革使国内的国有资产流失，导致贫富差距，引起了社会的普遍关注，这属于财富的不正当分配，但总量并没有减少。而引进外资参与国企改革，出现国有资产的大量流失，那将会是“鹬蚌相争，渔翁得利”。国有企业是在中国建立现代企业制度的改革刚刚起步阶段建立的。我国目前企业资产评估制度和评估标准与跨国公司普遍选择的五大会计师事务所采用的某些国际标准尚存差异，这就导致评估结果的不一致，评估高了外资方无法接受，评估低了则出现所谓的国有资产流失。有些地区为获取更多的外商投资，对外资实施“超国民待遇”，并许诺给外商以丰厚的利润回报，造成了地区间的无序竞争和国家财富的重大损失。还有相当一部分企业未对国有资产进行评估，高值低估的现象更是普遍。除此之外，由于国有企业“所有者缺位”及“内部人控制”，使企业内部存在经营者的道德风险、受贿风险问题，结果也在一定程度上造成国有资产的流失。

众所周知，品牌是一种无形资产，它也是民族经济独立强盛、自我创新和发展的重要因素。中国是世界贸易大国之一，但每年的出口额中，中国自主品牌所占的比重不超过10%，90%是贴牌生产或洋品牌。[①] 在全球最具价值的百强品牌榜单上，中国企业无一闯关。一直以来，人们所关注的是引进外资所带来的资金、技术、管理经验等资源，却忽略了外资对中国本土品牌这一重要无形资产的挤出效应。许多民族品牌在外资并购的浪

① 《国家工商总局调查显示跨国巨头持垄断态势》，http：//tech. 163. com/04/1115/11/157P68NP000915CE. html. 2008 -11 -12.

潮中沦陷。在外资并购中，由于跨国公司实力强大，往往利用其成熟的市场营销策略，在战术上千方百计地扼杀中方品牌，把内资企业的品牌束之高阁，腾出来的市场空间迅速被外资品牌占据，使我国企业知识产权遭到践踏。另外，外资方还利用国内企业市场意识和品牌意识薄弱的软肋，低价收购国内企业的股权、品牌或专有技术，吞食我国的民族品牌。在20世纪90年代，家电行业、汽车行业、洗涤行业的很多知名企业纷纷与跨国公司合资，但合资后本土品牌并没有如愿以偿地借助外资力量发扬光大，相反原本竞争力强大的民族品牌却在并购后的几年时间内销声匿迹。诸如美加净牙膏、永久及凤凰自行车、扬子冰箱、熊猫洗衣粉等中国知名品牌在与外商合资的过程中频频受损，其品牌地位逐渐被并购方的品牌所替代。殊不知这些知名品牌往往是外企进入中国市场的潜在竞争对手，通过并购来消灭、封存或吞噬这些品牌是并购方惯用的策略。民族品牌的逐渐流失实际上是一种无形资产的流失，由此产生的直接后果是阻碍了民族品牌的发展壮大。在经济全球化时代，这对于国内企业在国际市场中的竞争无疑是极其不利的。

5. 催生“假外资”、“游资”风险投资

“假外资”现象已经成为我国财政金融安全的重大隐患。国内企业通过在境外设立离岸公司而形成的“假外资”导致国家税源流失，让规模巨大的跨境资本流动游离于政府的监管和统计之外。特别是离岸公司所在的英属维尔京群岛、百慕大、开曼群岛等地，成为我国资本外逃然后回流的“中转站”，严重干扰了我国正常的货币政策。

跨国公司的资本并购分为两类：一类是经营型并购。跨国公司购买国有企业，目的是为了经营，扩大在中国的市场占有份额，或控制中国某些企业产品的生产。另一类则是资本型并购。实行资本型并购，并购企业并不关心企业的具体经营内容，跨国金融投资公司只是借用国有企业的品牌和产品的销售网络，在海外推销金融资本，并且通过证券市场等现代化的交易机构，将国有企业逐渐转卖给其他企业，从中牟取巨额利润。

“防人之心不可无”，我们不能把所有的外资都视为到中国“揩油”的投机商，但把外资一概看作国有企业改革的“救世主”，则是绝对错误的。1997年东南亚金融危机至今很多人都记忆犹新，中国的经济波动并没有投机者扬言的那样严重，是因为中国的金融市场还没有开放，不够发达、不够完善。正因如此，嗅觉灵敏的国外投行家们注意到了大量不良资产存在是国内银行体系的薄弱环节，于是蜂拥而至迅速展开了“掘金”行动。据媒体报道，国外投行在中国从事不良资产处置的利润率高达100%。摩根从华融买到108亿元资产，在一两年内又卖给了中方投资人，其中很大一部分是与欠款人有密切关系的投资人。行业的外资垄断加上外资在不良资产处置上的市场寻租，造成了不良资产处置的暴利。[①]

6. 利用利润汇出影响金融安全

获利是跨国公司经营的主要目的，因此，在投入一段时期以后便会以利润汇出的方式造成我国资本外流，进而导致国际收支出现逆差。我国自1993年以来，由于外商投资企业的利润汇出等原因，经常项目中的收入项目持续逆差。根据美国经济学家钱纳里和斯特劳特的“双缺口”理论可知，外资可以弥补国内资金不足，但也同样存在着巨大的金融风险，甚至有可能造成“外资依赖型”金融危机。当巨额的资本流入导致了巨大的资本流出负担时，巨大的资本流出负担在经常项目长期巨额赤字的情况下，又不得不依赖于更大规模的资本流入加以弥补，而更大规模的资本流入又意味着更大规模的资本流出负担。在这个“前后相嵌”的链条中，任何一个环节都显得极其脆弱。如果没有大规模的外资的持续流入，那么，国际收支危机的发生就是必然的了，而如果外资不仅不流入反而出现了巨额的外资减撤就不仅仅是国际收支危机了，而是性质更为严重、破坏力更大的经济、金融危机了。[②] 东南亚金融危机实质上是一种“外资依赖型”金融危机，表明外国短期资本流入增加了东道国的金融风险，给当地经济发展带来了负面效应，我国对此应引以为戒，高度重视。

三、规制外资垄断性并购的必要性解读

结合前文外资并购的概念，可以将外资垄断性并购理解为，外资在并购境内企业过程中，获得境内目标企业的经营控制权，从而能够对境内企业施加决定性影响的并购行为，且该并购行为的直接结果是该并购后外资企业在境内相关市场上占据较大的市场份额，具有实质减少竞争或实质减少竞争之虞的并购形态。外资并购本身并无可厚非，但是对外资的恶意垄

① 贾华强、韩冰：《外资并购与国家经济安全》，《中国发展观察》2006年09期，第5页。

② 陈春锋：《外资依赖与外资依赖型金融危机探析》，《同济大学学报（社会科学版）》，2003年02期，第101—108页。

断性并购则不能等闲视之。

面对外资的强烈攻势，我国的相关立法工作尚未做好充分准备。一方面，在外资并购立法方面，并未形成统一的外资并购立法体系，相关法条多见于法规规章，且相互间的冲突矛盾之处并不鲜见。另一方面，对外资垄断性并购进行规制，最为重要的是完善我国的反垄断法律制度。然而其中涉及经营者集中的条款仅限于第四章的规定，而对经营者集中规制的内容涉及诸多复杂的实体和程序问题，可以预见，要应对日益高涨的并购热潮，《反垄断法》势必显得势单力薄。正如中科院王晓晔教授所言，反垄断法的颁布不是我国反垄断立法的结束，而是刚刚走完的第一步。我国反垄断法的有效实施还有待于进一步完善和细化相关规定，有待于相关配套细则的出台。笔者拟从理论依据、现实要求和出于对国家经济安全的考量三方面分析对外资垄断性并购进行规制的必要性。

（一）多维度审视：规制外资垄断性并购的理论缘起

进入到现阶段的外资并购以反垄断为侧重点并非空穴来风，各国反垄断法的立法宗旨和规制内容无不反映了外资并购反垄断的必要性。反垄断法本身是一个集自由、公平和社会整体效益等多种价值构成的法律价值体系。每一项参与外资并购的项目在参与市场竞争的同时都必须遵循统一的竞争规则，在竞争秩序的维护与主权国家经济利益的保护之间寻求一个平衡支点，这是外资并购反垄断规制价值取向的核心内容，也是在开放中寻求多维度考察的理论要求。

1. 经济学考察

资本具有逐利性和排他性，反映在市场竞争中，即所有资本都有做大做强独占市场的本能，都倾向于消灭其他资本，达到垄断地位，借此来取得更高额的垄断利润。外资是逐利而动的，外资并购本身也是外资逐利天性的体现，是资本流动的本质所趋。

企业的做大做强一方面依赖于企业自身的内部积累，另一方面依靠企业进行外部扩张，而并购是进行外部扩张的最主要最快捷高效的方法。通过并购外国投资者可以避免重复建设，在境内目标企业原有的物质条件、人力资源基础上，减少成本投入，并借此缩短建设周期，极大地降低了投资成本和风险。此外，一定程度的并购会减少事实和潜在的市场竞争者的数量，在过度竞争的市场中有效抑制过度竞争，形成规模效应。但是恶意的垄断性并购会形成寡头和独占，往往滋生企业间的协调行为或单个企业控制市场的单边行为，限制甚至消灭相关市场内的有效竞争。列宁曾经指出：竞争必然引起资本的积聚和生产的集中，而这种积聚和集中发展到一定阶段就必然走向垄断。垄断一旦形成，它又会反过来窒息竞争，阻碍生产力的发展，带来一系列经济的和社会的危害。① 在外资并购领域中，外资借助跨国并购寻求全球发展战略，其根本目的即营利，这本无可厚非，但外资的恶意垄断性并购则会对东道国市场竞争秩序造成极大的威胁。外资垄断性并购往往会导致一些大型跨国公司在相关市场内形成支配力量，从而给潜在的竞争企业设立市场进入壁垒，为其达到垄断地位积蓄力量，进而有足够的实力采取掠夺性价格歧视，即在相关市场上以低于成本的价格销售商品，逼退竞争者后实现产品垄断价格的定价权，损害消费者利益，有损社会公益。② 因此，世界各国都倾向于对外资垄断性并购进行严厉规制。

2. 法理学考察

公平是法律的永恒价值，在市场经济视野内，保障既有竞争者和潜在的竞争者参与市场竞争的机会即是对公平价值的体现。企业的过度集中导致少数寡头在相关市场上形成垄断支配力量，一方面扼杀竞争，一方面又倾向于提高相关市场的进入壁垒，限制了其他试图进入该领域的潜在竞争者参与竞争的机会，明显违反了法律对公平的维护。

法律的自由价值反映在市场经济领域，主要表现为经济自由和经济民主。经济自由包括市场主体的开业自由、决策自由、管理自由、分配自由等，是市场经济的根基和市场主体的基本权利。③ 企业的适度集中是资源优化配置，实现资产效益最大化的有效途径。但通过企业的过度集中而形成的垄断者，可以通过限制排除竞争，抑制或剥夺其他市场主体自主参与经济生活的权利，损害了其他市场主体的经济自由权利。

3. 法域属性考察

对外资垄断性并购进行规制是由其双重法律属性决定的。一方面外资并购境内企业是一种商业行为，表现为一种交易，无论是股权交易还是资产交易，都是交易双方意思自治的结果，就这个层面而言，应当充分尊重

① 种明钊主编：《竞争法》，法律出版社 2005 年版，第 9 页。
② 种明钊主编：《竞争法》，法律出版社 2005 年版，第 275—276 页。
③ 李俊峰：《反垄断法的私人实施》，中国法制出版社 2009 年版，第 259 页。

并购双方当事人的自由意志，这是合同不受干预性的要求和体现，也反映出外资并购的私法性质。另一方面，外资垄断性并购行为可能会对东道国市场竞争秩序、消费者利益等社会公共利益造成影响。尤其是在经济全球化的国际大背景下，我国逐渐开放了金融业等敏感行业和机械制造业等战略性行业，如果对外资垄断性并购不加以控制其可能会危及我国产业安全、金融安全乃至整个国家经济安全。另外，由于外资并购行为的主体具有相当的特殊性，我国目前在引进外资的同时仍通过具体的法律规定对其进行一定程度的管制，这也是外资并购公法性质的体现。[①] 因此外资并购，尤其是外资垄断性并购的公法属性就要求必须对其进行规制。

（二）与狼共舞：规制外资垄断性并购的现实要求

对于不断涌入的跨国资本和跨国企业，我们曾用“狼来了”来形容国内产业界的忧虑心境。当时，曾有一些专家大胆提出，我们要学会“与狼共舞”，借此提升我们自己的产业竞争力。如何做到“与狼共舞”，让跨入国门的“狼”不把我们主要产业整口吞掉呢？这是我们必须面对的竞争现实。

1. 中国逐渐成为外资并购的主战场

我国凭借巨大的市场潜力，已经成为继美国之后最大的外国直接投资的受资国，目前外资在我国的并购势头迅猛，且渗透各行各业。2008 年受金融危机的影响，世界各主要地区的并购额都在下降，而我国凭借持续改善的投资环境和巨大的市场潜力，在金融危机的大背景下并购额反而增长了 25%。[②] 在外资并购境内企业势不可当的同时，我国已经历了入世的过渡期，进入后 WTO 时期，对外资进入我国的相关限制已不再适用，在此背景下，对外资垄断性并购的规制就显得十分必要。

2. 地方政府的推波助澜

与美国相比，近年来外资在我国一些领域不断攻城略地，一个重要的原因是一些政府部门“重引进、轻监管”的思维模式。在一些地区，吸引外资数量的多寡成为评价地方政府官员政绩好坏的一项重要指标。为了提高 GDP，有些地方政府往往给予外资地价优惠、减免税收等优惠政策，使得原本就实力强大的外资拥有与境内企业相竞争的绝佳优势，进一步加大

---

① 叶军、鲍治：《外资并购境内企业的法律分析》，法律出版社 2008 年版，第 11—12 页。

② 杨益：《理性看待外资并购，在进一步开放中维护产业安全》，《国际贸易》2009 年第 1 期，第 6 页。

了内资企业和外资企业的后天差距，为外资利用低成本等优势达到营利目的创造条件。与此同时，外资进入地方企业带来的税收激增，就业机会也使地方政府乐此不疲。表面看来，短期内即提高了 GDP 的增长，但长远来看，并不一定给境内的居民和企业带来实惠。相反，各个地方政府的做法可能在一定程度上形成“合成谬误”①，对国家的整体利益造成损害。

由于一些地方政府在推动国企改革和招商引资中角色错位，涉及中外合资合作的法律制度不健全等因素，导致有关政府部门对外资并购监管不力。该设的门槛没有设立，该制定的游戏规则没有制定。外资并购本身是一把“双刃剑”，政府在引导外资并购发挥积极作用的同时，如何有效地规制其导致的垄断控制将是一个重要的课题。

3. 外资的垄断势头

外资进入国内市场，从最初的合资合作到独资，再到并购，从对中小企业的并购逐步发展成为对国内各领域内的行业龙头企业实施并购，从对私人民营企业的并购到对大型国有龙头企业的并购，可以说外资在并购我国境内企业时胃口大开，往往要求“必须绝对控股、必须是行业龙头企业、预期收益必须超过 15%”，坚决拒绝不良资产，争夺控股权并力求品牌控制，并购条件极为苛刻。可以说，外资在并购对象上，已不满足于并购某一企业，而是将目光锁定在整个行业，不满足于利用比较优势获得利润而期待占领市场。在并购的策略上已经突破了单纯的商业目的而具有一定的战略性，企图将我国企业变为其在中国的加工厂，谋求行业控制权的战略意图明显。这从近几年的外资并购案例和相关数据上可见一斑。

——外资谋求行业垄断意图明显。在机械制造行业，美国卡特彼勒公司在进行并购时，将三一重工、柳工、厦工等行业排头兵企业作为其并购对象。且在其投资合作意向书中称，要求合资要符合卡特彼勒的国际战略要求，并掌握品牌控制权，最大限度地限制使用中国企业原有品牌，力求将境内被并购企业演变为其在中国的加工厂。在卡特彼勒并购厦工的过程中，并购条件极为苛刻，坚决拒绝不良资产，并且在控制品牌和控股权方面不遗余力。② 足见其对我国的大型机械制造企业虎视眈眈，对控制我国

---

① 叶军、鲍治：《外资并购境内企业的法律分析》，法律出版社 2008 年版，第 166 页。

② 王红茹：《掠夺式并购——跨国巨头的“入侵”》，http：//www. people. com. cn/GB/paper 1631/16994/1492566. html，2010 年 5 月 26 日访问。

整个机械制造行业，将我国企业变为其加工厂更是野心勃勃。类似案例还有美国凯雷集团意欲收购徐工机械，德国 FAG 吞并西北轴承、舍弗勒吞并洛阳轴承等，都体现了外资在进行并购时的野心勃勃。

外资并购的战略性在啤酒行业的外资并购案例中也可窥见一斑。囿于运输及地方保护主义的原因，啤酒市场呈现出地方化的特点，全国性行业集中度低，但地方性行业集中度高，属于容易形成区域性垄断的行业。在欧美等发达国家的啤酒消费市场日趋饱和甚至开始萎缩的同时，中国却以其庞大的人口规模和快速的经济增长在孕育着一个庞大的啤酒市场，所以许多外资啤酒企业不惜花高价，甚至以溢价几倍的价格收购我国的啤酒企业。[①] 这就是外资基于对中国啤酒市场战略意义的认识而进行的战略性收购，是出于企业全球战略布局的考量。

在饮料行业，可口可乐企图借并购汇源之际，将其在碳酸软饮料市场上的优势地位延伸到果汁饮料市场。最终，此并购方案因可能损害果汁饮料市场的竞争而遭到商务部否决。这也是我国《反垄断法》颁布实施以来第一个被明令禁止的案件。

——挤占市场份额。外资进行跨国并购的根本目的即营利，因此，利用已有优势挤占市场份额，独占市场的欲望强烈。国家工商总局发布《在华跨国公司限制竞争行为表现及对策》报告表明，在某些行业跨国公司在华所占市场份额畸高。在啤酒行业，美国 AB 公司目前已占据中国高端啤酒市场 50% 的份额，其主要势力范围触及中原地区、山东、东北；而 SAB 目前已经将东北、西南、华中三大主市场收入囊中；水泥行业，全球建材巨头法国著名建材集团拉法基拥有北京兴发水泥有限公司，在当地市场占有率达到 70%；[②] 在粮食行业，外资挤占境内企业市场份额也呈愈演愈烈之势。

——滥用市场优势地位。随着规模经济的发展，世界各国为保有和提升本国企业的国际竞争力，倾向于对垄断的限制呈现宽容的态度，对垄断的界定也从结构主义转向行为主义。基于此，是否垄断不单以企业规模大小来判断，也不因其所占市场份额大小来判断，而是根据其是否滥用了市

① 陈启清、任一泓：《高估值背后的市场逻辑——外资高价收购中国啤酒企业的市场价值解读》，《中外食品》2006 年第 7 期，第 25 页。

② 作者不详：《外资大规模并购地域垄断行业——图谋控制中国物价》，http：//finance. sina. com. cn/roll/20050124/113157714t. shtml，2010 年 5 月 26 日访问。

场优势地位，限制竞争来衡量。现实中，外资滥用其垄断优势地位限制相关市场内有效竞争的行为并不鲜见。国家工商总局在《在华跨国公司限制竞争行为表现及对策》报告中指出，在华跨国公司滥用市场优势地位的行为主要表现为搭售和附加不合理条件、价格歧视、掠夺性定价、拒绝交易、独家交易。① 例如一些大型外资超市向供货商收取各式各样的费用，经常拖欠供货商货款，而且还存在过度适用定价权和转嫁经营损失等情况。② 再如，德国著名跨国公司——巴斯夫公司进入中国后，凭借其对合营公司的控股权，公开提出亏损五年，低价倾销的决策。德国博世并购无锡威孚之后，完全垄断了我国汽车用柴油喷油泵的生产，该汽车用柴油喷油泵经德国博世并购后由原来单价7000元提高至13000元。类似的大型外资企业在我国滥用优势地位，恶意损害竞争的事件频频发生。

越来越开放的中国，无疑将一如既往地欢迎外资，但是同样可以确定的是，对外资的合理引导和利用，我们还面临诸多必须破解的困惑和难题。

（三）在开放中寻求经济安全：外资垄断性并购的潜在威胁

凯雷并购徐工、舍弗勒收购洛轴一度引起外资并购是否威胁国家经济安全的大讨论，甚至在SEB并购苏泊尔时也出现“一口锅威胁国家经济安全”的论断。我国《关于外国投资者并购境内企业的规定》第12条和《反垄断法》第31条都提及外资并购中的国家安全问题，但又无一例外的使用了极其模糊不清的字眼儿：“涉及重点行业、存在影响或可能影响国家经济安全因素”、“对国家经济安全造成或可能造成重大影响的”、“涉及国家安全的”。那么外资垄断性并购是否真的会对国家经济安全造成威胁呢？对此，许多专家学者的意见不甚统一，可谓众说纷纭，百家争鸣。有的学者认为外资并购威胁国家安全纯属无稽之谈、危言耸听；有的学者认为外资在我国某些领域业已形成垄断之势，威胁国家经济安全已迫在眉睫；有的学者认为，虽然外资在某些行业所占市场份额很大，但并不至达到危及国家经济安全的地步；还有学者认为外资的垄断与否与国家经济安全是两个问题，互不干涉。笔者认为，在探究外资垄断性并购是否威胁国家经济安全问题上应秉承客观的态度，既不应过分渲染外资垄断性并购的

---

① 楚益祥：《据调查：跨国公司在华限制竞争行为堪忧》，《市场报》2004年4月23日。

② 王平、潘月杰：《跨国零售滥用市场优势地位及其法律规制》，《改革与战略》2009年第4期，第62页。

危害，也不能无视其威胁。目前，对于国家经济安全的研究主要集中在经济学领域，对其概念并没有统一明确的界定。但国家经济安全中不可避免地会涉及产业安全和金融安全的问题。

1. 外资垄断性并购对产业安全的潜在威胁

产业安全是指一国在对外开放条件下，在国际竞争的发展进程中，具有保持民族产业持续发展和生存的能力，始终保持本国资本对本国产业主体的控制，其核心就是要确保民族产业在一国产业体系中占据主导地位和控制地位。① 从此种意义上讲，外资垄断性并购的意图与保持我国产业安全的目标相左，外资垄断性并购的目的就是通过资本的渗透，达到行业垄断和产业控制的目标。前文已述及，外资在并购过程中的战略性显著，且在某些行业已经占据较大市场份额，如若放任其垄断性势头，必将对我国产业安全造成威胁。

另外，产业安全在衡量一国国家经济安全时占有举足轻重的地位，判断一国的产业安全与否，很大程度上取决于其产业竞争力，而企业竞争力是产业竞争力的基础。外资并购境内企业后，通常基于其全球战略布局的考量，往往将我国企业定位为其在中国的加工厂，使我国企业处于国际分工体系的低端，并往往通过技术控制、品牌控制等途径固化我国企业加工厂的地位，抑制我国企业自主创新能力的发展，从而使其对投资母国的依赖性加强，不利于我国企业整体竞争力的提升。

此外，外资垄断性并购也不利于民族品牌的发展，其“挤出效应”除了表现为对境内企业市场份额的挤出之外，也表现为对民族品牌的挤出。品牌是企业在经营竞争中不断积累的无形资产，是企业在参与市场竞争过程中与其他企业相抗衡的重要资源。晚近，外资在并购境内企业的过程中往往更注重品牌控制，并购后往往将民族品牌雪藏，并以其品牌取而代之。②

我国积极引进外资的目的是希望通过资本的流入，将外国的先进技术、管理经验一并引进来，以求“以市场换资本，以市场换技术，以市场换管理经验”，但技术是外资在东道国安身立命的根本，其往往受到外国

① 张立：《经济全球化条件下的中国产业安全问题》，四川大学2002年博士学位论文，第44页。

② 邓田生、刘慷豪：《外商在华垄断性并购对我国产业安全的影响分析》，《现代管理科学》2007年第3期，第58页。

投资者的控制。目前，外资倾向于通过独资和绝对控股的形式并购境内企业，抑制技术外溢效应，弱化境内企业的自主创新能力，不利于我国企业竞争力的提升。西北轴承被整体吞并就是典型，德国 FAG 收购西北轴承时，西北轴承设想能够得到技术上的改进，但最终不仅没有达到预期目标，反被整体吞并。

综上所述，在外资垄断性并购的压力下，不仅没有使我国企业的竞争力得到增强，相反，大型外资企业的进驻，夺取了原有民族品牌优势，抑制民族企业的自主创新能力，在技术上更是依赖于投资母国，使境内企业发展前景堪忧，这与我国鼓励外资并购的初衷相悖。因此，对外资垄断性并购进行规制是提高企业竞争力，维护产业安全和国家经济安全的必然选择。

2. 外资垄断性并购对金融安全的潜在威胁

20 世纪 80 年代以来，跨国并购的浪潮风靡全球，这其中，银行业的跨国股权并购案层出不穷，先后出现了美国花期银行并购墨西哥国民银行案（125 亿美元）、英国汇丰银行并购美国家庭国际银行案（153 亿美元）、德意志银行并购英国莱斯银行案（700 亿英镑）等多起巨型并购案例。由于外资股权收购的核心是通过收购东道国企业的股权来获取东道国企业实际控制权的一种市场交易行为，加上银行业在国民经济体系中的特殊地位，因而银行业的外资股权并购行为备受东道国政府的关注，许多人认为其可能会给东道国的金融安全带来潜在的威胁和风险。

金融业是国民经济中的重要行业，同时又是敏感行业和战略性行业，金融安全是国家经济安全的重要组成部分。我国对金融企业的外资并购限制相对较为严格。银监会《境外金融机构投资入股中资机构管理办法》规定："单一外资股东持有国内商业银行的股份不得超过 20%，且所有外资股东持有的该内资商业银行股权比例合计不得超过 25%。"这种严格限制对我国资本绝对控股，保持金融行业的控制权起到积极的保障作用。整体上看，我国在对待外资并购中资银行上的态度十分谨慎，外资并购尚不能影响我国的金融安全。但是如若放任其并购行为，则可能出现外资并购威胁金融安全乃至国家经济安全的局面。在这方面要借鉴拉美国家的前车之鉴，避免重蹈其覆辙。在参与全球化的进程中，拉美国家选择了"外资主导型"的道路，大量引进外资，实行全面开放，最终导致经济危机和政权更迭的灾难性后果。"拉美危机"告诉我们，在引进外资的同时务必要保持经济的独立性和民族性。

第二章　外资并购的历史演进

从某种意义上来说，世界经济的发展史实际上就是一部企业并购史，每一次企业并购浪潮都有力地将世界经济向前推动了一大步。曾有人预言，西方近百年并购史将在中国全程复制。了解西方企业并购史，分析外资并购的经济背景及市场动因，有助于我们正确理解和把握外资并购在我国的发展新动向。

一、全球外资并购的历史发展脉络

近年来并购交易风起云涌，这既是经济全球化深入的一大特征，也是推动世界经济增长的主要动力源。自 19 世纪末 20 世纪初的全球第一次并购浪潮发生以来，全球跨国并购迅猛发展，整个 90 年代跨国并购的平均增长速度达到 30.2%，大大超过了全球对外直接投资（FDI）15.1% 的平均增长速度。20 世纪 90 年代中后期，跨国并购投资占国际直接投资的 70%—90% 左右。尽管 21 世纪初跨国并购投资有所下降，但仍然占据着国际直接投资的绝大部分份额。从全球并购交易额看，一百多年的并购历史也表现为周期性增长。全球经过前四次并购浪潮后在第五次浪潮中的 2000 年达到 3 万多亿美元，形成了全球并购交易额的高点，之后进入调整期，直至 2006 年又达到了 3 万多亿美元的并购交易额。外资并购是在企业并购成熟后产生的，企业并购距今已有一百多年历史，而外资并购只有十几年的历史。外资并购起源于西方成熟的市场经济国家，起源于企业并购，起源于第五次并购浪潮。①

全球各国的企业并购早在经济发展初期就已出现，当时只是发生在业主企业或家族企业时代，企业并购并不普遍。从 19 世纪 60 年代开始，伴随着企业制度演化为现代企业制度后，企业并购才渐渐活跃起来。自 19 世纪末开始在西方主要市场经济国家兴起以来，在全球范围内已先后经历了五次大的并购浪潮。

① 尧秋根：《中国外资并购市场：国际背景与市场转型》，中国经济出版社 2008 年版，第 58 页。

（一）19 世纪末 20 世纪初的第一次并购浪潮——以横向并购为主

第一次并购浪潮，发生于 19 世纪末 20 世纪初，美国企业并购是此次并购浪潮的主角。其高峰时期在 1895 至 1904 年之间，约有 40% 的美国公司加入并购活动，共发生了 2864 起并购案，被并购的企业达 3010 家，并购资产总额为 69 亿美元。[①] 此次并购浪潮的主要特点以横向并购为主，即同业竞争对手间的相互并购，其目的在于追求规模效应，减少竞争对手，主要是在同行业内部把大量分散的中小企业合并为少数几家具有行业支配地位的大型企业，形成行业寡头，这也是资本主义进入垄断阶段后生产集中和资本积聚的具体表现。经过这次并购浪潮，出现了许多日后闻名于世的工业垄断企业集团，如美国钢铁公司（U. S. Steel Group）、美孚石油（Mobil）、全美烟草（American Tobacco Company）、橡胶公司（USCO）等。尽管美国 1890 年通过了《谢尔曼法》，但由于初期的执行不力，导致美国的垄断性行业恰恰是在该法通过之后形成。[②] 1903 年证券市场的崩溃、1907 年的银行业恐慌，加之 20 世纪初美国国内反托拉斯运动的兴起，导致本次浪潮的衰退。

（二）20 世纪 20 年代的第二次并购浪潮——以纵向并购为主

20 世纪 20 年代的第二次并购浪潮以纵向并购为主，即在生产、经营和销售等方面互为上下游的企业之间的并购，其目的大多在于形成初步的跨国经营模式，追求资源优化配置。据统计，在 1926—1930 年间，美国共发生了 4600 多起并购活动，涉及制造业、采矿业、银行业和公共事业；在 1928—1929 年高峰期间，被并购公司达 2300 家；1921—1933 年间，涉及并购的资产有 130 亿美元，占国家整个制造业资产的 17. 5%。由于以规模扩张为主要目的的横向并购行为受到反垄断法律规则的限制，这一时期并购的显著型特征是以跨行业的纵向并购为主，即把一个部门的上下游生产环节统一在一个企业联合体内，形成纵向托拉斯组织。跨行业的纵向并购促成了行业的市场结构由垄断向寡头垄断转变。譬如，1929 年整个美国大约有 200 个公司控制了整个国民经济的 50% 左右，1% 的银行控制着全美 99% 的银行总资产，这就是典型的“寡头垄断”经济。[③] 在这次并购浪潮

---

① 周小知：《兼并收购和企业扩张》，中国劳动出版社 1999 年版，第 62—63 页。

② 林新：《企业并购与竞争规制》，中国社会科学出版社 2001 年版，第 27—32 页。

③ 宋军：《跨国并购与经济发展》，中国财政经济出版社 2004 年版，第 14 页。

中，企业的资本结构形成了新的模式，即从简单的股份公司制，变为金字塔式的复合股份公司制，这就是所谓的控股公司。这种控股公司制可以充分利用杠杆的原理，通过逐级控股，衍生出一系列子孙，从而保证发起股东以很少的资本控制巨大的社会资本。正是企业并购交易创造并推广了这种新型公司体制，对进一步的并购交易行为、公司组织管理体制以及整个市场经济结构都产生了深刻的影响。第二次并购浪潮导致了国家的主要经济部门被一家或几家企业垄断的局面。①

（三）20世纪60年代的第三次并购浪潮——以混合并购为主

第三次并购浪潮，发生于20世纪60年代，以多元化产业发展为目标的跨行业并购即混合并购为主要形式。被并购企业已不限于中小企业，而进一步发展为大垄断公司并购大垄断公司，从而产生了一批跨行业、跨部门的巨型企业。同时，跨国并购案例也逐渐增多。“二战”以后经过十多年的恢复，主要资本主义国家的经济发展处于黄金时期，以计算机、微电子、新材料、新能源为标志的新技术革命，有力地促进了社会生产力的发展。在这一背景下，以混合并购为主要特征的第三次并购浪潮的规模、速度以及持续时间均超过了前两次并购浪潮。大规模的并购重组浪潮进一步扩大了大企业在经济部门中的垄断程度。据统计，1960—1970年间，共发生25598起并购事件，1970年美国资产10亿美元以上的企业拥有的总资产占全美制造业资产总额的比重达到48%。1970年，英国最大的100家企业的产值占制造业总产值的41%。主要发达国家的主要行业的市场集中度均在50%以上。② 20世纪60年代的美国反托拉斯气氛较为浓厚，联邦政府与联邦贸易委员会（FTC）、司法部采取了强硬的反托拉斯姿态，强烈谴责横向和纵向并购。在此背景下，混合并购、多元产业发展取代了横向并购和纵向并购，成为企业并购的主流。伴随着全球经济一体化的萌芽和产业国际化的发展趋势，市场竞争开始由国内市场转移到国际市场，企业不再局限于国内扩张，跨国公司在这一时期得以迅猛发展，跨越国界的并购活动逐渐增多。历史资料显示，在1926—1930年（第二次并购浪潮）期间，混合并购占全部并购次数的27.6%，在1966—1968年期间，混合并

① 李磊：《跨国公司在华并购的法律规制研究》，中国检察出版社2007年版，第28—29页。

② 王一：《企业并购》，上海财经大学出版社2001年版，第13—15页。

购则占 81.6% 的比例。[①] 第三次并购浪潮因美国在越南战争的失败以及 70 年代世界石油危机的到来而逐渐平息。

（四）20 世纪 80 年代的第四次并购浪潮——以融资杠杆并购为主

第四次并购浪潮，发生于 20 世纪 80 年代，以融资杠杆并购为主流手段。在此期间，混合并购急剧减少，企业并购范围广泛，形式趋于多样化，投资银行在企业并购中开始发挥至关重要的作用。这次并购浪潮是在经济自由化和政府放松管制的环境下发生的，并购的重点表现在金融领域。1981 年，美国解除和缓和了对通信、广播、运输、金融服务业的限制，实行了温和的反托拉斯政策，以利于企业并购。与美国的经济及金融自由化相呼应，英国、德国、法国、日本等主要发达资本主义国家也先后加快了金融自由化的步伐。伴随着金融市场的发展和金融手段的创新，以发行"垃圾债券"（Junk Bond）为融资手段的"杠杆收购"（Leveraged Buy-outs）策略得以大量运用，出现了"小鱼吃大鱼"的案例。这次并购浪潮以融资并购为显著特征。这里所说的融资并购不是指金融集团在股权或管理权上控制和管理企业，而是指收购者的最终目的在于通过买卖企业来获取短期利润。第四次并购浪潮的规模巨大，1980 年至 1988 年间，美国共发生了两万多起企业并购，几乎所有的美国大公司都经历了融资并购，在 1985 年，金额在 10 亿美元以上的并购多达 32 起，其中通用公司（GE）以 60 亿美元买下美国无线电公司。[②] 在英国，1985 年至 1990 年的 6 年间，共发生 6309 起企业并购。在这一时期，随着经济全球化的发展，跨国并购得以迅速展开，外国公司收购美国公司的案例逐渐增多，并购活动在美国和欧洲、日本之间逐渐呈现交互流动的格局。1990 年美国经济的衰退导致第四次并购浪潮的结束。[③]

（五）20 世纪 90 年代以来的第五次并购浪潮——以跨国并购为主

第五次并购浪潮，发生于 20 世纪 90 年代至本世纪初，以跨国并购为焦点。伴随着经济全球化步伐以及各国的贸易和投资自由化进程的加快，并购成为一种全球性普遍存在的经济现象，跨国并购则是此次并购浪潮的主要形式。作为全球对外直接投资（FDI）的方式之一，跨国并购逐步取代跨国创

---

① Raymond Vernon, "Storm over the Multinationals", Harvard University Press, 1977, pp. 70 – 74.

② 周小知：《兼并收购和企业扩张》，中国劳动出版社 1999 年版，第 68 页。

③ 李磊：《跨国公司在华并购的法律规制研究》，中国检察出版社 2007 年版，第 30 页。

建而成为跨国直接投资的主导方式。以战略并购取代第四次浪潮中的融资杠杆并购，是此次并购浪潮最为显著的特征。在并购形式多样化的基础上，强强联合和换股并购形式大量出现，超大规模的跨国并购风起云涌，层出不穷。1998 年 4 月 6 日起，在短短的 7 天时间内，美国连续发生了 6 家大银行的合并，其中，美国花旗银行和旅行者集团的合并涉及金额高达 825 亿美元，创下银行业并购价值的最高纪录；2000 年 1 月，英国制药集团葛兰素威康和史克必成宣布合并计划，新公司市值将逾 1150 亿英镑，营业额约 200 亿英镑，根据市场占有率计算，合并后的葛兰素史克制药集团将成为全球最大制药公司；2000 年 1 月 10 日，美国在线公司和时代华纳公司的合并，组建美国在线—时代华纳公司，新公司的资产价值达 3500 亿美元；2000 年 2 月 4 日，全球最大的移动电话运营商英国沃达丰公司以 1320 亿美元收购德国老牌电信和工业集团曼内斯曼，成为当时全球最大并购案。在第五次并购浪潮中，跨国的外资并购得到进一步发展。自 20 世纪 90 年代中期起，国际上许多巨型公司和重要产业都卷入了外资并购。据联合国贸易与发展会议公布的统计数字，1999 年全球企业跨国并购比上年增加了 35%，涉及金额达 7200 亿美元。美国的许多大企业在欧洲和亚洲大量进行同业收购，如美国得克萨斯公用事业收购英国能源集团、美国环球影城公司收购荷兰的波利格来姆公司等。而欧洲企业收购美国公司也同样出现了前所未有的大手笔和快节奏，如德国的戴姆勒收购了美国的克莱斯勒、英国石油对美国阿莫科石油的并购。发生在欧洲和亚洲内部的跨国并购之风也出现了空前未有的增长势头，如英国制药企业收购瑞典的制药企业、法国的石油公司收购比利时的炼油厂、菲律宾黎刹水泥公司与印尼锦石水泥厂的合并等。同时，跨国的外资并购得到了当时各国政府的默许乃至支持。在 20 世纪 90 年代以前，西方各国尤其是美国对企业并购的管制比较严格，大型并购案往往是不允许的。在此以前美国甚至禁止企业之间联合开发技术和合作研制新产品，因为它认为企业之间的联合开发会损害竞争和创新，很有可能导致企业之间的合谋。但 20 世纪 90 年代以后，各国纷纷放宽并打破行业内部市场限制，允许相关行业内有经营彼此业务的企业合并。据联合国贸易与发展会议公布的统计数字显示，2000 年全球跨国并购金额总计为 114919 亿美元，比 1999 年增加约 50%。[①] 各

① 王志乐主编：《2002—2003 跨国公司在中国投资报告》，中国经济出版社 2003 年版，第 3—4 页。

国政府对外资并购的默许与支持是第五次并购浪潮形成的重要动因，也是外资并购得以迅速发展的重要因素。自2001年以来，受欧美经济增长速度放慢、亚洲金融危机以及美国“9·11”恐怖袭击等一系列因素的影响，全球并购浪潮呈减缓趋势。但是，2005年又出现了反弹的迹象，各国专家预测，跨国并购还将继续保持强劲的增长势头。

跨国并购投资与跨国绿地投资（也称跨国新建投资）是对外直接投资的两种模式。从历史的视角看，跨国绿地投资一直非常活跃，成为FDI的主要方式。但随着国际政治经济形势以及国际法律环境的翻天覆地的变化，跨国并购逐渐占据了主导地位，取代了绿地投资而成为FDI的主要方式。20世纪90年代中后期，跨国并购成为跨国公司对外扩张的主要方式，FDI的增长主要利益于跨国并购的迅猛发展。当前，跨国并购已经完全主导了FDI。勿庸置疑，跨国并购的迅猛发展必将对全球经济政治格局和各国经济产生深远的影响。

二、外资并购在我国的发展历程

利用外商直接投资（FDI）一直是我国对外开放政策的重要内容。改革开放以来，我国吸收外资取得举世瞩目的成就。2004年全球外国直接投资（FDI）达到了6480亿美元，中国吸收了将近10%的全球对外直接投资额，占发展中国家利用外资总额的26%，占全世界利用外资总额的9%，成为仅次于美国和英国的世界第三大FDI接受国。截至2006年6月底，全国累计实际使用外资金额达6508亿美元，来华投资的国家和地区近200个，世界500强企业约470家在华投资，外商投资设立的各类研发机构超过750个。近十年来，我国仍是对跨国投资最具吸引力的国家。跨国公司进行的跨国并购成为我国外商投资的主要趋势，2008年至2009年年初，外资并购我国境内企业的案例更是高达530例，成交金额高达176亿美元，较2007年增长了49%。FDI在中国的现代化进程中发挥了越来越重要的作用。根据统计分析，在过去的20年，中国GDP年均9.7%的增长速度中，大约有2.7%来自外资的直接和间接贡献。跨国公司在华直接投资不仅推动了我国经济的持续增长，而且改变着我国经济的增长方式，提高了经济增长的质量。投资建厂是跨国公司在华投资最初采取的方式，随着中国改革开放的深入发展，从20世纪90年代初开始，外资并购逐渐成为跨国公司对华直接投资的方式之一。外资并购在我国的发展大致经历了以下几个阶段：

第一阶段（1992—1998年），萌芽阶段。跨国公司在华并购投资萌芽于20世纪90年代初。1992年跨国公司在华并购投资额仅有2.20亿美元。1992年国家确立建立社会主义市场经济的目标以后，外资并购大幅度增加。1994年，外资在华并购投资额为7.20亿美元，达到第一个高峰。1995年，外资并购出现回落，并购交易额为4.0亿美元。[①] 这一阶段外资并购在当时的中国大陆尚属新生事物，外资并购的数量和金额并不大，但它的社会影响很大。由于受政策和法律环境的影响，这一时期外资并购的特点是外资通过对国有企业的“合资嫁接”实现合资控股，参与并购的外资以香港资本居多，并购的目标主要是一些中小型国有企业。1992年4月香港中国策略投资公司收购了山西太原橡胶厂，在随后的两年里，中策公司在华的累计投资达30亿元，收购了196家国有企业，而后对部分目标企业进行包装借壳海外上市，并将其所拥有股份套现或者将其所拥有的股权转让给海外企业直接套现，使外资并购开始引起人们的关注，并对国有资产流失表示忧虑。1995年，日本五十铃自动车株式会社和伊藤忠商事株式会社通过协议收购北旅公司法人股从而成为北旅的第一大股东，此案首开外资并购我国上市公司的先河。同年，美国福特汽车公司购买江铃汽车新发B股的80%从而成为江铃的第二大股东，此案开创了外资通过大量增持外资股控股或参股我国上市公司的先例。1995年国务院办公厅转发国务院证券委员会的通知指出，在国家有关上市公司国家股和法人股管理办法颁布之前，任何单位一律不准向外商转让上市公司的国家股和法人股。

第二阶段（1998—2002年），发展阶段。这一阶段的外资并购，无论是在金额还是数量上都远远超过第一阶段，外资来源也更加多样化，不仅有香港公司，而且西方发达国家的大型跨国公司也积极参与其中，并购行业范围迅速扩展，延伸到了饮料、化妆品、洗涤用品、啤酒、家电、感光行业、橡胶、医药等诸多行业。这一时期，跨国公司在华并购的目的是，通过购入较大数量的股权来取得对上市公司的控制权。2001年格林柯尔通过境内被控股公司并购，由此入主科龙电器；1999年皮尔金顿通过收购流通股的方式收购了耀皮玻璃；2001年阿尔卡特通过绝对控股上海贝尔而间接成为上海贝岭的大股东。根据Credit Suisse First Boston的统计，从1998

---

① 王志乐主编：《2002—2003跨国公司在中国投资报告》，中国经济出版社2003年版，第7页。

年到2001年，中国国内并购发生了1700起，金额为1250亿元人民币。其中，外资并购国内企业66起，金额为66亿元人民币。另有数据表明，到2001年，中国吸收的FDI中外资并购额占4.96%。[①] 可见外资并购在这一阶段仍是零星的、分散的，较全球并购的规模和速度而言，外资并购在中国还应有较大的发展空间。

第三阶段（2002—2006年），快速发展阶段。2001年年底中国加入WTO，对中国经济改革产生了巨大的外部推动力，也提高了跨国公司在中国的投资收益预期。2002年后，外资并购日趋活跃，一些跨国公司经历了在华经营战略的巩固阶段之后，已经进入扩张的新阶段，并购便成为这一阶段的主要扩张战略。这个阶段的并购操作手段更为广泛，外资并购数量与金额规模更大。金融业是现代经济的核心，国际金融巨头对我国金融业的并购情有独钟，纷纷抢滩中国金融市场。譬如，2001年国际金融公司收购南京市商业银行；2002年加拿大丰业银行收购西安市商业银行，花旗集团收购上海浦东发展银行；2003年国际金融公司收购中国民生银行；2004年美国新桥投资集团公司收购中国民生银行1.75亿股权，收购深圳发展银行17.89%的股权；2005年跨国银行又开始酝酿收购四大国有银行的部分股权；等等。这一时期，跨国公司在华并购出现了强劲的增长势头，并购行业逐步扩大，并购方式灵活多样。譬如，2002年青岛啤酒向美国AB公司发行1.82亿美元的定向发行可转换债券，债券在七年内分3次按约定价格强制转为可流通H股，从而开创了“发行可转债”这一并购方式的先河。

值得一提的是，这一阶段，我国已然成为国际资本和跨国公司投资的主要目的国之一。以境外股票融资为主的外商其他投资也取得较大进展。截至2005年年底，内地到香港以及其他境外证券交易所挂牌的公司有122家，累计筹资555.44亿美元（不包括红筹企业）。共有34家境外机构获得境外合格机构投资者（QFII）资格。服务业全面履行“入世”承诺，对外开放取得明显进展。截至2005年年底，共有20个国家和地区的71家外国银行在中国设立了238家营业性机构。建行、中行、工行等十几家中资商业银行引入境外战略投资，建行、交行成功实现了境外上市。共有4家合资证券公司和20家合资基金管理公司获准设立。保险业也按“人世”

① 罗汉春：《外资并购高峰突现》，《中国外资》2006年第7期，第6页。

承诺对外资保险公司放开了全部地域和除有关法定保险以外的全部业务，至2005年年底，外资保险公司数量已增加到40家公司93家总分支公司。外商投资企业已成为物流、商贸领域的重要组成部分。2005年，我国服务业利用外资超过当年外商投资总额的1/5。①

第四阶段（2006年至今），可持续发展阶段。2006年一系列重大的收购引发了国人的广泛争议和讨论，如美国凯雷并购徐工、法国SEB收购苏泊尔等外资并购事件。这些事件使国人意识到外资在中国的垄断并购战略似乎已在诸多行业中展开，并已在局部行业形成垄断。有数据显示，中国在工业主要产业的39个分行业中，外资市场占有率有2个行业超过七成，4个行业超过五成，9个行业超过四成。面对新情况，政府加大了对反垄断的立法力度，如2006年9月，商务部、国资委、国家税务总局、国家工商总局、证监会和国家外汇管理局联合出台了《外国投资者并购境内企业的规定》，对投资者的要求、国家经济安全和民族产业的保护、股权并购等方面进行了修订和完善。2007年也是我国并购活动进一步迈向法制化轨道的关键一年。2007年8月30日，第十届全国人民代表大会常务委员会第二十九次会议上，《中华人民共和国反垄断法》获高票通过，并于2008年8月正式实施。同时，各部委也制定了各种外商投资规定，如民航总局颁布了《(外商投资民用航空业规定）的补充规定（二)》与《(外商投资民用航空业规定）的补充规定（三)》；建设部与商务部联合制定了《外商投资建设工程设计企业管理规定实施细则》；商务部、国家外汇局共同发布了《关于进一步加强、规范外商直接投资房地产业审批和监管的通知》；国家发改委与商务部联合颁布了《外商投资产业指导目录（2007年修订)》等。通过这些规章制度的规定和完善，我国政府对外资并购我国本土企业的新情况和新特点给予了及时回应，从而将有利于我国外资并购市场的健康发展和不断成长。总体而言，我国的外资并购市场已呈现出“完备化、深入化、细节化”的特点。②

总的来说，外资并购在我国尚处于初级阶段，因此，有关外资并购的许多问题都有待于我们作进一步的探索和研究，譬如，当前我国在利用外资的过程中存在一些比较突出的问题：一是长期存在的引进外资“重数量

① 李磊：《跨国公司在华并购的法律规制研究》，中国检察出版社2007年版，第41页。
② 黄中文、刘向东、李建良：《外资在华并购研究》，中国金融出版社2010年版，第24页。

轻质量”的问题仍较突出，一些地方政府和部门不计成本盲目招商引资，片面追求引进外资的数量，违反国家产业政策的现象时有发生；二是部分行业龙头企业被外资并购情况增加，个别领域出现外资垄断或垄断迅速扩大的苗头，可能对国家经济安全特别是产业安全形成较大威胁；三是中西部地区吸引外商直接投资规模和水平总体较低，与东部地区利用外商直接投资差距进一步扩大；四是外商投资企业带来的技术外溢作用不够突出，部分外商投资企业滥用知识产权保护，不利于我国企业自主创新；五是现有的利用外资管理体制亟待完善，部分现行政策不利于创造内外资企业公平竞争的环境；六是少数利用国外贷款项目管理不严，资金利用效率低，偿债困难；七是短期外债比例增长较快，潜在的外债风险增加；八是制造业利用外资比重较高，而服务业利用外资比例偏低。以上这些问题都是我们在利用外资过程中需要密切关注和着力加以解决的。

三、外资并购的市场动因

外资并购的动因可谓多种多样，不同的企业，不同的并购活动，其并购的动因往往各异。有的是为了提高市场控制力，有的是为了获取规模经济效应，有的是为了绕过关税壁垒，有的是为了获取特殊的资源等。但归根结底，外资并购都是为了获取一定的经济利益，提升自身价值，这也是外资并购内在的共有动因。分析外资并购国有企业的动因，应立足于经济全球化这一大背景之下，把国有企业自身的特点和外国投资者在华战略以及并购相对其他进入市场方式的优点结合起来考虑，这其中既有外部因素的推动，也有内在因素的激励。

（一）外部因素的推动

1. 整合在华业务，实施全球战略的需要

多年前由于受政策限制，大多数跨国公司最初进入中国市场时采取的是合资形式，这就导致许多跨国公司在华拥有多家合资企业，而这种零散非集中的布局及相互竞争的态势对跨国公司全面实施中国战略是十分不利的，因此跨国公司迫切希望重新整合在华业务。再者，在当前全球经济一体化的大趋势下，越来越多的跨国公司进入中国市场，它们在面对更为广阔的市场前景的同时也面临着更加激烈的竞争和更大的市场风险。在这种情势下，跨国公司需要不断调整其经营战略，以全球化的视野利用市场机制在全球范围内整合资源，扩大自身优势，不断提高核心竞争力，外资并

购是实现这一目标的有效途径和手段。因此，跨国公司重整在华业务的意义在于，将过去在中国分散的投资加以系统化、统一化，以增强其竞争能力，迅速占领国内目标市场，获取竞争优势。

2. 看好中国市场前景，依托初具规范化的政策法律的调整

根据国家统计局发布的数据，继2001年实现了GDP8.3%和2002年的9.1%增长速度之后，2007年中国实现了13.0%的高经济增长，2010年仍保持10.3%的增长势头（具体如下图所示）。中国正由潜在的大市场逐步转变成现实的市场，投资预期风险小而回报高，外商都希望能从中国强劲的经济增长中分得一杯羹，所以纷纷加快了在华投资的步伐。

中国近十年GDP增长概况

年份	GDP（亿元）	GDP环比指数	GDP增长率
2001	109655.2	108.3	8.30%
2002	120332.7	109.1	9.10%
2003	135822.8	110.0	10.00%
2004	159878.3	110.1	10.10%
2005	183867.9	110.4	10.40%
2006	210871	111.6	11.60%
2007	257306	113.0	13.00%
2008	300670	109.0	9.00%
2009	335353	108.7	8.70%
2010	397983	110.3	10.30%

随着中国投资环境的不断改善，对外贸易、航空运输、金融、保险等领域的相继开放，为跨国公司在华投资向更高战略转移创造了契机和条件。跨国公司越来越倾向于将中国纳入全球生产销售体系，作为其在亚太地区的生产基地和国际采购中心。

从世界范围来看，大部分国家和地区放松了对外资并购的限制，调整了外商直接投资制度，我国也不例外。近年来，我国政府相继出台了《关于向外商转让上市公司国有股和法人股的通知》、《外国投资者对上市公司战略投资管理办法》、《关于外国投资者并购境内企业暂行规定》、《关于外

国投资者并购境内企业的规定》、《外国投资者并购境内企业反垄断申报指南》、《反垄断法》、《关于相关市场界定的指南》、《国务院关于经营者集中申报标准的规定》、《经营者集中审查办法》、《经营者集中申报办法》等一系列相关法规和办法。新的法规有利于为外资的并购活动提供更完善的法律环境，外资并购的可操作性增强。目前在中国资本市场上，股权分置问题的解决有利于清除股权转移的障碍，股份可以作为并购中的支付工具，进一步便利了外资的并购活动。

3. 绕开贸易壁垒，谋取垄断地位

从目前国际贸易的实践看，无论发展中国家还是发达国家，在世贸组织的敦促下，均大幅度降低了关税这种贸易性壁垒，取而代之的是采取进口配额、动植物卫生和安全检验、环境保护等非关税壁垒的方法来保护本国商品。所以，外国投资者为了绕开非关税壁垒，直接向我国投资就成为其首选，而且并购企业又比直接建厂有明显的优势，这样，外资并购国有企业就成为外国投资者进入我国市场的最佳途径。

外资并购国有企业的特点之一就是倾向于并购那些在某个地区某个行业具有优势地位的龙头企业。外国投资者一旦并购这些国有企业，就会迅速利用其资金和技术优势，快速抢占市场上大部分份额，试图谋取垄断地位，以获取高额利润。当前，在轻工、化工、医药、机械、电子等行业，外资企业所生产的产品已占国内1/3以上的市场份额。譬如，在感光材料行业，自1998年以来，柯达斥资3.75亿美元，实行全行业并购，迅速占领了中国市场的较大份额，2003年10月，柯达又斥巨资收购了乐凯20%的国有股，实现了全面控制国内数码冲印市场的目的。在移动通信行业，摩托罗拉、诺基亚和爱立信三家企业1999年的市场占有率就达到了80%以上。①

（二）内在因素的激励

1. 利用目标企业的资源优势和制度优势，实现规模效应

当前，随着我国国内上市公司产权及治理结构的日趋完善，它们的制度优势和资源优势也逐渐显露出来，对外资战略买家的吸引力正渐渐增强。跨国公司开始注意到这些上市公司，通过并购充分利用目标企业的资源优势和制度优势，迅速占领目标市场，扩大生产经营规模，降低管理、

① 韩彩珍：《外资并购国内企业的问题及政策取向》，《中国外资》2006年第1期，第40页。

原料、生产等各个环节的成本，获取高额利润，实现规模效应，充分发挥其跨国直接投资的内部化优势和垄断本能。譬如，世界第三大超市集团零售商 Tesco 通过收购台湾顶新集团旗下的乐购超市而宣告进入中国市场，以较低的成本获得了零售业至关重要的资源——大卖场。通过收购了解中国市场的乐购超市，Tesco 现已拥有 25 家连锁店。此外，花旗银行、渣打银行等外资金融机构通过参股内地银行的方式开始迈入享有充分市场前景的中国金融市场，在中国金融业即将全面开放之前就抢得先机，初品硕果。

2. 施展品牌经营战略，获取协同效应

在市场中运作较成熟的公司都会有自己的品牌发展战略。跨国公司通过横向并购，减少了竞争对手，提高了市场占有率，巩固长期获利机会，对国际市场的控制力凸显。以日化行业为例，2003 年年底，化妆品行业巨擘欧莱雅经过了 4 年的整合收购了国内大众品牌小护士；2004 年 1 月，又把羽西收入囊中。在金字塔式的群体品牌发展战略中，小护士的加盟帮助欧莱雅迅速进入了中国广阔的大众市场，也加强了欧莱雅原本比较单薄的深度分销渠道。作为中高档化妆品品牌的羽西，填补了欧莱雅品牌战略中该档次的空缺。欧莱雅把小护士和羽西的工厂揽入怀中，生产能力无疑得到扩张。如此一来，欧莱雅在国际市场上的竞争实力更加不容小觑。

中国最近十几年的改革和发展使世界看到了其巨大的成长空间中所蕴藏的无限的机会，而国内的企业也同样渴望能够共享国际先进的技术、管理、战略，等等。资本的进入有很多方式，但并购以其独有的优势成为跨国直接投资的最主要方式。通过并购，可以实现协同效应（包括财务协同与经营协同效应）。在外资并购的市场动因中，协同效应是极其重要的。如果外国并购方有能力使用它拥有的无形资产（如制度、技术、品牌、信誉等）改善目标公司；或者，如果并购方以从目标公司获得的无形资产去改善它自己的处境，均可以获取协同效应。协同效应往往能够给企业带来意想不到的收益。勿庸置疑，目前已在我国证券市场上市的公司基本上都处于所属行业的前列甚至龙头地位，拥有大量的无形资产，比如良好的企业形象和较高的品牌知名度等。跨国公司收购这些上市公司获取控股权后不仅可以充分利用这些无形资产，将其掌握的信息转移过来获取经济利益，还可以利用上市公司在证券市场的影响力获得额外的广告效应。[①] 因此，从跨国公司通过并购获取协同效应的视角来考量，并购那些处于行业龙头地位的上市公司当然可以获得事半功倍的效果。

3. 实施多元化并购战略，分散投资风险

跨国公司具有自己明确的全球经营战略。跨国公司对中国企业的并购活动，除了以单纯获取短期股权转让收益为目的的投机性并购以外，更多呈现的一种多元化战略性并购策略。跨国公司基于长期的生产经营策略而进行的全球资源配置视角将中国企业纳入其全球生产体系，以获取持久的市场竞争力和丰厚的投资回报。以柯达公司在中国的战略性并购为例。1985 年第四季度，柯达报告其净亏损值为 1. 94 亿美元，此后不见扭转的迹象。1994 年，柯达相纸在中国市场的占有率不足 10%，而富士公司却高达 65%。1998 年，柯达出资收购了厦门、汕头和无锡的三家感光企业，随后，柯达对三家企业追加了投资并对其生产能力进行了重新安排：柯达（厦门）主要生产彩色胶卷和彩色相纸，柯达（汕头）主要生产医用和工业用 X 光片，柯达（无锡）主要生产冲洗套药。1998 年对中国感光行业的战略性并购，柯达获得了在中国的本地化生产的物质基础，降低了 15%—20% 的生产成本。[②] 2001 年，中国已成为柯达在全球的第二大胶卷销售市场，柯达产品的世界市场占有率接近 70%，远远超过富士公司。在中国市场的战略性并购，增加了柯达公司的全球竞争力，成为其利润持续增长的主要支点。根据“入世”承诺，2006 年以后，我国的金融业将陆续全面开放。在此背景下，跨国公司积极参股并购我国银行业也多出于战略考虑。[③]

在激烈的市场竞争中，跨国公司虽会面临更大的风险，但与此同时，开放的市场环境也为跨国公司提供了更多分散风险、转嫁风险的渠道和手段。跨国公司可以利用不同产品在不同国家和地区的生命周期的差异，进行多元化投资。投资区域多元化，投资行业多元化，从而达到分散风险的目的。汇丰集团在中国政策开放之初就进行了一系列的收购活动：2001

---

① 谢振莲、刘会敏：《外资并购我国国有企业的动因及效应分析》，《管理观察》总第 381 期，第 64 页。

② 吴晓求主编：《公司并购原理》，中国人民大学出版社 2002 年版，第 239 页。

③ 李磊：《跨国公司在华并购的法律规制研究》，中国检察出版社 2007 年版，第 18 页。

年，以5.17亿人民币入股上海银行，占有8%的股份；2002年，以6亿美元取得了平安保险10%的股份；2004年，汇丰与平安联手收购了福建亚洲银行，改组为平安银行，汇丰和平安各持股50%（随后汇丰持股比例稀释到27%）；同年，以17亿美元又购得交通银行19.9%的股份，成为第一家入股国有商业银行的外资银行；2005年，在已经持有平安10%的股份的基础上又斥资人民币86亿元得到了9.91%的股份，逼近政策允许持股上限；随后，汇丰集团积极参与了湘财证券的重组过程，拿出10亿人民币与交行一起取得对湘财证券的控股地位；在基金市场，汇丰与山西信托投资有限公司合资设立的汇丰晋信基金管理有限公司，其中汇丰持有49%的股份。至此，汇丰的触角已经深入到了商业银行、保险经纪、股票市场、基金市场等金融领域。汇丰集团亚太区主席郑海泉称，汇丰进行并购的主要目的是分散区域经营风险。德国大众汽车公司董事会在一份报告中曾宣称："公司政策的一个长期目的就是通过参与到具有同汽车工业相反的商业周期地区中去来确立保持长久的盈利能力。"

除此之外，投机性的转手倒卖、争取优秀人才、目标企业因价值被低估而产生的收购行为等都是外资并购的基本动因。在此不作具体阐述。从长期来看，追求利润最大化是每个企业所不懈追求的目标，外资企业的并购活动最终也是为了获取超额利润。近年来，我国企业在进军海外市场的过程中也不断利用并购这一方式。从以上对外资并购的动因分析之中，希望国内企业可以得到一些启示和借鉴，扬长避短，师夷长技以自强。

四、新一轮外资并购的战略意图

外资凭借其强大的金融资本或产业资本，从本世纪初开始在我国展开了一系列大规模的战略性并购，主要以提高核心竞争优势为基础。此轮并购突出以市场为导向、以高新技术为重点、以增强竞争力为目标，以强势企业强强联合为特征，加剧了资源向优势龙头企业的集中，进一步推动了全球产业结构的调整与升级，也改变了国际投资模式。因此，新一轮外资并购无论从其并购对象、运作手段还是策略方向较以往均有较大差异，这对我国社会经济发展乃至国家经济安全造成了一定的影响。

（一）并购背景及原因解析

1. 一系列政策法规的颁布实施

如前所述，随着我国政府相继出台《关于向外商转让上市公司国有股和法人股的通知》、《外国投资者对上市公司战略投资管理办法》、《关于外国投资者并购境内企业暂行规定》、《关于外国投资者并购境内企业的规定》、《外国投资者并购境内企业反垄断申报指南》、《反垄断法》、《关于相关市场界定的指南》、《国务院关于经营者集中申报标准的规定》、《经营者集中审查办法》、《经营者集中申报办法》等一系列相关法规和办法，有利于为外资的并购活动提供相对完善的法律环境，外资并购的可操作性在不断增强，在一定程度上能有效应对外资并购所带来的一系列问题，便利了外资在华的并购活动。

2. 人民币升值预期

可以说，政策的持续放开为外资冲入 A 股市场铺设了一条金光大道，而人民币升值预期多年不减，这是外资纷纷涌入中国的极大推动力。跟国际热钱短期追逐人民币升值有所不同，外资并购资本则长期看好中国经济前景和人民币不断升值预期，这些资本通过购买中国产业、融入中国资本市场的方式，长期潜伏下来分享中国经济的高增长成果。

3. 股权分置改革的有效进行

国际金融资本在进行跨国并购时，首当其冲考虑的是如何有效退出，如果投资不能有效退出，则对他们而言根本不存在投资价值，毫无吸引力可言。随着股权分置改革的有效进行，今后无论是金融资本还是产业资本均可以在中国证券市场有序地进出，这种退出制度的完善也是吸引外资并购在华企业的重要原因和动力。

4. 上市公司价值低估

这几年中国股市走势与经济发展之间存在令人费解的悖逆，直接后果就是导致中国上市公司的价值被大大低估。中国 GDP 连续多年保持 9% 以上的年增幅，而反映在股市中却是反其道而行之，连续几年的熊市跟企业的发展不相匹配，绝大多数上市公司的股票价格已缩水近半。①

（二）外资在华并购的发展新动向

1. 并购涉及的行业领域不断扩大并直指各行业的龙头企业

长期以来，我国利用外资主要集中在制造业领域，约占利用外资规模的 60%—70%，依然是外资并购的重点。但入世以来，外资进入的产业领

---

① 吴宗杰、曹东锋：《新一轮外资并购的战略意图及对策分析》，《商场现代化》2006 年 9 月（上旬刊）总第 478 期，第 27 页。

域不断推进，从一般产业迈向高新技术、高附加值产业，尤其进入第二产业的热情高涨。但随着当前第三产业对外商投资程度的不断放开，互联网行业和金融行业正逐渐形成新的热点，外资在华并购正在从第二产业向第三产业转移。因此，不仅航空、运输、商业、保险、互联网等领域趋势明显，还包括批、零、外贸、物流在内的流通业，法律、会计事务所等专业咨询业，并向教育、传媒等意识形态领域渗透。

而目前，外资在华并购具有明显的战略意图和产业垄断倾向，其实施的并购近乎于“斩首行动”，专门选择行业的优势龙头企业作为其并购对象，意欲通过控制战略制高点，实现对整个市场的操控，并且随着对该行业的其他竞争对手的不断蚕食，逐渐完成对整个行业的绝对垄断。据国家工商总局调查，美国微软公司占有中国电脑操作系统市场的95%，瑞典利乐公司占有中国软包装产品市场的95%，美国柯达占有中国感光材料市场至少50%的份额，法国米其林占有中国子午线轮胎市场的70%，富士公司中国市场占有率超过25%，此外，在手机、电脑、服务器、网络设备业、计算机处理器等行业，跨国公司在华市场均占有绝对垄断地位，在我国轻工、化工、医药、机械、电子等行业，跨国公司子公司的产品已占据我国1/3 以上的市场份额。①

2. 并购速度明显加快并且整体布局呈现出系统化趋势

自加入 WTO 以来，我国经济快速稳定增长，中国市场所蕴藏的巨大潜力和光明前景吸引着国际上许多跨国公司纷纷把目光投向中国，而并购国内优势龙头企业则为跨国公司提供了更为便捷的资本转移方式和快速盈利途径，近几年一些大项目和投资数额的持续增长，使跨国公司在华投资开始进入一个新的发展阶段。相较合资、独资等形式为主的绿地投资，外资并购对跨国公司有着更大的吸引力，它不仅可以大大缩短项目建设周期或投资周期，能够迅速扩大规模，快速战胜竞争对手，同时并购的成本也较低。因此，中国成为全球关注的重点市场，越来越多的跨国公司通过对中国企业的并购快速到中国抢滩登陆，而且最近几年并购的步伐与速度呈明显加快的趋势。2010 年全球的并购活动增长近 22.9%，为 2007 年以来首次实现年度上升。2011 年一季度，全球并购活动总额达 7163.00 亿美

① 何基报、张晓凌：《我国企业外资并购和对外并购的发展趋势、问题与建议》，载《证券市场导报》，2008（07）。

元，同比增长16.0%。后金融危机时期，随着金融危机的阴霾逐渐散去，全球经济大环境逐渐回暖，并购市场的信心日趋增强，企业对于并购的热情正在升温，全球或将迎来新一轮并购浪潮。

近几年的外资并购不再是基于扩大规模、行业转移、降低成本等的传统动机，而是基于全球的资源配置与行业竞争，实施产业整合，构建全球化生产体系和销售体系。其并购行为的系统化趋势主要表现在：对某一行业全面的蚕食、并购产业链条的延伸和对东道国民族品牌的净化。可以说，外资在华并购从过去的单一选择开始发展为有目标、有计划、有步骤的全行业蚕食行动。中国啤酒、胶卷业的近乎湮没，零售业80%的市场份额的丧失，许多知名民族品牌的黯然消失，这些都为我们敲响了国家经济安全的警钟，引起国人对国家产业安全的担忧。

3. 并购的条件越来越苛刻并且采取分步到位策略

在控股权、控制销售权及财务权、品牌使用权上，外商都提出明确的控制要求。其中体现在控股权方面，显得更为迫切，包括最初以参股、相对控股实施并购的跨国公司，现在也正谋求通过增资扩股的方式实现绝对控股。

而对那些重要企业的并购不能一步到位，跨国公司往往采取分步走的策略，通过逐步渗透，迫使中国企业逐步就范。跨国公司通常的做法是：在与中国企业进行合资以后，就采取让其陷入亏损的办法，直到将合资企业的中方拖垮，迫使中方自愿将整个企业拱手相让，合资企业也就最终变成了外商独资企业，完成独资后又会在很短的时间内使企业出现戏剧性的盈利。①

4. 并购的主体呈多样化态势并且证券市场成为并购的重要阵地

外资既可以以境外投资者的身份并购国内企业，也可以由境内外商投资企业以中国法人的身份并购国内企业，还可以由多个投资者以联合的形式收购国内企业。例如，在香港上市的传媒巨子格林柯尔入主科龙电器采取的就是在内地注册新企业，间接控股曲线并购的方式。按中国现行法律，外国投资者如果已经在中国境内设有具有法人资格的外商投资企业，那么，该外商投资企业作为中国的法人，在并购中国的企业时，就适用国内企业并购的相关法律法规，享受中国法人所应有的权利并承担相应的义

① 田天：《开放格局下的外资并购和国家经济安全》，《天津市财贸管理干部学院学报》2009年第2期，第20页。

务。根据外经贸部、国家工商局联合出台的《外商投资企业投资者股权变更的若干规定》，外商投资企业可以通过下列方式对中国的企业实施全部收购或部分收购：（1）企业投资者之间协议转让股权；（2）企业投资者经其他各方投资者同意向其关联企业或其他受让人转让股权；（3）企业投资者协议调整企业注册资本导致变更各方投资者股权；（4）企业投资者经其他各方投资者同意将其股权质押给债权人，质权人或受益人依照法律规定和合同约定取得该投资者股权。[①]

随着中国证券市场上市公司质量的提高，证券市场已成为各行业优质企业的积聚地。一般而言，上市公司均是效益较好的知名企业，拥有大量的无形资产。外资在华并购上市公司就比并购一般的企业更易获得品牌和知名度，更好地融入中国市场，因此，外资并购方会充分利用证券市场实施并购战略。近年来，外资并购上市公司的案例逐年递增（如下表所示）。随着股权分置改革的基本完成，全流通制度下资本市场配置资源的功能进一步健全，上市公司并购重组总体数量增多，交易规模加大，方式创新丰富，以“调结构、兴产业”为目标的并购重组绩效显著。股权分置改革以后，中国证券市场一个重要的制度性障碍基本清除，A股市场解决了非流通股的流通问题，通过二级市场实现并购将更为简便，成本更为低廉，上市公司并购重组活动将越来越频繁。全流通格局下大股东回购的动力正在增强。此外，股票价值相对低估也加强了并购的意愿，目前，信息服务、金融服务、采掘、钢铁、家用电器等板块的平均市盈率处于低位，其收购兼并收益明显。资本市场并购重组已经由简单的收购、保壳重组逐渐演变成以产业链和价值链为导向、以公司内在价值评估为基础、综合运用各种金融工具的系统工程。这些都是促进兼并重组的利好因素，而证券市场成为外资并购的重要阵地。

---

① 漆彤：《跨国并购的法律规制》，武汉大学出版社2006年版，第282—283页。

第三章　国内外规制外资垄断性并购的立法考察

众所周知，西方发达国家的企业并购法已有百余年的历史，它们的资本市场很成熟也很发达，形成了较为完善的企业并购法律规制。而我国的资本市场还很年轻不够成熟，相关的外资并购反垄断立法体制还存在很多问题和缺漏。对我国而言，研究以美国为代表的西方发达国家的企业并购法律制度，借鉴其立法中的经验教训，对于完善和改进我国的企业并购立法，具有相当重要的现实价值。因此，考察外资并购法律制度，首先应以西方发达国家为视角和模本。

一、国外外资并购反垄断的法律规制比较

分析与借鉴美国、欧盟、德国、日本等发达国家对外资并购反垄断立法的先进立法经验，可以促使我国寻求一套既能保护正常的外资并购，以维护市场竞争秩序和活力，又能有效规制外资“垄断性并购”行为的法律规范，以便在利用外资的同时，确保国家的产业和经济安全。

（一）美国

1. 立法体系——以反垄断法典为核心

19世纪后期，美国的生产力得到高速发展，率先完成了从自由竞争向垄断的过渡，伴随着这个过程，各种垄断组织也应运而生。1890年美国颁布了世界上第一部反托拉斯法——《谢尔曼法》。该法规定：“任何以垄断或其他形式做出的契约、联合或共谋，如被用于限制洲际间或与外国间的贸易或商业，均属违法。”《谢尔曼法》的颁布不但奠定了美国反垄断立法的基础，更对西方资本主义国家产生了深刻的影响，它被称作为“自由企业大宪章”。[①] 之后，在总结了《谢尔曼法》实施经验的基础上，1914年

---

① 卫新江：《欧盟、美国企业合并反垄断规制比较研究》，北京大学出版社2005年版，第34页。

美国又制定了《联邦贸易委员会法》和《克莱顿法》。[①] 至此，这三部法律构成了美国反托拉斯法律规范的主要渊源。

在有关企业并购方面，美国是最早对这一行为进行有效监管的国家。涉及企业并购反垄断方面的法律规范主要有：1890 年颁布的《谢尔曼法》、1914 年颁布的《联邦贸易委员会法》和《克莱顿法》及其修正案、1950 年的《塞勒—凯福维反对合并法》、1976 年的《哈特—斯科特—罗蒂诺反垄断修订法》（*Hart-Scott-Rodino Antitrust Improvements Act*）、1980 年的《反托拉斯程序的修正法案》（*Antitrust Procedure Improvements Act of* 1980）。其中，《谢尔曼法》的最大缺陷就是没有明确反托拉斯的调查和执法机构。有鉴于此，美国国会于 1914 年通过了《联邦贸易委员会法》，旨在防止商业中的不公平竞争和不公正的或欺诈性行为，借以消除企业可能获得的垄断地位。按《联邦贸易委员会法》的规定，任何并购必须获得联邦贸易委员会或者司法部的批准，但是它们都没有反托拉斯的司法裁判和刑罚执行权。这些司法权力，专为联邦法院拥有和行使。[②]《克莱顿法》的第 7 条可以说是美国企业并购控制的最重要条款。该条规定："从事商业的公司不得以直接或间接方式，取得另一从事商业公司之股份或其他股份资本的全部或一部分，如果取得的结果可能实质地减少取得公司与被取得公司的竞争，或在任何区域或社区内限制商业或形成垄断的倾向。"但是该条规定的适用范围仅限于股份收购的方式。1950 年，美国通过了《塞勒—凯福维反对合并法》，将资产收购的领域纳入到法律的规制范围。该法规定："如果购买公司财产的行为有可能导致竞争的大大削弱或产生垄断，则购买其他公司的股票或资产的行为应当被禁止。"1976 年的《哈特—斯科特—罗蒂诺反垄断修订法》修正的内容主要是增加了《克莱顿法》第 7 条 A 款的一个条款。这个新增加的条款要求涉及大企业的合并在合并前向联邦贸易委员会或司法部的反垄断局进行申报。该次修正扩大了联邦政府反托拉斯的权力，确立了企业并购的事前申报制度。根据 1980 年的《反托拉斯程序的修正法案》，原来《克莱顿法》第 7 条中的"公司"这一概念被"人"这一概念所取代。据此，《克莱顿法》第 7 条不再仅仅适用于公司间

---

① ［美国］理查德·波斯纳：《反托拉斯法》，孙秋宁译，中国政法大学出版社 2002 年版，第 380 页。

② 李磊：《跨国公司在华并购的法律规制研究》，中国检察出版社 2007 年版，第 67 页。

的并购，还适用于一些没有进行过注册登记的社团，从而扩大了《克莱顿法》的公诉范围。

除此之外，美国司法部于1968年颁布了美国历史上第一个《合并指南》，以此作为指导企业并购的具体审查标准。该指南经历了1982年和1984年两次修订，1992年由司法部和联邦贸易委员会联合发布了《横向合并指南》。发布指南的目的是为联邦政府的反垄断机构提供关于企业并购的分析框架，即什么样的企业并购应当受到反垄断法的追究。指南中的条款虽不具有法律约束力，司法部也可以不根据这些指南向法院提起诉讼，但是人们毕竟可以通过指南看出，什么情况下的合并可能会受到当局的干预，从而使当事人对企业并购的后果具有一定的预见性。[①] 至此，美国构建起了一个比较完整的规制并购行为的反垄断法体系。

2. 实体规则——“实质性减少竞争”标准

美国1914年的《克莱顿法》第7条规定了“如果该并购造成实质性减少竞争的效果”的用语，确定了美国在实施企业并购反垄断审查时的“实质性减少竞争”标准（Substantially Lessen Competition，SLC）和早期预防原则，即坚持以是否有损实质竞争效果作为是否实施反垄断规制的衡量标准，而且只要能预见到某并购案可能对竞争起到限制作用即禁止，而不要求其已被证明具有限制竞争作用，该原则明确地将规制企业滥用市场优势地位行为的标准和规制企业合并行为标准区分开来。但该规定并未明确何为实质减少竞争，怎样的企业合并才属于实质减少竞争，如何确定一项合并是否构成了实质减少竞争。这一系列的问题在美国司法部和联邦贸易委员会《横向合并指南》中得到了解决，该指南为如何确定一项企业合并是否造成实质减少竞争提供了具体的分析框架。指南中明确“实质减少竞争”指的是这样一种情形：企业合并导致的相关产品的价格应当显著高于没有出现合并情况下的价格，而且这种价格的差异难以在2年内消除。[②] 即对于实质减少竞争标准的理解和衡量是通过对消费者支付的价格的考察，来评估反竞争效果的。另外，指南还指出，分析一项横向合并是否具有反竞争效果时，大致应当采取以下五个步骤：“首先，当局评估合并是

① 侯怀霞、钟瑞栋：《企业并购立法研究》，《中国法学》1999年第2期。

② 卫新江：《欧盟、美国企业合并反垄断规制比较研究》，北京大学出版社2005年版，第82页。

否明显地增加了市场集中度，从而导致集中化的市场。第二，根据市场集中度和表述市场特征的其他事实，当局应评价合并是否会引起潜在的反竞争效果。第三，当局应评价新的市场进入能否及时地、可能地和充分地阻止或者抵销合并引起的反竞争效果。第四，当局应评价合并的效益，这些效益是当事人在正常情况下通过其他途径不可能获得的。最后，当局还应当评价，如果没有合并，参与交易的一方是否可能破产，从而导致其资产退出市场。”这个规定对《克莱顿法》第7条确立的“实质性减少竞争”标准进行了细化和解释。[①] 此外，指南还就市场界定、市场份额的计算、市场集中度测试、合并的反竞争效果评价、市场进入、效率和破产问题设专章进行阐述，大大提高了实质性减少竞争标准的实践可操作性，有利于加强反垄断执法中的可预见性和稳定性，是美国法律的一大特色。

3. 程序规则

（1）申报制度及其申报标准

在申报制度上，各国采取了不同的做法，主要有事前申报制度和事后申报制度。事前申报体现了反垄断法预防性的特点，使竞争主管机关能够较好地把握市场竞争的发展趋势和预测垄断的可能性，也为合并当事方提供明确的指引，因为与其等到合并后的企业具有滥用市场支配地位的优势再对其进行拆分，不如在其合并前就进行规制，以减少事后拆分对社会资源造成的浪费，同时也有利于维持市场的稳定性。但事前申报制度不可避免地要延迟企业合并的时间，与并购行为的时效性相左。事后报告制度主要是一种持续性的监督手段，其满足了并购行为时效性的要求，利于对并购后企业进行持续性的监管，但一旦并购企业经审查被认为具有危害竞争的效果则要进行拆分，不利于维护相关市场的稳定，并且会造成社会资源的浪费。

美国采取的是事前强制申报制度，即达到规定标准的申报企业必须在实施合并之前向竞争主管机关进行申报，竞争主管机关根据并购申报人提供的材料在一定期限内做出是否予以批准的决定，在决定做出前不得实施合并，超过此期限未作决定的即视为可实施合并，且主管机关不得再对此项合并进行干预。为保障事先强制申报的实施，美国还对疏于申报和虚假申报的义务主体处以高额的罚款。

① 尚明：《主要国家（地区）反垄断法律汇编》，法律出版社2004年版，第224页。

并不是所有的外资并购都需要受到企业合并规制审查，确定申报标准即是确定对怎样规模的外资并购案件进行合并规制审查，从这个意义上来看，申报标准也是企业合并规制的起点。在申报标准的设定上，目前各国主要有“营业额标准”、“资产额标准”和“市场份额标准”等，其共性是对规模较小的企业合并倾向于采取豁免的放任态度，仅关注可能对竞争产生影响的较大规模的并购，从而在兼顾规模效应的同时，又注重对正常的市场竞争秩序进行维护。在这一问题上，值得提及的是美国的合并申报标准，其要求合并交易本身必须属于一项商业行为，且并购主体的主体规模和并购交易的交易规模必须达到一定数额，只有同时满足三项条件才需要进行申报。其中以净销售额和资产额对并购企业的规模做出规定，对被并购企业的规模则以销售额和资产额为衡量标准。这种综合考量因更能反映一项并购案的反竞争效果而显得更科学合理。[①] 而且，自 2005 年起，其每年都会根据 GDP 对具体标准进行调整，以对较小企业的并购行为进行豁免。

（2）审查程序

在审查制度方面，各国大多设置了两阶段审查制度。这种程序设计将对竞争产生较大影响的并购案件和不严重影响竞争的并购案件区分开来，一方面节约了并购当事方的时间成本，符合了并购案件的时效性特征，另一方面也节约了竞争主管机关的资源，为大多数国家所采用。美国的企业并购审查程序如下：

首先，由并购的当事方向美国联邦贸易委员会提交申报材料，在提交申报之后，联邦贸易委员会将对该并购行为进行审查，这一审查的期限一般不超过 30 天，但是，若联邦贸易委员会在审查过程中认为该并购行为可能具有严重的限制竞争的倾向，则可以继续签发第二次调查令，延长审查期限 20 天。如果审查通过，且各方对此并无异议，则并购行为可以实施。而如果并购当事方对联邦贸易委员会做出的初步决定存有异议的，则由联邦贸易委员会磋商后做出最终决定。此最终决定是可诉的，即并购当事方可以向联邦巡回上诉法院上诉直至向美国最高法院上诉。因此，在审查阶段，当事方的主要义务是提供资料和证据，在审查期内做出决定前不得进

① 卫新江：《欧盟、美国企业合并反垄断规制比较研究》，北京大学出版社 2005 年版，第 159—160 页。

行并购，主要权利是充分表达意见，行使抗辩权。

（3）听证程序

在反垄断集中审查中，结合美国《行政程序法》的规定，组织展开听证则是美国反垄断审查得以实现公开化、透明化的关键所在。1972 年，美国政府按照法制化原则将原有的听证审查官司制度（Hearing Examiner）改为行政法官制度（Administrative Law Judge），给予其独立的经费、编制等，并由文官委员会任命行政法官，实现了将行政法官独立出来，自主行使反垄断听证会组织、做出听证决定等的目的，保证了听证程序能够独立、公正地进行。[①]

美国的听证程序颇似法庭审理，由行政法官组织实施。听证程序一般都是公开进行的，联邦贸易委员会和并购当事方进行质证和辩论，由联邦贸易委员会阐述并购行为可能造成的对于市场竞争秩序的破坏，请求法官予以禁止。而并购当事方的主要义务是提供资料和证据，充分表达意见，行使抗辩权。在听证结束后，由法官做出初步决定，对该决定不服的当事方可以向联邦贸易委员会的委员会议提起上诉。

4. 执行制度

反垄断案件具有极强的专业性和复杂性，为保证企业合并相关法律的有效执行，各国规定了反垄断主管机关实施的公共执行制度。与此同时，还有一些国家鼓励私人实施反垄断法，以弥补公共执行的不足。

在美国，企业并购主管机关是联邦贸易委员会和司法部反托拉斯局。其中，联邦贸易委员会属于行政机关，但在具体案件的审查中，不仅享有广泛的行政权，还享有准立法权和准司法权。其经国会授权而制定的行政规则和命令的效力与法律相同，这些行政政策和命令不仅涉及程序方面的规定，还涉及实体规则。此外，联邦贸易委员会的裁决结果在一定程度上类似于法院裁判，当事人对其裁决不服时，可以直接以上诉审的形式进入法院的管辖范围，就其裁决结果要求法院进行司法审查，而非提起行政诉讼。[②] 从人员结构来看，美国联邦贸易委员会中经济处和竞争处的人员组成也都具有极强的专业性。

公共执行由于存在一定的缺陷，为鼓励私人主体进行私人执行，以配

① 王莺桦：《我国企业并购的法律问题研究》，贵州民族学院 2010 年硕士学位论文，第 19 页。

② 李国海：《反垄断法实施机制研究》，中国方正出版社 2006 年版，第 53 页。

合公共主体对企业合并行为进行规制，美国《克莱顿法》第15条为私人主体实施反垄断法提供了法律依据。该条规定：“对违反反托拉斯法造成的威胁性损失或受害，任何人、商号、公司、联合会都可向对当事人有管辖权的法院起诉和获得禁止性救济。”[①] 此外，《克莱顿法》还规定了绝对的三倍损害赔偿制度，目的就是激发私人执行反垄断法的积极性，通过社会力量来阻却垄断性并购的发生，这种惩罚性的损害赔偿机制同时也能给违法的并购企业以相当程度上的威慑。

5. 法律责任

就各国对违法并购行为的法律责任规定来看，对其进行法律制裁的行为并不仅限于未经许可实施并购行为，而是对贯穿于整个并购过程的违法行为都制定了相应的制裁手段。具体而言，对违法的并购行为进行制裁的法律责任类型包括了刑事责任、行政责任和民事损害赔偿责任。

就刑事责任方面而言，美国《谢尔曼法》第1条规定：“任何契约以托拉斯形式或其他形式的联合、共谋，用来限制洲际间与外国之间的贸易或商业，是非法的。任何人签订上述契约或从事上述联合或共谋，是严重犯罪。”[②] 这一规定将刑事责任引入企业合并规制领域。刑事责任在反垄断领域的适用并不普遍，其主要手段包括罚金和监禁，针对的对象多是对违法的企业并购行为起关键的决策性作用的当事企业的董事会、监事会成员及高级管理人员。

行政责任是针对违法并购行为最为常见的法律责任承担方式，其中停止违法集中是针对正在进行的未经过主管机关批准的并购行为，要求违法并购当事方停止违法行为，该项法律责任有利于维持市场竞争结构，恢复有效的市场竞争，对非法的并购当事方的危害最小，执行成本也最低。恢复原状的手段包括限期处分股份或者资产、限期转让营业以及采取其他必要措施。这一责任是针对业已完成合并的企业并购行为，使其通过拆分、转让，恢复并购前的竞争状态。该措施对并购企业危害较大，成本较高，而且不利于市场的稳定，会造成资源的浪费。罚款是对违法并购当事方的经济制裁，该责任也是各国普遍规定的，但是在罚款数额上的规定则“因国而异”。世界各国的做法主要包括两种，一种是规定一个确定的数额，

---

① 尚明：《主要国家（地区）反垄断法律汇编》，法律出版社2004年版，第203页。

② 同上书，第186页。

另一种是以违法并购企业上一财政年度或会计年度总额的百分比为罚款额。根据美国《克莱顿法》的规定，符合一定规模要件的企业合并，必须事前向联邦贸易委员会和司法部反托拉斯局进行申报，否则，合并行为无效，当事企业还必须缴纳高额罚金。当企业经理、董事等违反合并期限的规定时，可以每天处以1000美元以下的罚款。

在损害赔偿责任方面，对违法的企业并购的反垄断损害赔偿数额，各国的做法也不尽相同。美国《谢尔曼法》第7条规定确立了三倍于现实损害的赔偿额度。一方面实现了民事责任的补偿填平作用，另一方面也给违法并购方较为严厉的惩罚，具有较强的威慑力。更重要的是，三倍损害赔偿无疑激发了私人主体参与反垄断执行的积极性。

（二）欧盟

1. 立法体系——以行政法规为主导

欧盟1989年首次通过专门针对跨国企业并购反垄断审查的《企业合并控制条例》（又称4064/89号法令），用以规制欧盟各成员国发生的巨型跨国并购交易。该条例于1990年9月21日正式生效，是当时欧共体竞争法的核心内容。4064/89号法令明确了“集中”所涵盖的范围和准则，建立了欧委会进行审查的通知程序和具体的时间表，旨在尽量减少欧盟和成员国之间在反托拉斯法程序上的重复交叉。

1997年6月欧盟理事会通过了1310/97号法令，对欧共体《企业合并控制条例》（4064/89号法令）进行了重要修订。修订后的该法令主要就4064/89号法令中对“集中”的范围和准则进行了调整，扩大了对建立合营企业的管辖权，使以往那些不属于条例管辖的协调性合营企业的建立也得依据《企业合并控制条例》的程序进行审查，并对涉及多国的合并确立了“一站审查”的程序制度（one-stop—shop）。

为完善并购控制制度，适应欧洲一体化进程，2004年1月20日，欧盟部长理事会在对1989年《企业合并控制条例》进行大幅度修改的基础上，通过了《欧盟并购条例》（又称139/2004号法令），该条例于2004年5月1日正式生效。同时生效的还有《横向并购评估指南》、《欧盟并购控制程序最佳行动指南》，二者主要作为《欧盟并购条例》的配套实施细则。

2005年3月5日，欧盟部长理事会又相继颁布了《并购案件移送规则中的案件分配》、《对并购直接相关且必要的附属性限制》、《对部分并购实行简化程序》等，以此作为《欧盟并购条例》的相关配套性措。2007年以来，欧盟还发布了《非横向并购评估指南》和关于修改《欧盟竞争法中界定相关市场的通告》的征求意见稿（此意见稿于2008年年底完成修改工作）。

总之，2004年《欧盟并购条例》和随后颁布出台的一系列与之相配套的相关法律法规的出台及实施，在欧盟企业并购法律规制史上具有重大意义，增强了欧盟在企业并购控制方面的可预见性和科学性，为完善并购控制制度起到了巨大推动作用。

2. 实体规则——“严重损害有效竞争”标准

欧盟的实质审查标准经历了三次转变：“滥用市场支配地位标准”、“市场支配地位标准”和“严重妨碍有效竞争标准”。“滥用市场支配地位标准”是指已具有支配地位的企业，通过并购进一步限制竞争，加强其优势地位，此项标准是通过“大陆制罐案”确立的，是行为主义的体现。该标准要求企业在实施合并前即具有市场支配地位，并通过并购进一步加强自身支配地位来限制竞争。欧盟的“市场支配地位标准”是1989年的合并条例确定的，该标准不仅考察一项并购是否创设或加强了市场支配地位，还评价该并购是否妨碍有效的市场竞争。但在实践中，往往以创设或加强市场支配地位作为是否考察其妨碍有效竞争的前提，一旦确定某企业居于市场支配地位或可能创设新的市场支配地位，就很少考虑其他因素的影响，即在该标准下，更注重市场支配地位的考察，是结构主义的体现。虽然该标准仍有很大缺陷，但较之“滥用市场支配地位标准”有很大进步，不仅干预原来已具有市场支配地位的企业进行并购，而且将原本不具有优势地位但通过并购产生优势地位的企业也纳入规范的视野。2001年欧盟委员会关于合并条例改革的绿皮书发表以后，有关企业合并控制的实体标准产生了激烈争论，争论的最终结果是在2004年的新合并条例中确立了“严重妨碍有效竞争标准”，其涉及市场支配地位和市场力量两个概念，即除了考虑市场份额之外，还会评估并购案件的整体效果，考虑并购是否会给其他竞争者带来损害。① 该标准实质是“保留支配地位”和“采纳实质减少竞争标准”两种观点的折中，即在审查过程中，仍注重对市场支配地位的考察，但不将其作为进行是否妨碍有效竞争的前提和唯一标准，而是

① 尚明：《企业并购反垄断控制——欧盟及部分成员国立法执法经验》，法律出版社2008年版，第7—8页。

仅把其作为妨碍有效竞争的一种重要形式，即使一项并购并未创设或加强市场支配地位，但其若严重妨碍了市场有效竞争，仍应受到禁止，其最根本的审查依据仍是“是否对市场竞争造成减损”，就这一点来看，此标准与实质减少有效竞争标准关注的焦点一致，均为效果主义的体现。欧盟的实质审查标准的转变体现了企业合并审查实质标准的整体趋势。

3. 程序规则

（1）申报制度及其申报标准

跟美国一样，欧盟采取的也是事前强制申报制度，即达到规定标准的申报企业必须在实施合并之前向竞争主管机关进行申报，竞争主管机关根据并购申报人提供的材料在一定期限内作出是否予以批准的决定，在决定作出前不得实施合并，超过此期限未作决定的即视为可实施合并，且主管机关不得再对此项合并进行干预。为保障事先强制申报的实施，欧盟也对疏于申报和虚假申报的义务主体处以高额的罚款。

关于申报的条件，根据2004年《欧盟并购条例》第4条，“具有共同体规模的合并行为应当在当事人签订协议、宣布公开收购或者获得控制利益后，开始实施合并以前，向委员会申报”。还规定：“如果拟签订的协议或拟进行的收购具有共同体规模，那么只要当事人能够向欧盟委员会证明其具有完成上述交易的善意意图，即可进行申报。具体的申报标准为：所有相关企业在世界范围内的合计营业额超过50亿欧元；并且相关企业中至少两个企业中的每一个在欧盟范围内的营业额均超过2.5亿欧元，除非每个企业在欧盟范围销售额2/3来自一个且同一个成员国。在未达到上述标准的情况下，所有合并相关企业在世界范围内的合计营业额超过25亿欧元，所有合并相关企业在至少3个成员国中的每一个国家内合计营业额超过1亿欧元，在上述3个成员国中至少两家合并相关企业中的每一家营业额超过2500万欧元，并且在至少两家合并相关企业中的每一家在欧盟范围内的合计销售额超过1亿欧元，除非每一合并方在欧盟范围内的营业额的2/3以上均来自同一个成员国。

（2）审查程序

欧盟的企业并购审查主要分为两个阶段：

第一阶段审查。欧盟在第一阶段审查中规定了常规程序和简易程序：按照常规程序，申报方要填写相应的表格，提供相关的数据，由案件小组和竞争总司的登记处检查申报材料的完整性，并将这些信息在欧盟的官方公报上进行公布，使潜在的利益相关者获悉，为其提供申辩的机会。通常在公告十天内，竞争总司可以接受第三方的申辩和意见。这一规定旨在保障第三方的知情权和申辩权。此外，为保证审查结果的公正性，在调查开始阶段，案件小组要填写竞争委员在调查所涉企业中担任职务情况，填写回避信息。为考量某项并购对相关市场竞争状况的影响，竞争总司根据申报提供的信息、对相关行业的了解、对类似案件的了解以及与第三方的初步沟通得出是否要进行市场调查的结论。其调查措施主要包括通过电话或会议联系当事方和第三方，向第三方发出调查问卷，进行实地调查等。为保证并购的顺利进行，在申报后的15个工作日内，申报方可以提出救济承诺，这些救济承诺包括拆分、终止独家销售协议，准许竞争者进入网络等。竞争主管机构对该救济承诺进行考察，评估该救济措施能否达到完全抵消并购所带来的反竞争效果，如果其可行且效果持久，则予以采纳。简易程序仅适用于满足一定条件的并购行为，这些并购通常不会对竞争产生较大影响，因此在简易程序中，当事方被豁免提交财务关联、受影响市场信息，市场概况等相关信息，竞争总司对适用简易申报的案件通常不进行市场调查，其决定也采取简易格式。葡萄牙在审查程序中也作出类似规定，对某些有足够证据表明其不会对竞争产生负面影响的并购案件可以使用简易程序。该程序设计在很大程度上减轻了申报方的负担，并节约了行政资源。

经过第一阶段审查后，竞争总司要做出相应的决定，主要包括以下三种：申报交易不属于《企业合并条例》的管辖范围，竞争总司缺乏管辖权；并购与共同市场相容而被批准，或申报方做出救济承诺，竞争总司附条件地予以批准；申报案件具有严重影响竞争的重大嫌疑而进入第二阶段审查。

第二阶段审查。又叫实质性审查，进入这一阶段的并购案件通常是第一阶段中根据申报方提供的材料无法消除其具有严重限制竞争作用疑虑的并购案件，因此，这一阶段的审查也较为严格，程序也更加烦琐。在欧盟，欧盟委员会对并购进行详细的竞争分析，必要时发布反对声明，阐述其反对理由和存在的潜在竞争问题，当事方就该反对意见提出书面答辩，必要时召开听证会，当面听取各方意见，根据已有证据作出决定草案，并发送欧盟咨询委员会征求意见，咨询委员会进行投票表决，最后欧盟委员会在适当考虑咨询委员会的意见的基础上作出最终决定。经过第二阶段的审查，竞争主管机关必须作出批准或不予批准的决定：对于不会产生或增强市场支配地位，不会严重影响有效竞争的，委员会无条件批准；当事方向委员会提出救济承诺的，委员会可以附加条件和义务进而批准；对于可能产生或加强市场支配地位，严重影响竞争的，予以禁止，并可发布命令要求当事方拆分已经合并的公司，恢复有效竞争。①

对于两个审查阶段的具体审查期限，不同国家的规定也不尽相同。但是制定这一期限的要求是一致的，即既要考虑到并购的时效性，保证并购当事方及时完成并购，又要考虑竞争主管机关有足够的时间进行审查该项并购可能产生的限制竞争效果大小，保证审查效果的实现，这就要求该期限的规定既不能过长又不能过短。因此，有国家在规定了基础的审查期间的基础上，对存在特殊情况的并购审查规定了可以延长的时限，既实现了效率，又保证了效果。例如欧盟规定，第一审查阶段自收到申报的第二个工作日起 25 天内做出初步审查决定，若涉及管辖权转移及申报方做出救济承诺时期限可适当延长至 35 天。而且为确保欧盟委员会能在规定期限内做出决定，欧盟采取了“申报异议制”，对欧盟委员会未在此期限内做出决定的并购案视为“不会严重影响竞争”而通过并购。第二审查阶段期限原则规定为 90 天，若当事方做出救济承诺则审查期限自动延长至 105 天，经当事方申请，该期限可再延长 15 天，但最长不得超过 125 天。

（3）听证程序

1982 年，当时的欧共体委员会为保证竞争总司的公正性和有效性，参考美国行政法官制，设立了听证官（the Hearing Officers）制度，从而确立了听证权。为保障听证官的独立性和权威性，欧盟委员会在 2001 年 5 月颁布的《关于在部分竞争调查程序中听证官职责范围的决定》中规定，首先，从 2001 年 5 月起听证官不再隶属于欧盟竞争总司，而是直接隶属于欧盟委员会专司竞争事务的竞争委员；其次，听证官递交给欧盟委员会和竞争总司的报告必须向当事人公开，并在欧盟《官方公报》上公告，从而大大提高了听证工作的透明度。最后，当欧委会在《官方公报》披露机密性信息、个人方面的信息时，明确授权听证官具有同意或否决的权力，更加强调听证官作为所有当事人基本程序权利的独立守护神的职能，以强化听

① 尚明：《企业并购反垄断控制——欧盟及部分成员国立法执法经验》，法律出版社 2008 年版，第 10 页。

证官的独立性、权威性，提高委员会竞争程序及相应决定的客观性和可靠性。①

欧盟委员会在作出并购决定之前，必须进行听证会，听取有关并购当事方及其他人的现场陈述，为并购进行辩护或对并购提出反对意见。根据 2004 年《欧盟并购条例》第 18 条的规定，在欧盟委员会准备采取反对并购的裁定时，相关当事方有权要求举行听证，针对该裁定提出自己的观点。欧盟的听证程序一般不公开进行，由听证官负责实施，但是听证官不能对案件作出决定，听证的结果仅作为欧盟竞争委员会以及欧盟委员会的参考。②

4. 执行制度

欧盟对企业合并的监管体现了行政主导的特点，其合并主管机关为欧盟委员会，其中具体负责欧盟竞争法的是隶属于欧盟委员会的竞争总司。从人员构成上来看，整个欧盟竞争总司具有法学背景和经济学背景的人约各占一半。③ 除此之外，为保证并购案件得到公正科学的处理，欧盟还设置了咨询委员会。实践中，欧盟委员会做出最终决定时并不一定遵从咨询委员会的意见，只是最大限度的考虑其建议。另外，2004 年欧盟竞争总司进行机构调整，增加了首席经济学家团队，为企业合并规制提供专业的经济分析意见。

同样，由于公共执行存在一定的缺陷，为鼓励私人主体进行私人执行，以配合公共主体对企业合并行为进行规制，欧盟及其成员国英国和德国等也规定了私人对反垄断法的执行制度。英国公布了题为“世界级的竞争制度”的咨询文件。在这份文件中，私人诉讼被看作实施反垄断法的一个重要力量，认为那些受到垄断行为损害的个人提起损害赔偿诉讼可以使得公共执法机构的资源放在集中处理那些严重危害竞争的案件，如此一来，私人资源的利用可在一定程度上对公共资源起到补充的作用。

5. 法律责任

在欧盟企业并购救济措施中，采取的法律责任主要以行政责任为主。

---

① 刘和平：《欧盟并购控制法律制度研究》，北京大学出版社 2006 年版，第 179 页。

② 沈诚：《论我国对外资并购的反垄断法律规制》，华东政法大学 2010 年硕士学位论文，第 13 页。

③ 卫新江：《欧盟、美国企业合并反垄断规制比较研究》，北京大学出版社 2005 年版，第 143—144 页。

欧盟委员会对并购享有审批或禁止权。根据2004年《欧盟并购条例》第21条的规定，“除接受欧洲法院司法审查外，欧盟委员会享有根据本条例作出决定的唯一管辖权”。对于达到条例规定规模的并购申请，欧盟委员会有权经过调查后作出准许或者禁止并购的决定。若参与并购方对欧盟委员会有关并购决定不服的，可以通过欧洲初审法院对欧委会的决定提起诉讼；若对欧洲初审法院的裁决仍然不服的，可以进而上诉到欧洲司法法院。

另外，欧盟针对企业并购的违法行为所作的罚款规定为“以相关当事方（如果其违法行为是因故意或过失所致）不超过其总营业额10%的罚款”。在具体确定罚款数额时，必须考虑其违法行为的性质、严重程度及其持续时间。

实践证明，欧盟的事后司法审查制度具有积极的功效，一方面能够充分发挥行政前置审查的优势，减少对法院案件审理的压力，而且欧盟委员会充足的反垄断专业性人才有利于及时发现和阻止反竞争性并购；另一方面又能够为当事人进行司法救济提供有效渠道。①

（三）德国

1. 立法体系——以反限制竞争法为基本法

在德国，《反限制竞争法》（*Act Against Restraints of Competition*，简称“卡特尔法”）是对企业并购进行调控的主要法律规范，是企业并购领域的监管法。德国对企业并购的监管机构是联邦卡特尔局。这部法律自1957年颁布以来，先后经过了1966年、1973年、1976年、1980年、1989年、1998年及其2005年7次修订，迄今已成为德国企业并购领域的基本法，该法被认为是当前世界上体现最严厉的竞争法之一，也是欧洲最为综合和运用最广泛的竞争政策。1957年颁布的《反限制竞争法》并没有对企业并购实施控制的规定，直到1973年对该法进行修改后才较为系统地对企业并购的定义、对并购实行干预的规模标准、具体的控制程序、对受害者的法律救济以及例外情况等作出了具体规定。1976年的修订主要强化了对出版、报纸、杂志等发行企业并购的规制。1980年的修订扩大了企业并购事前通知的要求，缩小了并购小企业的豁免范围和标准。1989年的修订主要强化了对商业企业并购的控制。1998年的第6次修订倒不是对旧法的修修

---

①　李磊：《跨国公司在华并购的法律规制研究》，中国检察出版社2007年版，第83页。

补补，而是在体例上作了大动作的重新安排。经修订后的企业并购控制规则被放在第35条至第40条。这次修订的一个主要任务是使德国法与欧盟法相协调，因此，企业并购控制的诸多方面尤其是程序法接受了欧共体理事会1989年《企业合并控制条例》（又称4064/89号法令）的相关规定，从而使这些法规更具效率和现代化。[①] 而2005年的第7次修订旨在通过方便对违反欧共体竞争法和德国《反限制竞争法》的行为申请禁令救济和损害赔偿的方式来加强消费者和竞争者这些私人主体实施竞争法。

尽管战后初期德国对外资并购是持欢迎态度的，政府也采取了诸多政策措施吸引外资投向德国，很长时间未实行外汇管制或行政控制，当时的外商投资者在联邦德国可以自由取得不动产，可以用马克或外国货币在银行自由开户，可以自由汇出外资企业的利润及红利等。除特别行业领域须经特别批准外，所有行业原则上均对外国投资者自由开放。[②] 但是，自20世纪80年代以来，由于德国的国有经济所占比重很大，政府出于国家经济安全和社会公共利益的考虑，一些部门法对于外资并购的领域开始作了一些特殊的限制，有些领域是完全禁止外资进入的，有些领域虽然允许外资进入，但对外资的持股比例及投资金额等方面作了严格具体的限制性规定。例如，德国《航空法》（*The Aviation Act*）规定，一架航空器，只有为德国公民或为德国公民所控制的德国公司拥有才可以在航空登记机关注册登记。德国《军备控制法》（*The War Armament Act*）规定，军备的生产和销售需取得许可证，如果许可证的发放将危及德国同其他国家的友好关系或者使用许可证的公司管理层人员不是德国公民，许可证将不予发放。[③] 同时，德国对非欧盟国家的投资者存有明显的歧视倾向，例如德国政府明令限制非欧盟国家资本介入德国的农业；德国对非欧盟国家企业进入德国的银行、金融和保险业，大多要求投资国给予"对等待遇"；有些州的立法还规定非欧盟成员国的外国人获得不动产需经政府批准。

2. 实体规则——"市场支配地位"标准

《反限制竞争法》第36条规定，"如可预见，合并将产生或加强市场支配地位，联邦卡特尔应禁止合并，但参与合并的企业证明合并也能改善

---

① 王晓晔：《企业合并中的反垄断问题》，法律出版社1996年版，第85—86页。

② 李磊：《跨国公司在华并购的法律规制研究》，中国检察出版社2007年版，第87页。

③ 孙效敏：《外资并购国有企业法律问题研究》，北京大学出版社2007年版，第234页。

竞争条件，且这种改善超过支配市场的弊端的，不在此限”。[①] 很显然，此条规定明确了德国规制企业并购采取的实体规则是“市场支配地位”标准，并引入了改善市场竞争条件的豁免条件。根据企业的市场支配地位来判断一项企业合并是否为法律所禁止，是结构主义的体现。

在实践中，“市场支配地位”标准有其明显的“缺口问题”，即支配地位标准无法触及寡头市场的协同合谋行为和企业基于产品的差异性而进行的单边行为所造成的限制竞争。一般而言，企业减少市场竞争主要通过三种方式，一种是通过创设和加强市场支配地位导致竞争的实质减少，一种是市场结构的改变导致市场上的个别企业通过合谋减少竞争，还有一种是在一个有差别产品的市场上，合并后企业利用单边行为减少竞争。而“市场支配地位”标准过于关注企业的静态市场结构，仅将创设和加强市场支配地位行为包含在规制范围中，而无法将后两种行为纳入规制范围，因为协同行为和依赖差异性产品而形成的单边行为并不要求企业达到市场支配地位。具体而言，在寡头市场上，几个均未达到市场支配地位的企业往往倾向于实施协同行为，因为他们之间的竞争成本较大，而实施协同行为会使其维持较高的利润水平。基于产品差异性的单边效应也不要求某企业达到市场支配地位，因为其生产的是具有差异性的商品，即使其提高价格，也不会导致消费者的流失，即当并购后企业市场份额并未达到支配地位标准时，其仍有可能通过协调行为和单边行为牟利。

3. 程序规则

（1）申报制度及其申报标准

在申报制度上，德国于 1957 年《反限制竞争法》中仅对特定企业并购采取事后监督。1973 年对该法经修订后，则引进双轨制的并购控制制度，即事前申报与强制性事后申报并存，无论企业在并购前是否申报，并购后均须申报。1998 年第 6 次修订后，为与欧共体理事会 1989 年《企业合并控制条例》相一致，摈弃原有的双轨制，改采事前申报制度。《反限制竞争法》第 39 条规定，企业在实施并购前，应向主管机关联邦卡特尔局进行并购申报。根据第 40 条，联邦卡特尔局在接受完整的申报材料后 1 个月内通知申报企业其已开始对并购进行审查（主要审查程序）的情况下，才可以禁止该并购，否则无权禁止并购。对于不会产生或加强企业支

① 尚明：《主要国家（地区）反垄断法律汇编》，法律出版社 2004 年版，第 20 页。

配地位的并购案件，可以驳回并购申报。在主审程序中，联邦卡特尔局在完整申报送达后3个月内未作出禁止或准许并购的决定的，则视为核准该并购。因此，德国实行的是事前强制申报异议制。①

关于申报标准，德国《反限制竞争法》也采用营业额标准，其最新修订的并购反垄断申报标准为："参与并购的各方在全球的总营业额超过5亿欧元；并且参与并购的至少一方在德国的营业额超过2500万欧元；并且参与并购的其他至少一方在德国的营业额超过500万欧元。"② 联邦卡特尔局主要审查并购后是否会形成市场垄断。

（2）审查程序

如前所述，德国《反限制竞争法》第40条规定了联邦卡特尔局对企业并购的审查程序，分为两个阶段：

第一阶段审查。这一阶段的审查期限为1个月，从申报后起算。如果联邦卡特尔局打算禁止一个并购，必须在这个期限内通知并购的企业，阐明该并购有必要进入主要审查阶段。在这个阶段若没有得到联邦卡特尔局通知的企业并购，原则上得到了批准。

第二阶段审查。也称为主要审查程序，期限为3个月。联邦卡特尔局必须在这个期间作出最终审定，该并购究竟是得以准许还是被禁止。如果4个月尚未作出决定，原则上视为得到了批准。

因此，德国的这两个阶段的审查程序，无论是从立法技术还是从实践操作上来讲，都显得非常清晰，有条不紊。

4. 执行制度

在德国，企业合并主管机关是联邦卡特尔局。从性质上来讲，该机构也属于行政机关，但在具体执行过程中具有准司法性质。此外，该机构还具有很强的独立性，依法独立行使调查、扣押、裁决等项权力，其裁决往往只有州高等法院才能改变或者撤销。在该主管机关外，德国还设垄断委员会作为其顾问咨询机构。在实践中，垄断委员会做出的报告和建议对联邦卡特尔局无约束力，但在企业基于对其合并所产生的整体经济效益足以弥补对有效竞争造成的损害或合并符合重大公共利益而进行抗辩时，联邦

---

① 刘和平：《欧盟并购控制法律制度研究》，北京大学出版社2006年版，第169页。

② 尚明：《主要国家（地区）反垄断法律汇编》，法律出版社2004年版，第165页。

经济部长在做出决定前必须征求垄断委员会的意见。[①]

为了与欧盟竞争法的变革相协调，鼓励私人执行，新修订并与2005年7月开始生效的《反限制竞争法》作了重大的修正，第7次修订的核心条款是第33条。此条明确规定，申诉方可以援引本条来对违反欧共体条约第81条和第82条或者是德国《反对限制竞争法》的行为申请禁令救济或者损害赔偿。无论是过错还是过失都可以获得损害赔偿。而且，反竞争行为并不必指向申诉方，也就是说，任何受到反竞争行为的个人都可以提起损害赔偿诉讼，包括间接的购买者和竞争者。新法还规定，欧盟委员会、联邦卡特尔局，甚至欧盟成员国负责竞争事务机构认定的违反欧共体条约第81条和第82条的决定都对德国民事法院有拘束力。此外，新法明确排除了转嫁抗辩。[②] 所有的这些法律措施都鼓励私人提起反垄断损害赔偿诉讼，从而有助于促进私人参与反垄断法的实施。

5. 法律责任

违反《反限制竞争法》第1条第1款以及第25条第1款的卡特尔可引起各种法律后果。除了卡特尔局对之可发布禁令和罚款外，它们还可根据民法，被宣布无效，或者根据《反限制竞争法》第35条第1款承担损害赔偿责任。

（1）卡特尔局的行政制裁

根据《反限制竞争法》第37条第1款，卡特尔局对违法卡特尔可发布禁令。若卡特尔成员故意或者有过失地无视卡特尔局的禁令，继续执行卡特尔，或企图使卡特尔发生效力，例如按卡特尔的规定与第三方订立或履行合同时，卡特尔局可按照第38条第1款的规定，认定此行为违反社会秩序，并依该条第4款的规定处100万马克以下的罚款。罚款最高额以违法行为所获额外收益的3倍为限。

（2）卡特尔无效的情形

根据《反限制竞争法》第1条，违法卡特尔无效。这也适用于以人合公司和以法人形式建立的卡特尔。在这些情况下，因为公司章程违反了

---

① 李国海：《反垄断法实施机制研究》，中国方正出版社2006年版，第69—70页。

② 买方从参与反竞争行为的供方购买了商品后可以把他多支付的价钱“转嫁”到消费者身上来减少它的经济损失。因此，反竞争行为引起的损失沿着供应链被分配，或者由最终的消费者来全部承担。损害赔偿诉讼的被告以此作为辩护理由。在德国第7次修订其竞争法之前，对于是否允许转嫁抗辩，各个法院存在着不一致的做法。

《反限制竞争法》第1条，公司得被视为自始无效，适用公司无效的一般规定。

合同无效或者不发生效力，原则上仅限于违反《反限制竞争法》第1条的合同条款。然而，若限制竞争是合同的主要目的，整个合同即无效。这种无效或不发生效力还不仅仅限于卡特尔协议本身，而且还涉及为执行非法卡特尔和为加强或者扩大限制竞争而订立的其他协议，如接纳第三人加入卡特尔的协议。需要区别对待的是一些由卡特尔引起的合同，即卡特尔成员履行非法卡特尔与第三方订立的合同，如以不合法的价格条件订立的供货合同。出于法律稳定性的需要，这类合同一般被视为有效，但受害者可依第35条第1款提起损害赔偿之诉。

（3）赔偿损失

依《反限制竞争法》第35条第1款，如卡特尔成员故意或者有过失地违反《反限制竞争法》的规定，或者违反卡特尔局或法院的处罚决定，给他人造成损失时，应赔偿由此产生的损害。这种损害可能发生在卡特尔成员的竞争者身上，如被阻碍进入市场；也可能发生在卡特尔成员的交易对手或消费者身上，如由此被恶化了交易条件。这里的难题是损害额的调查和计算。调查应当依德国《民事诉讼法典》第287条，由法院综合全部情况进行裁断。损害的计算则应当依《德国民法典》第252条，既包括实际的损害，也包括可得利益的损失。[①]

（四）日本

1. 立法体系——以禁止垄断法为主要法律

相对来说，日本对企业并购反垄断的法律规制起步较晚。“二战”以后，同盟国占领日本后推行经济民主化改革，其主要措施是解散财阀，取消私人统制团体，以便削弱日本的垄断势力，确保企业的公平竞争。为了实施这一改革措施，1947年美国协助日本制定了《禁止私人垄断和确保公平交易的法律》，简称《禁止垄断法》，并成立了禁止私人垄断法的执行机构——公正交易委员会。此法主要体现了美国反托拉斯法的精神，其间经历了几次大的修订，主要体现在：

1949年该法第一次修正案放宽了对公司持股和公司合并的限制。1953

---

① 《德国竞争法中的卡特尔制度》，http：//www. sdzkw. com/ziliao/lunwen/200612/3668. html，2006－12－01。

年第二次修订时，导入了卡特尔政策，既确立了维持再销售价格行为、不景气卡特尔、合理化卡特尔等制度，又进一步放宽了对股份持有、干部兼任等企业合并形式的规制。20 世纪 70 年代后，适度增长型经济迫切要求严格执行反垄断法，为适应其需要，1977 年日本对《禁止垄断法》又进行了修订，新设了对垄断状态进行控制的制度、限制大型公司股票持有总额的制度，规定了同步提高价格的报告义务，并强化了金融公司持有股份限制等。1983 年所进行的修订着重于扩大公正交易委员会的权限。1996 年该法再次强化了公平交易的权力。[①] 为解决不正当交易限制行为隐蔽、难以取证的执法困境，2005 年该法的修订主要包括调整罚款制度、在卡特尔规制方面引入宽恕制度、赋予日本公平交易委员会（JFTC）在刑事调查中采取强制措施的权力等。2009 年又通过了新的修正案，分别对 2005 年的罚款制度、宽恕制度及有关经营者集中规制内容进行了适度的调整。

跨国公司在日本进行跨国并购，除了主要受到日本《禁止垄断法》的约束，还要受到《证券交易法》、《商法》、《外国投资法》和《外汇管理法》等的规制。《外国投资法》规制直接投资、各种借款、债券发行、证券投资和技术引进等行为，《外汇管理法》则调整《外国投资法》管辖范围以外的其他投资关系。这两部法律经过多次修订，迄今已合二为一，成为日本目前调整外商投资以及并购企业行为的基本法。[②]

2. 实体规则——“实质性减少竞争”标准

日本对于企业并购控制的实体标准为“实质性减少竞争”标准。根据《禁止垄断法》第 15 条的规定，“因企业合并而实质性地限制一定交易领域的竞争的，或者是企业合并是以不公正交易方法实现的，禁止该合并”。据《日本经济新闻》报道，日本公平交易委员会汇总 2010 年并购案件的审查过程和判断标准，于 6 月 21 日发布了相关案例。其中，世界最大的两个铁矿石供应商必和必拓与力拓并购案最受人关注。公平交易委员会在进行并购审查时，特别重视行业垄断程度。如并购完成后垄断程度提高，则将深入分析是否有替代产品，其他竞争企业进入的可能性等。如判断可继续保持市场竞争，则同意实施并购。对于国际竞争激烈的行业，重点考察

① 张春钰：《外资并购的反垄断法规制问题研究》，山东大学 2008 年硕士学位论文，第 24 页。

② 李磊：《跨国公司在华并购的法律规制研究》，中国检察出版社 2007 年版，第 90 页。

国际市场份额，因此即使国内市场份额很高，也有可能通过并购审查。在必和必拓与力拓并购案中，两公司强调并购仅涉及铁矿石生产部门，各自销售部门仍将独立运作，以保持市场竞争。但鉴于两公司占据世界铁矿石市场份额的55%—60%和铁矿粉市场份额的40%—45%，日本公平交易委员会经过调查协商，于2010年9月做出了“并购将对竞争造成实质性限制”的判断。原因是钢铁生产企业从上述两公司以外采购铁矿石的可能很小，两公司生产部门合并后，产品质量和价格趋同，无疑将对市场销售产生巨大影响。两公司最终于2010年10月撤回并购申请。上述并购案对垄断程度的审查参考了两公司在“世界海上贸易市场”的份额，原因是东亚和西欧钢铁生产企业均从全世界采购铁矿石，且各地价格变动基本一致。①

3. 程序规则

在申报制度上，日本在《禁止垄断法》中规定对企业合并与分割采取事前申报制度。根据法律规定，外商在自由化产业领域新建企业，不再实行审批制度，而实行申报制度。凡符合法律规定的外国投资者，须按法定程序提出申请，在30天后即可获得自动许可，进行实际投资活动。但若认为该投资项目有可能性属于下列情况之一者，则须个别审查：（1）不利于维护国家利益及公共秩序和安全者；（2）严重影响日本本国事业、企业活动及日本经济的发展者；（3）如该投资来自同日本无双边投资保护条约或其他国际协定关系的国家，为使日本向该国投资在实质上获得同等待遇，有必要中止该项投资或变更其内容者；（4）从资金使用及其他情况看，该投资相当于须经个别审批的资本交易，认为有必要中止投资或变更其投资内容者。②

关于申报标准，日本在2009年修订的《禁止垄断法》中也采取了营业额计算申报标准的办法。规定申报条件为：作为公司集团（指包括了收购公司最终母公司及该母公司所有子公司在内的一个公司集团）的收购公司在日本国内的营业额达到200亿日元，被收购公司（包括其子公司）在日本国内的营业额达到50亿日元。此外，受让公司的国内营业额超过200亿日元，且和让渡有关的公司的国内营业额超过30亿日元时也需申报。

---

① 《日本公平交易委员会发布2010年并购审查案例》，http://finance.ifeng.com/roll/20110622/4181466.shtml，2011-06-22。

② 李磊：《跨国公司在华并购的法律规制研究》，中国检察出版社2007年版，第91页。

4. 执行制度

日本仿照美国的行政委员会制度，根据《禁止垄断法》设立了独立的合议制机关——公正交易委员会。一方面，作为国家的管理机构，在行政上归属首相直接领导，是首相办公室下的一个特别的部级机构，在执行反垄断法时，独立行使职权，不受任何组织和个人的支配领导，包括不对首相负责。另一方面，该委员会和委员长的任命完全独立于内阁，但他们的任命需得到内阁的同意，方能生效，受内阁监督，对内阁负责。其独立性还表现在反垄断执法机关人员必须保持高度的中立，不得担任其他部门的职务，以保证能够秉公执法，规定委员在任职期间除非是身体不适、破产宣告或受到刑事处分，不然不能违反其意愿在其 70 岁前罢免。①

公正交易委员会总部设在东京，其主要负责机关为事务总局，负责公正交易委员会日常事务。事务总局在局长的领导下，下设办公厅、审判局、经济贸易部等。此外，为进行审判程序，事务总局设置不超过 5 人的审判官，由委员会从事务总局中挑选被认为具有进行审判程序所必要的法律和经济知识经验以及公正判断能力的职员担任。同时，公正交易委员会在北海道等地设有 7 个派出机构，负责所辖地区的反垄断事务，但所有案件由公正交易委员会统一审理。

公正交易委员会独立行使其职权，不受任何其他外来干涉。在负责实施《禁止垄断法》方面，它享有准立法权、准司法权和行政权。公正交易委员会可以作出指定不公正交易方法等，公布指定申报、认可申请、案件处理程序等规定；经过准司法程序，对有关限制竞争行为采取措施；依法受理审查企业提交的申请报告，协调其他经济法律、法规和行政措施，使之不与反垄断法冲突等。②

公正交易委员会的具体执法程序如下：

第一，调查。公正交易委员会对依照《禁止垄断法》第 45 条第 1 款的报告或依职权探知的违反该法的事件有调查的义务。在调查时依照该法第 46 条授予的权力，可以（1）命令事件的有关人员或参与人出席审讯，并征求他们的意见或报告；（2）命令鉴定人出席鉴定；（3）命令账簿书类

① 陈丽、刘东：《论日本反垄断法及其对我国的启示》，《郑州航空工业管理学院学报（社会科学版）》2011 年 06 月第 3 期，第 127 页。

② 同上。

及其他物件所持者提出这些物件或留下提出的物件；（4）进入事件有关人员的营业所及其他必要的场所，检查业务及财产状况、账簿书类及其他物件。

第二，劝告与判决。根据审查结果，当违法行为得到确认时，公正交易委员会一般不马上开始审判，而是劝告违法者采取排除措施。如违法者服从劝告，可不经审判手续，作出与劝告内容相同的判决（即劝告判决）；如违法者不服从劝告，即决定开始审判。经办理审判手续后，根据违反事实的有无、排除措施的必要性，进行审判判决。决定审判开始后，被审人承认违反事实及法律的适用，并提出排除措施的计划，如该计划妥当，公正交易委员会可进行内容相同的判决（即同意判决）。

第三，对判决的起诉。对公正交易委员会的判决不服，可以在自判决生效之日起 30 天内向东京高等法院起诉（专属管辖）。法院根据事实和证据，作出取消或维持公正交易委员会判决的决定。

5. 法律责任

根据《禁止垄断法》的规定，对违反该法的行为，不仅要承担行政法律责任，还要承担民事损害赔偿责任和刑事责任。

——课征金制度。课征金制度是《禁止垄断法》上的一种措施，其不同于罚款，只是将违法期间获得的不当收益返还国家，也不是所有违反《禁止垄断法》的行为均要征收课征金，主要针对不当交易限制行为，如垄断价格、串通投标等违反《禁止垄断法》规定的经营者以及经营者团体应当依法缴纳课征金。课征金的征收期限为违法行为的终止期限开始上溯的 5 年期间，超过 5 年的不予课征。课征标准以经营者所在行业的平均利润率乘以其违法行为实行期间的对象商品、服务的销售额。若实施不当交易限制行为且发挥了主导作用的经营者在 10 年内反复实施违法行为，则对其增收 20% 的课征金。课征金缴纳命令实施之日起的 2 个月后，逾期不缴纳的，按 14.5% 的利率征收滞纳利息。

——刑事制裁。根据《禁止垄断法》的规定，对私人垄断、不当交易限制和经营者团体的竞争限制行为，处五年以下的徒刑或 500 万日元以下的罚金；对国际卡特尔、限制经营者团体的人数、限制组成经营者团体的机能和活动的行为，处二年以下的徒刑或 300 万日元以下的罚金；对违反禁止控股公司、限制公司持有股份和干部兼任的，处一年以下的徒刑或 200 万日元以下的罚金。

应该注意的是，对违反《禁止垄断法》的行为，不能由公正交易委员会直接处以刑罚，而应当由公正交易委员会向检察总长告发，由检察官向法院起诉，法院通过审判对违法者给予刑事制裁。根据《禁止垄断法》的规定，如果公正交易委员会不告发，检察官不能依职权主动向法院提起诉讼。

——受害者请求损害赔偿。公正交易委员会对违法行为发出排除措施的命令，其执法的结果能恢复正常竞争的秩序，但对违法行为的受害者却不能予以救济。受害者欲得到救济，可依法向法院请求损害赔偿。根据《禁止垄断法》的规定，进行私人垄断或不当地限制交易或使用不公正的交易方法的经营者，对受害者负有赔偿的责任。这种责任是无过错责任，即不论行为人主观上是否存在过错，均应承担责任。受害者的损害赔偿请求权只能在公正交易委员会作出劝告判决、同意判决、正式判决之后才能行使，并在判决确定之日起三年内时效届满。根据东京高等法院的判例，受害者不仅是经营者，而且还包括一般的消费者。必须指出，《禁止垄断法》的规定并没有剥夺受害者在民法上基于侵权行为而另外请求损害赔偿的权利。

二、我国规制外资垄断性并购的法律制度透视

（一）当前我国应对外资垄断性并购的法律制度现状

总体而言，我国在外资并购领域的法律规范呈现出立法阶位较低、政出多门、分散重复的特点，未形成统一规范的外资并购立法体系，并且已有的各规章制度均是基于一定的历史时期制定的，有些已经年久失修，不合时宜。此外，外资并购的专门立法缺位。可以说，在一定程度上，《关于外国投资者并购境内企业的规定》暂行《外资并购法》之职。

具体到规制外资垄断性并购的法律体系中，可见《反垄断法》居于核心地位。在《反垄断法》颁布之前，《关于向外商转让上市公司国有股和法人股的通知》、《关于外国投资者并购境内企业暂行规定》和《关于外国投资者并购境内企业的规定》均有关于反垄断审查的条款，《外国投资者并购境内企业反垄断申报指南》对申报的详细程序也做了系统完备的规定。继2007年颁布《反垄断法》之后，国务院反垄断委员会随之出台《关于相关市场界定的指南》和《国务院关于经营者集中申报标准的规定》，商务部又相继制定出《经营者集中审查办法》、《经营者集中申报办法》等相关配套规定，为外资并购境内企业申报和审查的具体程序和标准

作出了更为明确详尽的规定。

其中,《反垄断法》设专章对“经营者集中”进行规制，对“经营者集中”的情形、申报材料的提交作出规定，确定了对经营者集中审查的初步审查和进一步审查的审查模式，并规定了具体的审查时限。在实质性的审查标准上，确立了禁止“具有或可能具有限制排除竞争效果的”经营者集中，在此规定之外，还将审查时应予考虑的因素诸如市场份额、市场集中度、市场进入等做了明确的列举，为执法机构在司法实践中的审查活动提供了相对明确的指引。在具体适用上，我国《反垄断法》在第 31 条明确“外资并购的反垄断审查亦适用本法”，明确了规制经营者集中方面内外资统一的国民待遇原则。此外，在行政机关主管经营者集中审查的模式下，本法规定对禁止集中的决定不服的可以申请复议，对复议决定仍不服则可提起行政诉讼，从而确立了对经营者集中的司法救济制度。在法律责任方面，规定了行政责任和赔偿责任，为“对违法的经营者集中行为进行制裁”提供了法律依据。《国务院关于相关市场界定的指南》对相关市场这一基本问题进行详细的阐述，这对市场集中度和市场份额的计算起着基础性的作用。在《国务院关于经营者集中申报标准的规定》中，确立了全球范围内和中国境内营业额的双重营业额申报标准。由于营业额的计算相对简单明晰，故对需要进行经营者集中申报的主体具有明确的指引作用。商务部出台的《经营者集中审查办法》于 2010 年 1 月 1 日正式施行，本办法首次将商务部明确确定为经营者集中反垄断审查的执法机构，结束了反垄断法中“国务院设立反垄断委员会，负责组织、协调、指导反垄断工作”的模糊状态，避免了在进行经营者集中审查时，多机构联合执法的多头行动的局面。另外，在程序方面，本办法明确了听证会制度，并对可以参加听证会的人员范围进行列举，将“参与集中的经营者及其竞争者、上下游企业及其他相关企业的代表，有关专家、行业协会代表、有关政府部门的代表以及消费者代表”列入可以参加听证会的行列，进而在进行经营者集中申报审查的同时有助于广泛听取各方主体的意见，更能集思广益，体现多数人的利益。在《经营者集中申报办法》中，对营业额的计算进行了规定，明确申报前可与商务部进行商谈，确定了申报主体及申报文件材料等，从而在实体方面，形成了以限制竞争为基础的实质审查标准，以市场份额、市场集中度、市场进入等为考量因素的综合审查标准；在程序方面，形成了“申报前商谈——申报——审查——提起复议、诉讼”这一完整的程序制度设计；在执法机构方面，确立商务部为唯一执法机构，为执法高效性提供了一定的保障。

（二）相关法律制度困境解析

在应对外资垄断性并购的法律规制体系中，《反垄断法》无疑是重中之重。然而其中涉及经营者集中的条款仅限于第四章的12条规定，而对经营者集中规制的内容涉及诸多复杂的实体和程序问题。可以预见，要应对日益高涨的并购热潮，《反垄断法》势必显得势单力薄，国务院和商务部在经营者集中申报和审查方面做出的相关配套规定为《反垄断法》起到了补充作用。但是，就目前情况来看，尚存在一定的缺陷，有待完善。

1. 申报标准略显刚性

《关于外国投资者并购境内企业的规定》第53条对外资并购的标准做了列举，即以营业额、市场占有率、市场份额作为标准。新近出台的《国务院关于经营者集中申报标准的规定》将该标准确定为“全球范围内和中国境内营业额”的双重标准。相较于规定中的多种标准而言，营业额标准更为简单明晰，但该标准仍存较大缺陷。因为《反垄断法》中，经营者集中审查的应该是具有一定规模的并购交易，而不是具有一定规模的公司的任何并购交易，而交易各方的营业额高并不能说明该并购交易涉及的金额很大。① 此外，在申报标准的确定上，适用了统一的标准，而没有对不同行业的行业性质进行区分，对于有些整体营业额都偏低的行业而言，可能出现永远达不到申报标准，而整体营业额偏高的行业则只要并购就要进行申报的情形。② 因此，有必要对申报标准进行更科学的规定。

2. 实质审查标准不甚科学

在经营者集中审查标准上，《反垄断法》第28条和《经营者集中审查办法》第10条都使用了“具有或者可能具有排除、限制竞争效果”的字眼，此种表达极具模糊性，因为所有的并购都是将企业资源整合集中，势必改变市场结构，对市场竞争产生限制作用。因此，对“具有或者可能具有排除、限制竞争效果”的经营者集中进行禁止则显然打击面过大。另外，在反垄断豁免条款方面，《关于外国投资者并购境内企业的规定》中

① 高雅瑞、姜发根：《外资并购境内企业的反垄断问题研究》，《三峡大学学报》2009年第1期，第82页。

② 史建三：《“经营者集中”的后续思考》，《华东政法大学学报》2008年第4期，第41页。

详细列举了豁免的情形，而《反垄断法》仅笼统地规定“对竞争产生的有利影响明显大于不利影响，或者符合社会公共利益的”，该规定可操作性不强，实践中难以把握。此外，《反垄断法》第 27 条列举了进行实质审查时应予考虑的因素，包括“参与集中的经营者在相关市场的市场份额及其对市场的控制力，相关市场的市场集中度，经营者集中对市场进入、技术进步的影响，经营者集中对消费者和其他有关经营者以及国民经济发展的影响”等，显然，该条规定过于笼统，其中对市场份额的确定，市场集中度的测算都没有明确的释义性配套法规和准确的界定方法。不难想象，在执法机构进行司法实践的过程中，难免会无据可依，无所适从。总体而言，在并购审查的实质标准方面，《反垄断法》规定相对原则，具有很大的不确定性。

3. 正当性程序设计不甚完善

反垄断法的目的在于预防违法，即与其等到企业具有实施垄断行为的能力时对其进行规制，不如在其没有垄断能力的时候就加以控制。我国《反垄断法》第 21 条确立了反垄断申报的强制性事先申报制度，这一规定反映了反垄断法以预防为主的特点，也与世界多数国家的做法是一致的。但是市场竞争瞬息万变，为避免“漏网之鱼”在逃避反垄断审查后行垄断之实，还应建立起事后申报制度和定期报告制度，而这些在现行制度中均没有规定。

4. 混淆外资并购的反垄断审查和国家安全审查

《反垄断法》第 31 条规定了外资并购的国家安全审查制度，此规定与《关于外国投资者并购境内企业的规定》的第 12 条“异曲同工”。不同的是，并购新规的第 12 条是在“外资并购境内企业的基本制度”一章中出现的，而《反垄断法》却将国家安全审查作为一项条款规定在“经营者集中”一章。这种做法是不太科学的，因为反垄断审查制度与国家安全审查是相区别的两种不同的制度，遭遇反垄断审查的并购活动不一定必然需要进行国家安全审查，同样，需要进行国家安全审查的并购案也不必然有损竞争。反垄断审查旨在维护市场竞争秩序，过度的外资垄断性并购可能对国家经济安全造成负面影响，但维护国家安全并不是《反垄断法》的题中应有之义。鉴于此，有必要专门制定一部国家经济安全法来承担维护国家经济安全的职能。因此，应在时机成熟时单独制定国家经济安全审查制度，而不应作为一个法条出现在《反垄断法》中。

5. 法律责任威慑力不足

《反垄断法》第48条对违法实施集中的经营者的处罚做出规定。从该条可以看出，真正算得上处罚的只有五十万元的罚款这一行政责任。而在外资垄断性并购的视域中，对于有实力进行垄断性并购的外资公司而言，五十万根本不可能对其产生威慑力。另外，《反垄断法》第50条规定："经营者实施垄断行为，给他人造成损失的，依法承担民事责任。"但是这一规定过于原则，对于具体应承担的责任标准、类型均未规定，实践中会使执法者的自由裁量权过大。可以说，在法律责任方面，欠缺具有威慑力的行政责任，欠缺民事责任的具体承担规则。

6. 反垄断法公益诉讼制度缺失

"徒法不足以自行"，反垄断法发挥作用很大程度上依赖于其实施。考察各国的反垄断法实施情况，可以发现大多数国家除国家机关实行公共实施之外，也鼓励私主体进行私人实施。我国《经营者集中审查办法》明确"商务部为经营者集中审查的执法机构，承担受理和审查经营者集中的具体执法工作"，这一规定为经营者集中的反垄断公共实施提供了法律依据。而且，我国《反垄断法》也规定私人可以对损害其利益的经营者集中行为提起诉讼，但该规定十分笼统，对相关问题并未作出细化规定。另外，我国没有该领域的公益诉讼制度，这在客观上也不利于反垄断法的充分实现。

三、规制外资垄断性并购的国外立法启示

美国、欧盟、德国及日本企业并购反垄断规制的经验告诉我们：一个好的企业并购规制制度可以在有效维护市场竞争的同时促进企业并购的良性发展。尽管我国在法律传统、历史背景等诸方面与上述这些国家和地区不尽相同，有关外资并购反垄断法律规制尚处于起步阶段，不够成熟和完善，而外资并购行为本身是一种市场经济行为，对外资并购的反垄断法律规制应有共通的地方，同时美国和欧盟等外资并购的法律体系日臻成熟，实践经验比较丰富，因此，系统研究和大胆借鉴国外成熟、完善的外资并购的立法经验，构建和完善我国外资并购反垄断的法律体系，具有重大的研究价值和深远的现实意义。通过上述对美国、欧盟、德国和日本外资并购立法的系统介绍，可以从中得到以下启示：

（一）构建以反垄断法为核心的诸法一体的法律体系

市场经济国家都极力推崇自由、充分、有效的市场竞争，而垄断则是

竞争的天敌，所以发达国家的外资并购法律规制的重点始终放在反垄断问题上。国际上通行的做法是对外资并购活动进行专门的立法，并将反垄断作为并购立法的核心和首要任务。[①] 美国、欧盟等对于外资并购规制的主要内容也体现在反垄断法、反限制竞争法中，其他法律只是对一些特殊行业领域作出特别的限定，对反垄断法、反限制竞争法起到补充的作用。从1890年《谢尔曼法》颁布后100多年时间里，美国相继颁布了一大批反垄断的法律和政策，使美国规制企业并购中的垄断行为的法律体系不断发展和完善，成为各国反垄断立法的楷模。正是由于美国对企业的并购行为制定了一套较为严密的监督措施，虽然美国是世界上最大的国际资本流入国，但外国资本对美国企业的控制程序并不严重。[②] 因此，我国在构建与完善外资并购国有企业的法律体系过程中，也应该突出反垄断法对外资并购的法律调整，以反垄断为核心，尽力减少或避免外资并购国有企业后垄断和妨碍公平竞争现象的发生。

同时，外资并购本身是一项极为复杂、烦琐的市场交易行为，涉及多元的利益主体，仅凭一部反垄断法是很难有效规制并购活动的，尽管发达国家就外资并购的立法具体表现形式各不相同，以美国为代表的发达国家无不注重诸法间的协调配合，以期发挥法律的体系化功能。各国在立法体系中多以制定规制企业并购的反垄断基本法之后，针对具体情况在其他相关的产业法、外资法、公司法、证券法、劳动保障法及其国家安全法等法律中增加一些规制跨国并购的条款，使之与反垄断法一道构筑相对完整的法律体系，以对企业并购实行全面而有效的规制。[③] 因此，我国在构建外资并购的法律体系上，应该充分借鉴国外先进的立法经验并根据我国的具体国情，在已经出台《反垄断法》的基础上，建立一个从中央到地方的反垄断体系，结合产业政策法、国家安全法、证券法等相关法律体系的配套完善，以发挥法律的整体合力。

（二）设立一个统一高效的执法机构

根据我国《反垄断法》第10条的规定，国务院反垄断执法机构根据

① 王宏峰：《第五次跨国并购浪潮的挑战及法律对策研究》，大连海事大学2006年硕士学位论文，第33页。

② 陈清：《中国外资并购政府规制研究》，北京邮电大学2007年博士学位论文，第89页。

③ 李磊：《跨国公司在华并购的法律规制研究》，中国检察出版社2007年版，第94页。

工作需要，可以授权省、自治区、直辖市人民政府相应的机构负责有关反垄断执法工作。由此可见，反垄断执法机构建立的是一套自上而下单一的执法体系，地方的反垄断机关由反垄断委员会建立，国务院授权地方政府设立，只能加重反垄断的执法难度，尤其是当政府本身都存在违法行为的情况下，反垄断将何去何从。① 因此，笔者认为，国务院应成立一个专门的反垄断执法机构，结束由工商总局、国家发改委和商务部联合执法的局面，形成单一的执法模式可在一定程度上减轻以上弊端。同时，综合前述发达国家的执法经验，我国反垄断执法队伍的建设尤其应该学习日本，中央反垄断委员会的组成应有经济、法律领域的专家、学者组成，以保证决策、方针的正确性，地方反垄断执法人员的招募应建立一套公务员招募系统，保证执法队员人员素质，同时加强对执法人员的培训教育。②

另外，在卡特尔行为和企业并购越来越具有国际化倾向的今天，世界各国的反垄断主管机构的合作和交流就变得更加重要和紧迫。日本《禁止垄断法》的最新修订明确规定了公正交易委员会向其他国家的反垄断主管机关提供信息情报的条件和手续。虽然在过去的一年里根据反垄断法实施的要求，中国反垄断法的相关执法机关与美国、欧盟、日本、联合国贸发会议、OECD 和 APEC 等国家或国际组织建立了反垄断对话或联系机制，但我国反垄断法还未在与其他国家反垄断主管机构之间互相提供信息交流方面做出具体规定。③

（三）把握相关法律规制的宽严结合度

发达国家对外资并购在许多领域采取内外资一视同仁的态度，给予外资并购者国民待遇，这是因为发达国家一贯崇尚自由开放的市场，并坚信自由竞争是经济繁荣的发动机。但这并不意味着发达国家对外资并购不加以特殊限制，这是因为，外资并购与单纯的国内企业并购相比，将会对东道国经济带来一些特殊又难以控制的负面影响。各国基于对本国社会公共利益及本国企业在国际市场上的竞争地位的考量，在一些关系国计民生的

① 陈丽、刘东：《论日本反垄断法及其对我国的启示》，《郑州航空工业管理学院学报（社会科学版）》2011 年第 3 期，第 128 页。

② 同上。

③ 代高洁、戴武堂：《日本反垄断法的新发展及其对中国的借鉴意义》，《内蒙古财经学院学报》2009 年第 6 期，第 108 页。

重点行业中均或多或少地对外资并购进行严格的限定，主要表现为：具体界定禁止外资并购进入的领域；区分不同行业，对重要行业外资并购方的持股比例加以限制；对大公司的外资并购行为加以限制，等等。例如，美国法令规定：凡是外国人建立、收购或处置其在美国企业中10%或10%以上股权的活动，必须向商务部提交报告。同时还规定，一定规模的大公司合并必须事前向联邦贸易委员会和反托拉斯局报告。[①] 跨国公司并购东道国的关键企业，如交通、电信、金融业和关系国家安全的企业，如军工、核能、能源业，均需履行严格的审批手续。尽管各国审查标准不尽相同，但主要集中于考察申请并购方规模、投资领域与期限，对东道国市场竞争及被并购企业的潜在影响等方面。

如前所述，美国、日本等国家的反垄断法均明确规定了刑事责任，而且最新修订的日本《禁止垄断法》对不当限制交易的行为还加重了刑事处罚力度。然而对此，连“构成犯罪，依法追究刑事责任”这样的规定也未能写入我国反垄断法，只有按照其他的法律规定，串通投标罪有可能被追究刑事责任。不当限制交易的行为基本上相当于我国反垄断法中的垄断协议，是对竞争有严重危害性的行为，若仅仅依靠罚款很难发挥反垄断的威慑作用，而且罚款也很难替代对企业高层责任人员的刑罚。[②]

我国《反垄断法》第46条第2款明确规定了“宽大的处理制度”，若经营者主动向反垄断执法机构报告达成垄断协议的有关情况并提供重要证据的，反垄断执法机构可以酌情减轻或者免除对该经营者的处罚。但是我们不难发现，此条款的具体细化，比如是否对所有经营者都给予减免、减免的具体比例和幅度等问题均没有作出具体明确的规定。因此，在这方面，我国不妨借鉴日本的最新修订措施，比如在课征金的减免方面进一步细化并出台旨在提高反垄断法的执法效率的企业集团的共同申请制度，等等。总之，我国应该借鉴发达国家的好的立法经验，结合我国的具体情况，制定和完善我国的产业政策法，并与我国新颁布的《反垄断法》相结合共同对外资并购进行法律规制，鼓励、引导外资投向有利于国民经济发展的部门，禁止或限制外资进入关系国计民生的重点行业，以保障我国的

① 陈清：《中国外资并购政府规制研究》，北京邮电大学2007年博士学位论文，第89页。

② 代高洁、戴武堂：《日本反垄断法的新发展及其对中国的借鉴意义》，《内蒙古财经学院学报》2009年第6期，第108页。

经济安全和社会稳定。

（四）坚持实体法与程序法的有机统一

发达国家企业并购立法又一个显著的特征是实体法与程序法的有机结合。无论是对垄断的规制，还是对上市公司收购的监管，各国法律在制定严密的实体规范的同时，还对并购活动当事人和政府主管部门作出许多程序法上的要求。这就使得规制跨国并购的法律既严密又透明，从而有利于公平和正义的实现。如美国《谢尔曼法》、《克莱顿法》、《公司法》、《证券法》等对企业并购既有实体规则，又有程序上的规定。发达国家尤其注意发挥会计师事务所、律师事务所、证券公司以及投资银行等中介组织在企业并购中的作用，这就使企业的并购活动规范有序。欧盟在发布新的《并购条例》的同时，积极制定《实施细则》，并对实体标准和程序性问题制定了专门的《横向并购评估指南》、《欧共体并购控制程序最佳行动指南》，它们与新的《并购条例》一起颁布，有效地确保了新的《并购条例》的实施。①

（五）注重法律层次的立体化和法律内容的动态化

发达国家规制企业并购的法律层次立体化，不仅有国会立法，而且有行政机关的法规、指南，甚至还有司法判例，它们之间相得益彰，这就在很大程度上为规制跨国并购提供了相对有效的法律支持。同时，发达国家规制企业并购的法律内容不是僵死呆板的，而是随着国内经济状况、国际经济形势的变化适时地进行修正和调整。这就能够保证企业并购法律规制的有效性和针对性。譬如，在实践中，欧盟发现《企业合并控制条例》（4064/89 号法令）存在漏洞后，于 1997 年和 2004 年两次对其进行重大修改，确保了《欧盟并购条例》的与时俱进，从而形成日益完备的并购监控体系。②

我国《反垄断法》自 2008 年 8 月正式实施以来，国家工商总局于 2010 年 12 月 31 日出台了三部反垄断法配套规章：《工商行政管理机关禁止垄断协议行为的规定》、《工商行政管理机关禁止滥用市场支配地位行为的规定》以及《工商行政管理机关制止滥用行政权力排除、限制竞争行为的规定》，该等配套规章于 2011 年 2 月 1 日起正式施行。工商总局颁布的

---

① 李磊：《跨国公司在华并购的法律规制研究》，中国检察出版社 2007 年版，第 94—95 页。

② 同上书，第 95 页。

配套规章是紧跟国家发改委的脚步，后者针对价格垄断行为于2010年1月4日颁布了实体性配套规章和程序性配套规章，出台了《反价格垄断新规》。综上这些配套规章的出台和实施，足以说明我国在法律层次的立体化方面已经开始关注和重视，但是在法律内容的动态化方面还应随着形势的改变而不断修订和细化。比如，《反垄断法》的原则性极强，每一条都需要配套的细化政策；与美国等发达国家相比，我国《反垄断法》的法律责任偏轻。美国垄断行为，不仅受到经济处罚，严重的更要追究刑事责任，然而我国《反垄断法》处罚最高也就是罚没收入、罚款等经济手段。随着全球经济一体化的不断发展，以上这些不足和缺漏如何进一步完善，应是我们下一步思考的重点。

（六）强化私人执行制度的合理化

如前所述，在私人执行方面，发达国家都有不同程度的规制和实践。相对而言，我国尤其应该汲取日本的经验教训，对私人执行制度进行合理设计和完善。一方面，通过私人执行，满足受害者要求赔偿的权利得以实现，使反垄断法的规制直接与受害者的私人利益相关联，而不仅仅是抽象地保护所谓的公共利益；另一方面，私人执行获得的赔偿不仅会给自己带来利益，而且通过支付律师报酬等方式使双方受益，因而私人执行使受益主体的范围具有一定的广泛性。除此之外，损害赔偿请求权的主体以及赔偿范围也同样具有广泛性。一般来讲，有权提起垄断损害赔偿诉讼的主体范围主要包括受损害的企业和作为直接购买者的消费者。在赔偿范围上，世界各国普遍采用的做法是：除了赔偿受害者的损失外，还要支付胜诉的受害者合理的律师费、诉讼费以及其他必要费用。可以这样认为，损害赔偿请求权的主体以及赔偿范围具有的广泛性，更有力地支持了受益主体的广泛性。

必须注意的是，我国的国企垄断是披着公权力的外衣进行的垄断，与私人靠自身努力获得的垄断存在显著区别。与私企来之不易的垄断相比，国企垄断更容易仰仗公权力而牺牲效率。因此，因不同原因或方式所带来垄断的不同性质的企业，对效率的珍惜程度是不同的。私企怕失去垄断而珍惜效率，国企仗着公权力撑腰却不会担心失去，其效率并没有得到提高。可以肯定的是，鼓励私人利益主体对垄断进行监督，有利于维护竞争政策进而达致效率的提高。随着中国企业对境内和境外竞争法或反垄断法的认识和理解的加深，以及维权意识的提高和对国外诉讼程序的熟悉，其将更为积极地通过私人反垄断诉讼来维护自己的合法权益。真正意义上实施私人执行，对改变我国目前的垄断力量分布畸形的格局，促进市场竞争以及提高效率有着重要的意义。①

① 肖维：《日本反垄断法的实施及其对我国的启示》，《重庆科技学院学报（社会科学版）》2011 年第 9 期，第 67 页，103 页。

第四章　外资垄断性并购经典案例评析

本章试图从反垄断法的立法宗旨出发，结合近年来发生在我国境内的外资并购较有影响和经典的案例，对于我国的外资并购法律在这些案例上的适用进行介绍和评析，从而系统地为我国国内企业在面对类似问题时提供法律上的经验和教训，也为我国的法律工作者和学者研究我国的外资并购反垄断方面的理论提供较为典型的实践案例，从而进一步完善对外资并购反垄断的细节、程序以及执法等方面，使我国能够更好地利用外资，充分发挥外资并购国内企业的良好影响，避免其构成垄断地位，真正建立公正、有序、健康的竞争市场秩序。与此同时，在通过介绍外资并购经典案例所折射出来的我国反垄断问题时，还必须结合我国的现实国情——长期以来国内企业关于外资并购的法律意识淡薄以及我国相对滞后的法律体系与混乱的市场经济不同步的矛盾。一方面是国内外资并购的份额在不断扩大，另一方面也存在着我国的法律在这些外资并购案上的适用和效果的问题，那么，适用的效果是否满意？是否充分体现了国家对外资并购行为进一步指导和防止构成垄断的目的？是否可以从这些案例中得出哪些启发和立法或实践经验？国内学界对于外资垄断性并购的法律也进行了很多较为详尽的研究，比较和借鉴了国外发达国家对于外资并购方面的法律规定，并为推动我国在外资垄断性并购法律方面的发展健全做出了很多有益的工作。

一、外资垄断性并购的界定标准——以可口可乐并购汇源案为视角

作为迄今为止唯一一个在《反垄断法》颁布实施之后遭到禁止决定的可口可乐并购汇源案，对于外资并购相关法律在该案的适用以及本案自始至终所引发的在媒体、公众和学术界的大讨论，都使得本案成为研究我国外资垄断性并购法律方面的一个经典案例。围绕着这项并购是应该被放行还是被禁止，且不论行业内的意见不一，法学界也对本案从各个角度进行了分析，得出了自己的结论。随着商务部的禁止合并的决定出台，质疑和赞同声仍余音绕梁。笔者试图从商务部在本案中对于外资垄断性并购的界定标准来进行评析，探讨反垄断审查中的一个最基本也是最重要的问题。

（一）并购双方

并购方——可口可乐公司是全球最大的饮料公司，拥有全球48%市场占有率以及全球前三大饮料的两项（可口可乐排名第一，百事可乐第二，低热量可口可乐第三），可口可乐在200个国家拥有160种饮料品牌，包括汽水、运动饮料、乳类饮品、果汁、茶和咖啡，亦是全球最大的果汁饮料经销商。

被并购方——汇源，是主营果蔬饮料的大型现代化集团公司。

（二）并购案情简介

汇源集团2008年9月3日对外发布公告，荷银融资亚洲有限公司将代表可口可乐公司全资附属公司 Atlantic Industries 以每股12.20港元、总计179亿港元收购汇源集团。

可口可乐中国公关负责人表示，如果收购成功，可口可乐会继续保留汇源品牌及其现有的业务运营模式，日后再对业务和协同效应作评估。交易若能完成，将成为迄今为止我国食品和饮料行业最大的一笔收购案。消息一经公布，便立即引起了我国社会的强烈关注。国内饮料企业、上海美国商会、中国欧盟商会及其他外国投资者也都高度关注这一事件，将其视为我国首部《反垄断法》出台后实施外资并购政策的标杆。与此同时，该并购案也引来热烈讨论：一场事关中国知名品牌商标可能消失、危及中国经济安全及是否造成垄断等诸多问题的讨论被再度掀起。汇源果汁的纯果汁占到纯果汁市场50%左右的份额，中浓度果汁占38%左右，果汁饮料份额最低，大约在20%左右。如果可口可乐并购汇源成功，那么，其在中国果汁领域将占据领导地位。

2008年9月18日，可口可乐公司向商务部反垄断局递交了申报材料。9月25日、10月9日、10月16日和11月19日，可口可乐公司根据商务部要求对申报材料进行了补充。11月20日，商务部正式对该项收购立案审查。在经过初审、进一步审查之后，商务部于2009年3月18日正式发布公告对本案作出禁止的决定。① 在决定中，商务部认为该收购可能妨碍或者限制竞争，会对中国果汁行业的市场竞争造成不利影响，将会导致可口可乐公司向果汁市场传导其在饮料市场的支配地位和品牌，并且该

① 王传辉、葛菲等：《外资并购的反垄断管制——可口可乐收购汇源案的拓展研究》，经济管理出版社2011年版，第4—6页。

收购可能会挤压我国的中小型果汁企业生存空间。[①] 至此，本案以失败告终。

本案的失败结局，使得本案成为了自我国《反垄断法》正式实施以来，商务部首个作出禁止决定的案例。

（三）争议焦点

从此案伊始至否决的尘埃落定，社会各界对于商务部是否应通过审查还是否决的争议就一直不停。在法学界，伴随着商务部短短几百字的否决公告，主要的争议焦点就集中在商务部的禁止集中的决定是如何作出的？禁止集中是否会真正起到保护市场竞争和消费者权益的作用，还是反而会导致竞争效率的降低？还是有维护民族品牌的嫌疑？最主要的是，在本案中，商务部对于反垄断审查中最基本也是最重要的相关市场的界定的具体细节却不公布，不仅普通民众难以理解，甚至让法学界和经济学界也没有形成统一意见。[②]

因此，对于本案中商务部作出禁止决定的关键法律问题——相关市场的界定问题的探讨，也就成为了法学界最关注的焦点问题之一。

（四）外资垄断性并购的界定标准

在该案审查中，根据《反垄断法》第 27 条的规定，商务部从如下几个方面对此项经营者集中进行了全面审查：①参与集中的经营者在相关市场的市场份额及其对市场的控制力；②相关市场的市场集中度；③经营者集中对市场进入、技术进度的影响；④经营者集中对消费者和其他有关经营者的影响；⑤经营者集中对国民经济发展的影响；⑥汇源品牌对果汁饮料市场竞争产生的影响。

我国《反垄断法》第 3 条确定的审查标准是“具有或者可能具有排除、限制竞争效果”。而在分析一项具体的外资并购案是否构成垄断的问题时，从欧美等发达国家和地区的反垄断法律相关规定来看，有以下因素都是需要考虑的：市场支配地位的推定、相关市场的界定、市场份额和市

---

① 参见《中华人民共和国商务部公告［2009 年］第 22 号》（商务部关于禁止可口可乐公司收购中国汇源公司审查决定的公告），http：//fldj. mofcom. gov. cn/aarticle/ztxx/200903/20090306108494. html，2012 年 4 月 3 日访问。

② 杨东：《传导反垄断法专业知识，培植我国市场竞争文化——“可口可乐收购汇源案法律研讨会”综述》，http：//www. competitionlaw. cn/show. aspx？id =4743&cid =5，2012 年 4 月 3 日访问。

场集中度的评估、市场进入壁垒等。[①] 而合理的界定相关市场，既是对外资并购的反垄断审查中必不可少的步骤，也是有效地进行企业并购规制所不可或缺的一项最基础的工作。

1. 相关市场的界定

相关市场的界定作为判断某一项并购是否会给国内的相关产业或市场产生或者加强其对市场的支配地位的一个重要的前提条件，是由于在进行审查该项并购是否会构成对市场的支配地位时，就必须要明确并购双方企业的市场份额。[②] 在学理上，有学者认为相关市场（relevant market），通常是指当事人"在其中从事经营活动时的有效竞争范围"和判定在各个当事人所经营的商品或服务之间是否存在着竞争关系的场所。[③] 在对市场进行界定时，参考国外对相关市场的概念界定，通常认为相关市场可以分为产品市场、地域市场及其他相关市场，如时间市场、技术市场等。[④] 但是在我国学理上，对于讨论实际界定相关市场的范围时，却常常较为重视对产品市场和地域市场的分析界定，而忽视了对时间或技术范围的界定。我国《反垄断法》第 12 条对相关市场的定义给出了明确的规定，即"相关市场是指经营者在一定时期内就特定商品或服务进行竞争的商品范围和地域范围"，那么可以看出，我国的相关市场的界定在法律上的定义，也大致采纳了学理上的理论。虽然没有引进相关时间市场，但是我国法律在相关市场的定义中特别强调了"一定时期内"这个限定条件，将时间性也作为了相关市场界定中的一个重要的考虑因素。在本案中，对于地域市场和时间市场均不存在异议，而主要的争议是对于本案中所涉及的相关产品市场的界定的问题，因此本章主要探讨一下相关产品市场的界定。

确定相关产品市场就是确定相关市场所包括的产品范围，实质上是要确定在相关市场上相互竞争的产品范围。相关产品是指从产品的特征、价格及用途等各方面，消费者或用户认为它们是可以相互交换或替代的全部

① 史建三、钱诗宇等：《企业并购反垄断审查比较研究》，法律出版社 2010 年版，第 212—228 页。

② 漆彤：《跨国并购的法律规制》，武汉大学出版社 2006 年版，第 200 页。

③ 王为农：《反垄断并购审查中相关市场界定研究——以欧美案例分析和中国的实际情况为基础》，载《中国企业并购反垄断审查相关法律制度研究》，商务部条法司编、尚明主编，北京大学出版社 2008 年版，第 3 页。

④ 尚明主编：《反垄断法理论与中外案例评析》，北京大学出版社 2008 年版，第 162—183 页。

产品，相关产品市场则是这些可互换互替（相同或相似）的全部产品的市场。[①] 可以认为，相关产品市场主要是要确定被审查企业的产品或者服务是与哪些产品或服务存在着竞争关系。[②] 这样，从经济学的角度出发，就需要分析该项产品或者服务在市场上的需求和可替代性，同时，还要考虑该产品在市场上的供给能力。在本案中所涉及的产品是饮料，那么，商务部在本案中对于饮料这个产品市场的界定是否准确呢？根据商务部发言人在公告后对记者提问的回答，提到了本次并购的相关市场被界定为果汁类饮料。如此一来，很显然，可口可乐公司主营的碳酸饮料与汇源果汁的果汁类饮料即分为了两个彼此独立的产品市场。可是，果汁饮料主要有三类组成：百分百果汁、混合果汁（纯果汁含量为26%—99%）以及低浓度果汁（纯果汁含量为25%以下）。那么，是将所有的果汁饮料作为一个相关产品市场，还是其中某一类浓度或某两类浓度细类作为一个相关产品市场呢？按照商务部对本案作出的禁止决定，商务部认为，尽管果汁饮料的浓度不同，但是它们相互之间的需求替代性和供给替代性却很高，所以应该将所有的果汁饮料作为一个相关产品市场来界定。根据欧睿国际信息咨询公司（Euromonitor International）的数据显示，在中国的果汁市场上，汇源果汁市场份额为10.3%，可口可乐为9.7%，二者合并后的市场份额为20%。[③] 那么在市场控制力的参照标准尚不明确时，合并后达到的20%的市场份额是否就可以被认为该项合并将在果汁市场上构成市场垄断地位，其实还存在较大的疑虑。另据权威调查机构AC尼尔森公布的2007—2008年的数据显示，截止2008年12月，汇源果汁百分百果汁在国内的市场份额为42.6%，中浓度果汁占据43.6%的市场份额，而可口可乐在中国果汁的市场份额仅为10.3%。[④] 由此可见，汇源果汁在中国国内果汁市场上已经处于明显领先地位，可以看出，如果将相关市场界定为纯果汁市场，则合并后的企业的市场份额仅凭汇源果汁一家就已经超出了40%，如果认定

---

① 刘宁元、司平平、林燕萍：《国际反垄断法》，上海人民出版社2009年版，第191页。

② 王晓晔：《举足轻重的前提——反垄断法中相关市场的界定》，《国际贸易》2004年第2期，第46页。

③ 应品广：《可口可乐收购汇源案的反垄断法思考》，《西南政法大学学报》2010年第6期，第44页。

④ 李维安、严继超：《〈反垄断法〉给中国公司治理带来了什么——可口可乐收购汇源折戟后的思考》，《资本市场》2009年第5期，第112页。

其具有市场支配地位，那么汇源果汁不用与可口可乐合并就已经具有排除或严重限制竞争的效果了，可是为什么没有出现这种结果？反而需要在与可口可乐合并后才很有可能出现呢？按照商务部给出的理由来看，商务部认为，可口可乐公司将会把自身在碳酸饮料市场上的已经具有的支配地位传导到果汁市场，增强合并后的企业在果汁市场的竞争优势和影响力，从而对现有果汁饮料企业产生排除、限制竞争效果，使潜在竞争对手进入果汁饮料市场的障碍明显提高，进而挤压国内中小型果汁企业生存空间，抑制了国内企业在果汁饮料市场参与竞争和自主创新的能力，给中国果汁饮料市场有效竞争格局造成不良影响，不利于中国果汁行业的持续健康发展。

为了减少审查中发现的不利影响，商务部与可口可乐公司就附加限制性条件进行了商谈。在商谈中，商务部就审查中发现的问题，要求可口可乐公司提出可行解决方案。可口可乐公司对商务部提出的问题表述自己的看法，并先后提出了初步解决方案及其修改方案。经过评估，商务部认为可口可乐公司针对影响竞争问题提出的救济方案，仍不能有效减少此项集中产生的不利影响。

鉴于上述原因，根据《反垄断法》第 28 条和第 29 条，商务部认为，此项经营者集中具有排除、限制竞争效果，将对中国果汁饮料市场有效竞争和果汁产业健康发展产生不利影响。鉴于参与集中的经营者没有提供充足的证据证明集中对竞争产生的有利影响明显大于不利影响或者符合社会公共利益，在规定的时间内，可口可乐公司也没有提出可行的减少不利影响的解决方案，因此，决定禁止此项经营者集中。①

笔者认为，商务部将本案的相关产品市场界定为果汁市场，却没有公布所依据的具体数据和分析过程，导致学界质疑声不断。归根结底，是因为当时在商务部审核此案时，《反垄断法》对于如何界定相关市场、如何确定外资并购后将具有排除或限制竞争的效果缺乏可操作性的规定，从而使得本案在细节分析上避而不谈，甚至无从谈起。

2. 关于相关市场界定的法律分析

在本案的审查过程中，由于相关法律法规缺乏明确的、详细的界定相

① 《商务部发布对可口可乐收购汇源反垄断审查公告》，http：//finance. sina. com. cn/roll/20090318/17062736581. shtml，2009 年 3 月 18 日。

关市场的标准，使得我国反垄断执法机构对本案审查过程中的诸多因素公布得不够透明，导致本案的当事人对审查结果缺乏可预见性，给本案的审查预期带来了很多不确定因素。

在国外反垄断法的实践中，欧美等国家或地区均专门颁布了反垄断审查时用来界定相关市场的法律标准、程序和证据。比如，1997 年 12 月 9 日，欧盟委员会发布了《欧共体竞争法中界定相关市场的通告》，其中第 7 条明确指出“相关产品市场是指根据产品的特性、价格及其使用目的，从消费者的角度可以相互替代的所有产品和/或服务”。[①] 该通告还指出，在分析产品的可替代性方面，需要考虑其功能、满足用户需要的适用性以及价格等因素。[②] 欧盟对相关市场的界定分析主要是从消费者角度来分析产品市场的供给和需要弹性，以此来判断并购后的产品市场是否会构成不完全竞争，导致垄断地位的出现。美国作为反垄断法律实践历史比较悠久的国家，在相关市场界定方面的经验也是随着一个又一个的典型案例所积累的。在美国的反托拉斯成文法中，实际上，对于“相关市场”的概念，还没有正式的定义性的表述，仅在《谢尔曼法》第 2 条以及《克莱顿法》第 7 条对于如何界定相关市场有概括性的表达。从 1911 年美国联邦最高法院在标准石油公司（Standard Oil）案[③]的判决中首次引用了《谢尔曼法》第 2 条中所使用的“贸易或通商的任何领域”（any part of trade or commerce）来指代“相关市场”的法律概念，到 1948 年对哥伦比亚钢铁公司（Columbia Steel）案[④]中开始使用“相关市场”的法律术语，但对于该如何界定相关市场仍然不明确。其后，美国联邦最高法院直到 1956 年审理杜邦公司玻璃纸（Cellophane）案[⑤]中才真正地开始对如何界定相关市场的“标准”问题进行全面的分析，在本案中，美国联邦最高法院直接提出了“合理的互换可能性”（resonably interchangeable）的标准，在界定相关市场时

---

① 尚明主编：《企业并购反垄断控制——欧盟及部分成员国立法执法经验》，法律出版社 2008 年版，第 39 页。

② 史建三、钱诗宇等：《企业并购反垄断审查比较研究》，法律出版社 2010 年版，第 175 页。

③ Standard Oil Co. of New Jersey v. United States. , 221 U. S. 1 [1911].

④ United States v. Columbia Steel Co. , 334 U. . S. 495 [1948].

⑤ United States v. E. I. Du pont de Nemours and Company, 351 U. S. 377. 76 S. Ct. 994 [1956].

引入了需求交叉弹性理论，随后在1958年的布朗鞋（Brown Shoe）案[①]中提出了次级市场（sub-market）的概念。伴随着一个又一个很有代表性的案例的深入探讨，对于如何界定相关市场的理论也是在不断地修正和完善。直到1982年美国司法部颁布了《合并指导方针》，其中在界定相关市场的问题上，引入了“假定垄断者测定”即SSNIP测定方法（Small but Significant and Non-transitory Increase in Price），又称“5%测定法”（five-percent test），该方法是先假定市场上存在着某一个垄断行业的供给者，同时假设该供给者会将其所供给市场的商品的价格提高5%，然后再讨论在这种情况下，在一年之内是否会有需求者以其他商品作为该商品的替代可能性。[②] 这种方法在1992年进一步完善细节，随后就被欧盟以及大部分国家所采用。

那么此种界定方法能不能适合我国在外资并购反垄断审查的运用呢？在本案公告后，法学界就在讨论我国也应该引入SSNIP测定方法，以适应世界反垄断法的发展，并且可以给我国的反垄断执法机构在界定相关市场时提供一个清晰明确的科学方法。但是，我们也应该看到，奉行拿来主义当然可以，可我们不得不考虑此种方法在我国的实践应用，这是因为，我们目前的许多具体经营活动尚缺乏应有的规范，有些统计数据时有掺假，所以，我们更应该考虑对国外的成熟经验进行适应性的改进，以适合我国的基本国情。值得欣喜的是，在本案的审查进行之时，也就是在2009年1月7日，国务院反垄断委员会就曾发布了《关于相关市场界定的指南（草案）》（下称《界定指南》），并于同年的5月24日正式通过了这部指南，该指南的实行为执法部门对外资并购进行反垄断审查时该如何界定相关市场提供了有针对性的指导。这说明，商务部在审查可口可乐并购汇源案时就已经在考虑关于相关市场的界定细节问题，并可能直接运用到本案中。因此，可以这么认为，商务部对本案的实践运用也就直接影响了我国反垄断法关于相关市场界定的实践标准，也为我国在外资垄断性并购的相关市场界定方面积累了具有里程碑式的实践经验。

---

① Brown Shoe Co. v. United States, 370 U. S. 294 [1962].

② 王为农：《反垄断并购审查中相关市场界定研究——以欧美案例分析和中国的实际情况为基础》，载《中国企业并购反垄断审查相关法律制度研究》，商务部条法司编、尚明主编，北京大学出版社2008年版，第23页。

（五）对《关于相关市场界定的指南》及相关法律的评析

1. 借鉴国外相关市场界定的理论和实践

在可口可乐并购汇源案的审查公告发布之时，我国仅在《反垄断法》第12条中有关于相关市场的一个概括性的定义，而且该规定仅仅提出了“商品范围”和“地域范围”这两个较为初级的法律概念，而缺乏深入的解释，从而导致执法机构在对外资并购进行反垄断审查时对于相关市场的界定问题含糊不清。通过对商务部发布的禁止合并的公告分析，可以看出，商务部在对本案进行相关市场界定时采纳了需求替代和供给替代的方法，从需求者和供给者的角度对本案中所涉及的果汁市场进行分析和界定。而在2009年5月正式通过的《界定指南》，类似于前文所提到的欧美等国家颁布的指导方针和通告，作为一个指导性的文件，无论是提高国务院反垄断执法机构工作人员的执法水平和执法的透明度，还是对于外资并购的双方当事人提供指导和预期，均有不可估量的意义。

《界定指南》的颁布和实施，对《反垄断法》关于相关市场界定的法律问题没有详尽规定的部分作了进一步的发展和补充，其中的程序性规定也更具可操作性和确定性。《界定指南》已经吸收了国外发达国家在界定相关市场这个法律问题上的理论和实践发展中的最新成果，在理论上有以下亮点：第一，明确和补充了相关市场的概念，对《反垄断法》没有详细定义的“商品范围”和“地域范围”等进行了补充和完善，并增加了“相关技术市场”的新概念；第二，借鉴了欧盟和美国在界定相关市场时采用的需求替代理论，不仅在《界定指南》第4条第2款中予以了明确，而且《界定指南》在从需求替代角度界定相关商品市场时所考量的主要因素，也大致与欧美等国类似；第三，借鉴和吸收了欧盟和美国等国家和地区在界定相关市场时的较为通用的方法：即SSNIP测试，通过使用商品小额但显著地涨价后买卖双方对涨价后的商品做出的反应来判定相关的产品市场。在理论上，SSNIP测定方法明显优于以往的判定方法，采用了分析产品自身的弹性来正确界定相关的产品市场。但若要正确分析产品自身弹性，需要有足够的相关经济数据来支撑该项分析。于是，考虑到该方法需要建立在大量的坚实且科学的产业数据资料的基础上来进行测试，所以，《界定指南》将该方法放在最后一章（第十章），也即是并未将其作为常态分析方法优先使用。同时，该《界定指南》第7条也指出了界定相关市场的方法不是唯一的，可以根据案件的实际情况，使用不同的方法。这一点也可以从近年欧美等国在这个问题上的理论文献中看出，有很多新型的界定方法，如经济学分析方法中的临界弹性分析方法（critical elasticity analysis）、共同分析方法（co-integration analysis）等开放式的方法来界定相关市场，这对我国今后在法律法规中规定其他方法留有余地，也显得更为灵活。

在实践上，我国相关法律的规定也借鉴了欧美等国的经验。在国外的反垄断执法实践中，对于同类产品的市场认定是较为容易的，比较困难的是对紧密替代产品的市场认定，因为这取决于对紧密替代性标准的选取。如果这个标准选取的不准确，那么，在实践中就容易出现对产品的紧密替代性的解释在某个时间段较宽、某个时间段较窄的情形。例如，为避免在适用SSINP测试时出现美国杜邦玻璃案中所引起的“玻璃纸谬误”（Cellophane Fallacy）①，我国在《界定指南》中的第11条就规定了“在使用假定垄断者测试界定相关市场时，选取的基准价格应为充分竞争的当前市场价格”。但是，该条规定并未深入介绍如何正确选取紧密替代性的标准来界定充分竞争的价格，不得不说，这还是稍显遗憾的。

2. 存在的不足及其完善建议

本案作为我国《反垄断法》颁布后第一个被否决的案例，其中既反映出我国对于外资并购热潮的理性对待和依法行政问题，又折射出我国现有的对于外资垄断性并购方面的制度和法律上的缺憾。作为比国外发达国家晚了近百年的《反垄断法》的颁布，其中既有优势，又有劣势。优势在于，我们可以在汲取国外在这方面理论和实践的经验教训的基础上，制定出符合我国国情的法律制度，做到吸收国外的理论，为我所用。劣势在于，由于我国在反垄断法方面，尤其是对于外资垄断性并购的研究起步较晚，再加上之前对于外资的进入，还是抱着一种防备的心理，使得我国在

---

① “玻璃纸谬误”最早出现在美国1956年的Cellophane一案中。在界定相关市场时，需求交叉弹性被用来分析确认两个产品是否构成近似替代品，但是前提是两个产品的价格都是市场有序竞争时的正常价格。如果市场价是在市场缺乏有效竞争的情况下确立的，情况可能会大不相同。在Cellophane案中，假设杜邦公司提高玻璃纸的价格，客户可能会转向其他功能相近的包装类产品而将这些相似产品与玻璃纸认定为同一相关产品市场。但是，如果在杜邦提高价格之前，玻璃纸的价格已经是垄断价格，那么事实将会是：在缺乏有效替代产品的情况下，杜邦公司已经把玻璃纸的价格提高到了垄断价格且达到了收益最大化的临界点，如果继续提价，客户将无法继续承受高价，不得以而转向其他产品。在这种情况下，把其他相似产品认定为玻璃纸的替代产品将会是错误的结论。

外资并购方面的法律法规还很缺乏，尤其是在一些重要的法律制度和规定上仍有不足，亟需完善。尽管《反垄断法》在学者和执法部门的千呼万唤中终于颁布了，但其中对于外资并购方面的规定仍是指导性的、规范性的，缺乏细节上的深入。比如，对于在本案中关于商务部如何界定相关产品市场的问题上，由于《反垄断法》缺乏较为明确的界定和实际的可操作性，让认同该禁止合并的学者和不认同该禁止合并的学者都不能充分地说服对方，也就使得该项禁止决定给人的感觉似乎是不明不白，言犹未尽。查阅国外对于外资垄断性并购的研究理论和实践，其中既有对外资垄断性并购的纲领性法律法规，又不乏对其具体实行的程序性和审查制度等的指南性规定，我国也不妨借鉴国外的立法经验，对现有的关于外资垄断性并购方面的法律法规进行系统的梳理和制定。

《反垄断法》作为外资垄断性并购方面的重要法律，其里程牌的意义自不必多言。伴随着可口可乐并购汇源案所引发的关于相关市场的界定的讨论，我国有关部门也及时发布了《界定指南》，对这个问题进行了较为详尽的补充。但是在欣喜之余，不得不承认，尽管《界定指南》在理论和实践上具有一定的合理性和可行性，但是基于相关市场界定在实践中的复杂性，这部《界定指南》彰显诸多不足和缺漏：首先，未能明确界定相关市场所需考虑的各个因素之间的关系，由此很可能引发不同因素考察的着重力度和宽严标准上的争议，[①] 如美国 1956 年的杜邦玻璃纸案与 1957 年的杜邦车用涂料（Du Pont de Nemours & Co）案[②]，联邦法院在界定相关市场时所掌握的宽严标准存在较大差异，而使两个案件的判决形成了强烈的反差，由此引发了人们的普遍关注；其次，未规定相关市场界定时的证据规则，在认定相关市场的客观事实时，尚缺乏对于证据程序方面的规定，而 1997 年欧盟的通告则规定了独立的证据规则，在程序上给相关市场的界定给予了明确的规定；最后，该指南所采用的 SSNIP 测试方法，需要建立在大量的科学的数据的基础之上，使得《界定指南》更多地倾向于采用传统的产品功能界定的模式，显得时代性不足。

随着我国外资并购案例的逐年增加，《界定指南》在此类案件上的适

① 周亮、郑雯洁：《论我国企业并购反垄断审查中的利益考量》，载《经济法论丛》2010 年第 1 期，漆多俊主编，武汉大学出版社 2010 年版，第 256 页。

② United States v. E. I. Du pont de Nemours and Company, 353 U. S. 586. [1957].

用不足就可以检验出来，以不断地得以完善和改进。我国不妨借鉴美国的做法，通过反垄断法理论和实践的不断发展，颁布完善后的相关指南或者经典案例，对反垄断法执法工作进行指导和规范。而对于前文所分析的《界定指南》尚不明确和缺乏的规定，可以通过实践检验，进一步明确和完善。在引入SSNIP测试方法后，不仅是相关执法工作需要科学对待，更急需对我国的市场调查和统计数据进行科学分析的权威的第三方调研。

总之，可口可乐并购汇源一案在国内引起热烈讨论，这反映出我国国民对民族产业、国家经济安全方面的保护意识日益增强。但是要判断一项并购是否应准予通过主要应看其对国内相关市场竞争秩序的影响，对有损国家安全的并购案，还应进行国家安全审查。从商务部对可口可乐并购汇源一案作出禁止决定的依据可以看出，商务部是在依据《反垄断法》的规定，紧紧围绕该项并购是否会产生限制排除竞争的效果所作出的决定。

二、外资垄断性并购国有企业的审查监督——以凯雷收购徐工案为例

凯雷收购徐工案是一起我国外资并购进程中引起极大关注和热议的并购案。由于该案是一个发生在我国机械行业较有影响力的案子，故当事双方的身份使得该案成为了外资并购我国国有企业的一个典型案例。作为国际知名股权基金期望通过收购行为来掌控我国境内大型国有企业的一起经典案例，该案对于研究我国外资垄断性并购的相关问题有着重要的法律意义和现实价值。

（一）并购双方

并购方——美国凯雷投资集团（Carlyle Group L. P.）。凯雷成立于1987年，公司总部设在华盛顿，是全球最大的私人股权投资基金之一。至2010年9月30日止，管理资本超过977亿美元。由于有多名国家领导人在该基金担任要职，是一个有“总统俱乐部”之称的美国投资机构，拥有深厚的政治资源。

被并购方——徐工（Xugong Group Construction Machinery Co. 简称徐工机械）。徐工集团成立于1989年3月，成立以来始终保持中国工程机械行业龙头地位，目前位居世界工程机械行业前10强，中国500强企业第125位，中国制造业500强第55位，是中国工程机械行业规模最大、产品品种与系列最齐全、最具竞争力和影响力的大型企业集团。

（二）并购案情简介

1. 并购动因

徐工是中国最大的工程机械制造企业，徐工的管理团队已经建立了一个优秀的企业，并且有良好的产品和稳定的市场占有率，因此徐工是一个理想的投资项目。凯雷承诺：徐工今后仍将有高度的经营和品牌管理的独立性，凯雷还会根据企业需要注入管理人才，注入新技术、新产品，并健全销售网络。徐工是凯雷集团拟在中国投资的最大的工业企业项目，“用5年时间，把徐工打造成一家扎根于中国、领先于国际的工程机械制造公司”，已成为凯雷集团既定的发展目标。

2. 并购进程

凯雷收购徐工一案可谓一波三折，收购计划也再三变更。

2005年10月25日，凯雷与徐工集团签署“战略投资协议”，拟以3.75亿美元的价格收购徐工集团工程机械有限公司85%的股权。在等待管理层审批的关口，由三一重工总裁向文波的博客所引发的徐工外资并购“博客门”，引起了一场声势浩大的外资并购大讨论，一时成了网络与媒体的热门话题。争论的主要问题有：徐工是否属国家战略产业？徐工被外资收购后可能对中国装备工业造成哪些危害？凯雷获得徐工机械85%的股权，是否会影响到国家的产业安全和经济安全？如何保护和培养中国拥有全球竞争优势的产业，做大做强民族企业，将中国建成一个创新型国家？徐工放弃31.98亿报价的摩根大通而选择报价相对要低的凯雷，是徐工出于综合考虑还是被贱卖？如何从产权交易层面建立规范的国有资产交易程序，确保国家利益不受损害？

2006年7月，商务部据徐工集团上报收购方案，向徐工集团提出了20多个问题进行征询，主要涉及：徐工机械85%股权在徐州产权交易所挂牌交易的过程；徐工机械主要产品种类、规模、市场占有率及技术优势和介入条件；凯雷亚洲基本情况及收购完成后是介入行业还是单纯股权投资；凯雷控制董事会大部分席位，中方利益如何保护；一般基金投资期为6到10年，而凯雷为什么只有4年限制期；徐工是否承担国内军事方面特殊订货，凯雷有无军事背景；交易的价格是否获得国资部门认可等。

不久，徐工集团做出回复。在此期间，国资委和商务部多次召集包括三一重工在内的业内主要企业代表及专家征询意见，而与徐工集团的回复不同，业内在如下几个方面提出不同意见：

一是在徐工集团提供的回复文件中，显示徐工机械在国内同行业中排名第六，前五名分别为徐工集团、一拖、山工、柳工、常工。但业界人士认为，排名第二的一拖不属工程机械行业；常工产值很小，不可能排在徐工之前；其余各家的产值则包含了合资产品的销售收入。另外，徐工机械是徐工集团最为优质的资产，其2005年销售收入不止60亿元。

二是徐工机械的汽车起重机和压路机两大产品市场占有率均超过50%。徐工称自己产品市场占有率低，可能是为了避开反垄断调查。徐工的两大主导产品——50T以下汽车起重机和3立方米以下轮式装载机属限制外资投资产品，其汽车起重机需要国家颁发的汽车底盘生产资质，而徐工的回复并没有如实说明。

三是所谓的“对赌协议”是投资方和融资方对交易不确定性做出的一种安排，对比蒙牛与摩根等海外机构签订的“对赌协议”，徐工的“对赌协议”有利于凯雷受益，而非徐工。

四是在徐工回复商务部的征询中，并没有提及其财务顾问北京鑫兰图公司。但业内人士认为，事实上该公司承担了非常重要的工作，但却并不具备承担相应法律责任的资质和能力。

五是凯雷是否涉及军工方面。徐工回复称，凯雷并不具有任何国防部背景，业务也不涉及军工问题，但事实上凯雷控制的数家企业是美国主要军火生产商，如美国国防工业公司即为凯雷控股。

随后，有报道称徐工被列入装备制造业禁购名单。2006年10月，凯雷与徐工宣布修改原来方案，凯雷将持股比例由85%降至50%，价格为18亿元。这是凯雷首次降低持股比例，并宣称不再进行谈判。之后合资方案又调整为：凯雷持有徐工机械的股权比例下调至45%，徐工集团保持55%的控股权。董事会成员为中方5名，外方4名，首任董事长由徐工集团现任董事长担任。在此基础上，凯雷继续承诺18亿元出资额不变，合资企业保持徐工品牌不变，保持现有经营团队和职工队伍基本不变，帮助合资企业引进发动机、载重车底盘等新项目的计划不变，凯雷直接、间接转让所持股权需得到中方同意等。

但此种方案似乎仍有贱卖之嫌。徐工机械为徐工集团的核心企业，拥有徐工集团主要的经营性资产，旗下共有徐工科技、徐工重型、徐工液压件等10个子公司。徐工机械在国内工程机械行业占据着重要的地位，在全行业140个左右的产品类别中，徐工机械的产品覆盖率达到50%，并在具中20多个产品市场中占据行业的前三名。上市公司徐工科技则是徐工机械的主要资产之一，徐工科技总股本为54508.762万股，徐工机械直接及间接持有徐工科技共计23471.09万股，占徐工科技总股本的43.06%。2005年，凯雷对徐工机械进行资产评估时，徐工科技尚未进行股改，由于徐工机械所持股份不能上市流通，其股权价值以每股净资产计算。其时，徐工科技每股净资产为2.10元，凯雷据此可间接持有的徐工科技股权价值为2.46亿元。2006年12月18日，徐工科技股改方案经股东大会审议通过，徐工机械直接、间接所持股份将可于2007年12月28日、2008年12月28日分批上市流通，其所持徐工科技股权价值可以以市值计算。按照2007年4月18日的收盘价，徐工机械持有43.06%的徐工科技股份市值约为37亿元。如果凯雷收购徐工机械45%股权的方案获得批准，凯雷将因此间接获得37亿元市值的45%，即16.65亿元。除徐工科技之外，徐工机械还拥有另外9家优质资产的国有企业，其中其控股100%的徐工重型效益最好。据悉，徐工机械2006年前三季度实现利润总额为6.2亿元，净利润约为4.1亿元，其中徐工重型净利润约为3.27亿元。资料显示，徐工重型主要产品目前几乎处于市场垄断地位，汽车起重机市场占有率在50%以上、履带起重机市场占有率接近40%。并且，近几年徐工重型的业绩一直比较稳定，业内人士预计其2006年的净利润约为4亿元，净资产收益率在40%左右，公司净资产约为10亿元。①

尽管凯雷收购徐工项目得到了徐州市政府和江苏省国资委的大力支持，在2005年年底就通过了江苏省的审核。但是到2006年，由于国内普遍对外资在中国大规模并购以及国有品牌企业沦陷开始关注，徐工项目遭遇极大的舆论压力。2006年3月，本来已“论及婚嫁”的凯雷收购徐工案渐入阴霾，由于国家有关部委的紧急喊停而一时停顿下来，前景显得扑朔迷离。此前，国家发改委已经派出调研组，连续数次到徐工调查，调查的主要内容就是凯雷的收购动机、项目规范及日后的制度安排。商务部在审查凯雷收购徐工案时也相当谨慎，采用听证会的形式来决定外资并购政策的未来取向。2006年7月，我国商务部、工商总局、国资委等主管外资并购的部门参加了听证，接受提问的是江苏省及徐州市政府官员和徐工集团负责人，所提出的问题集中在凯雷收购徐工机械的重要方面，诸如外资选

① http：//iask. sina. com. cn/b/10230701. html，2011年3月27日访问。

择方式、招标过程的透明程度、交易完成后中方的话语权以及国家产业安全等。由于凯雷作为私人投资基金，不具备长期参与和营运某一行业企业的能力，其将徐工再次转卖的可能性极大，而买方基本上被锁定为卡特彼勒。卡特彼勒在中国工程机械业所进行的战略性侵蚀活动，已经引起中央政府的警觉。正是在这样的背景下，凯雷收购徐工的成功率骤然下降，最终，凯雷并购徐工一案无果而终。

（三）争议焦点

凯雷欲并购徐工引发社会各界广泛关注和强烈反响，当时舆论界展开的争论集中在两个方面：一是在本案中，国有资产是否被贱卖？二是此项并购是否会威胁到我国的国家安全、经济安全？事件过程让我们看到民众舆论对商业谈判乃至国家政策的影响，也生动感受到博弈过程中各方“度”的掌握。①

从本案的曲折经过中不难看出，在国有体制改制的关键时期，一方面企业需要借助外资来提升自身的经济实力和发展前景，另一方面，外资可能会借机压低收购价格，趁机压垮我国行业内的龙头企业，最主要的是，将使得外资对东道国的行业控制增强，从而使得东道国的境内企业和本地民族品牌不得不退出国内市场。在凯雷收购徐工案历时三年多的时间里，行业内的企业家、经济学家和法学界的专家学者，对本案的争议一直不曾停止过。围绕着徐工是否有贱卖国家资产的嫌疑和本案是否涉及国家经济安全的问题，多方各执一词。暂且不论多方的理由是否充分，只是从本案作为国有企业改制期间，面临外资大举进入的情形，我们该如何从制度上、法律上来对外资并购进行规制和防范其对我国的国有企业造成垄断性并购的消极影响呢？从本案的发展进程来看，尽管凯雷并购徐工案一直在我国的法律法规的框架下进行，那么在最后的反垄断审查中，却久拖不决，让外界猜测是否是徐工作为行业龙头企业和国有企业的特殊身份才使得本案悬而未决，最后不了了之。我们应该清醒地认识到，在国有企业改制的特殊关头，尽管通过外资并购可以利用发达国家的雄厚的资金和技术投入，促进我国的产业结构优化升级，并推动国有企业合理利用外资，扩大与跨国公司的合作，但是，外资以其资本性而言，其进入国内市场的唯一目的是盈利，所以，如何避免外资垄断性并购所带来的负面效应，充分

① 吕冰心：《解读2007年外资并购大事件》，载《法人杂志》2007年第12期，第39页。

发挥正面效应，我国有关的法律制度的健全将对国有企业应对外资垄断性并购的冲击起到一定的缓冲作用，这也将对我国相关法律法规的建设和制度完善提出不小的挑战。

（四）防范外资垄断性并购的审查监督制度解析

一般说来，为了优化产业结构，保护国家的经济安全和民族工业，防范外资垄断性并购，政府通常会对一定规模以上的外资并购交易采取相应的监督审查制度，对交易过程进行监管。有学者认为，监管就是由监管者，也就是监管的主体，为实现监管目标而利用各种手段对被监管者所采取的一种有意识的和主动的干预和控制活动。① 那么，对于外资并购国有企业的监管，有学者认为是指我国政府经济管理机关，为了一定的目的，依据我国法律、法规和经济政策等，对外资并购国有企业的行为进行干预和控制的法律行为。② 对外资并购国有企业进行监管，则有利于保护外资并购境内企业的各方当事人的利益，因为在外资并购境内企业的过程中，绝不允许一方侵害对方的利益，政府为了保护并购各方的利益，必须监管各方的并购行为；同时，监管还有利于限制外国投资者并购国有企业带来的负面效应，防止外资的投机行为、规避法律的行为、短期操作等；最后，监管还有利于确保外资并购国有企业符合我国宏观调控政策，尤其是当外资垄断性并购既是行业内的龙头企业、标志企业，又具有国有企业的身份时，更需要政府结合我国的宏观调控目标，对外资的投入进行监管。在对外资并购国有企业进行监管时，如果涉及外资垄断性并购的情况，那么，我国将对其进行反垄断审查，其中有两个重要的审查监督制度，一个是申报审查制度，另一个就是反垄断审查豁免制度。

1. 外资并购国有企业的申报审查制度

在外国投资者并购我国境内企业时，商务主管部门应该从企业并购申报一开始就介入，对其进行监管，尤其是当外资并购我国国有企业的行业龙头和民族品牌时，就更需要进行严格的监管。这就涉及对该项并购所要进行的审查申报制度。该制度必须要明确对外资并购涉嫌垄断进行审查的专门的执法机构、申报义务人和审查批准的程序这三个重要事项。

从目前世界各国在防范外资垄断性并购的立法实践来看，各国就审查

① 赵锡军：《论证券监管》，中国人民大学出版社 2000 年版，第 1—2 页。

② 孙效敏：《外资并购境内企业监管研究》，北京大学出版社 2010 年版，第 33 页。

外资并购是否会造成垄断通常设立了权威性的专门的执法机构。例如，美国的反垄断法的主管机构是隶属于总统的联邦贸易委员会和隶属于司法部的反垄断局。后者的基本职责是代表政府对违反反垄断法的情形进行调查并予以起诉，前者的基本职责是制止商业和贸易领域的不正当竞争行为，保护消费者的利益，尽管它不是一个专门保证反垄断法实施的执法机构，但是它“有权限定和禁止任何一项不正当竞争行为”,[①] 显然，联邦贸易委员会在实施反垄断法方面比司法部的反垄断局具有更大的权力。在德国，承担着企业并购反垄断审查主要职责的主管机构是联邦卡特尔管理局，而联邦垄断委员会是企业并购反垄断审查领域具有顾问性质的机构。[②] 从其他国家的立法实践可以分析得出，作为审查外资并购是否涉嫌垄断的审查机构，为了使该机构能够充分发挥职能作用，必须要保证其具有高度的独立性,[③] 以减少其他机构和部门对其的影响，同时，为了体现制度设计上的有效制约机制，这个机构不应该只是某一个单独的主管部门，而应当是由几个相互能起到制约作用的部门组成，这样既能避免反垄断执法机构在进行审查过程中的片面和主观性，又能充分保护并购案件各方当事人在审查过程中的合法权益。

关于如何确定对外资并购审查的申报义务人是外资并购国有企业时进行反垄断审查制度中的又一个基础的法律问题。如果申报义务人没有依法履行申报义务时，则需要承担一定的行政法律责任，同时，如果其因没有履行申报义务还给其他有关当事人造成了直接的经济损失，则还可能承担一定的民事法律责任。关于如何确定申报义务人的问题，《反垄断法》中并未作出详细的规定，而是在本案例进行过程中，由商务部等六部委在2006年8月8日联合发布了《关于外国投资者并购境内企业的规定》（以下简称《并购规定》），其中第五章专门对反垄断审查作了比较详尽的规定，其中包括对于申报义务人的确定问题。随后，为了进一步清晰界定申报义务人的法律责任和义务，明确具体的申报程序，商务部于2009年11月分别出台了《经营者集中申报办法》（以下简称《申报办法》）和《经营者集中审查办法》（以下简称《审查办法》）。

---

① 张瑞萍：《反垄断法理论与实践探索》，吉林大学出版社1998年版，第249页。

② 史建三、钱诗宇等：《企业并购反垄断审查比较研究》，法律出版社2010年版，第30页。

③ 孙效敏：《外资并购国有企业法律问题研究》，北京大学出版社2007年版，第183页。

根据《并购规定》中的第2条，股权并购与资产并购是外国投资者并购境内企业所采用的主要方式，而股权并购又可细分为购买股权和购买增资。在外国投资者以购买股权的方式对我国企业进行并购时，由于交易双方是股权出让人和外国投资者，如果交易达成，股权出让人随即退出该企业，就不再参与该企业的经营管理，那么该企业涉嫌垄断与否则与他没有任何关系，因此股权出让人不应该是申报义务人，而应当由外国投资者承担申报义务。但是，在国家主管机关审查该项并购是否涉嫌垄断时，因为该出让人对目标企业的信息掌握得更多，在审查主管机关对其进行询问时应积极配合，并承担如实提供相关信息的义务。在外国投资者以购买增资的方式对我国企业进行并购的情况下，交易的当事人是外国投资者和目标企业。当并购完成，目标企业的股东和外国投资者就共同参与到企业的经营管理，一旦该并购涉嫌垄断，那么目标企业的股东和外国投资者均应是申报义务人。但仅根据该规定的相关条文，不能简单地理解为目标企业就不需要承担任何的申报义务，因为要考虑到外国投资者对目标企业的市场份额、经营信息等的了解不如目标企业更清楚、信息更全面，如果缺少了目标企业的协同帮助，单单依靠外国投资者自己去正确履行申报义务则存在着一定的难度。因此，尽管目标企业不需要承担主要的申报义务，但也应当给予外国投资者以必要的协助。另外，在资产并购的案例中，在达成并购协议并履行完交付手续后，就由外国投资者对目标企业的资产进行运营，企业类型也转为外商投资企业，所以说，在资产并购的情况下，申报义务人不是目标企业，而主要是由外国投资者来承担申报的法律责任，但同时目标企业也应当配合申报审查，尽到协助申报的义务。根据《反垄断法》，对申报义务人，却没有明确是由并购交易的哪一方当事人进行申报，所以，既可以是外国投资者，也可以是我国被并购的目标企业，或者是双方共同向主管机构进行申报。《反垄断法》对于申报人资格的规定采取了一种较为宽松的态度，这至少从法律上有效防止了外国投资者会规避我国对并购行为进行反垄断审查的行为。根据《申报办法》第9条的规定，对各种情况下的申报义务人进行了区分，基本上又采纳了《并购规定》中对于申报义务人的确定办法。总之，按照以上的分析，不管外资以何种方式并购我国境内企业，对于进行申报审查的义务人的主体主要是外国投资者，但是我国的目标企业有义务对其申报进行提供资料等辅助性的帮助。

关于外资并购国有企业的审查监管程序，从目前来看，各个国家对审查并购均规定了详细的程序法。例如美国，程序性的规定主要由《1976 年哈特—斯科特—罗迪诺反托拉斯改进法》（英文全称为 *Hart-Scott-Rodino Antitrust Improvement Act of* 1976，简称 HSR 法）及有关实施细则来规定。[①]欧盟在程序方面通过修改《并购审查程序最佳行为指南》，更加注重在申报前与并购当事人进行有效沟通，因为根据主管机构的经验，申报前阶段是整个并购审查中不可忽视的时期，从而更加有利于在初始阶段就对外资并购行为积极地采取审查监管的措施。我国在参考和借鉴了国外发达国家的经验后，对外资并购国有企业的审查监管程序，主要是在《反垄断法》、《并购规定》和《审查办法》中进行了规定，审查监管程序一般需要经过初步审查、举行听证会、进一步审查等，同时，还规定了涉嫌垄断的申报法定标准和审查期限。相较之前的法律法规，在审查监管程序方面有了更具确定性和可操作性的规定。

结合本案的进程来看，由于在六部委并购规定出台之前，涉及对于外国投资者并购境内企业需要进行反垄断审查方面的法规主要有 1999 年公布的《关于外商投资企业合并与分立的规定》、2002 年由国家经贸委等四部委联合发布的《利用外资改组国有企业暂行规定》，以及 2003 年由外经贸部等四部委联合发布的《外国投资者并购境内企业暂行规定》，这些规定尽管摆明了在外资并购审批中政府要积极实施反垄断调查的态度，但却缺乏相应的具体操作细节，所以，在凯雷收购徐工案的一开始，主要是由双方在现有的法律框架下进行谈判，法律上相应的操作细节尚不明确，地方政府出于经济利益的考虑，涉及本案中的角色就是以鼓励和促成为主了，而国家层面的反垄断审查则由于对外资垄断性并购方面的审查监督制度的不明确和缺乏可操作性，而进展不明朗，从而导致并购双方对并购进行成功与否的预期也是不确定的，而反垄断审查执行机构在进行申报的主体和申报的相关程序方面如何需要并购当事人的积极配合也是操作制度模糊，因此，尚不要奢望相关执行机构能够正确完成审查监督机制的履行了。

2. 外资并购国有企业的反垄断审查豁免制度

众所周知，反垄断法理论在实践中的逐渐完善而使得反垄断法豁免制度得以问世。从国外发达国家的执法经验可以表明，即使跨国投资者在并购交易完成后会在相关市场上取得支配地位，也并不意味着一律就要被禁

① 郑泰安、郑鈜等：《反垄断法律制度研究》，四川人民出版社 2008 年版，第 279 页。

止，相反，对于这项并购还会得到允许和鼓励。那么，对于何种外资并购行为才能享受到这种特殊的待遇呢？在理论上，一般认为，国家出于对保障国家安全或者本国经济的健康发展等因素的考虑，在法律上允许某些行业存在垄断或者存在一定的垄断状态及垄断行为，并对其不予追究的特别法律制度，也有人称之为反垄断适用除外制度。[①] 有学者认为，从提高我国企业在国际市场的竞争力的角度出发，除非外资并购国内企业对我国国内市场的有效竞争产生了严重的影响时才需要禁止该项并购，那么对那些不严重损害我国国内市场有效竞争的外资并购项目就应该得到鼓励和批准。[②] 从理论上看，为了维护本国社会公共利益和国家经济利益，对于国家经济发展有重大意义的行业以及通过并购能够对国家整体利益有明显益处的并购行为就成为了反垄断法豁免的主要对象。从目前各国立法实践上来看，这些重点行业领域包括自然垄断行业如铁路、电力等行业和国家特许垄断行业，如农业、金融等行业，以及知识产权的合法行使行为和一些特定的限制竞争协议等。

外资并购国有企业的行为对于东道国经济的影响有利有弊，也使得对并购的反垄断审查在保护了其对经济有利的一面的同时，还需要严格控制其对经济和市场发展不利的因素。上文所介绍的外资垄断性并购的审查监督制度是起到控制外资并购对经济发展的不利影响的作用，而在法律上规定审查豁免制度就是为了保护垄断行为对东道国经济的有利方面的。从这个角度考虑，不难理解为何各国在反垄断法中都规定了审查豁免制度。例如，美国主管机构在 1992 年发布的《横向合并指南》的说明中指出，“实施合理的合并……有利于企业的竞争和消费者的福利。合并控制的目标在于防止反竞争的合并，它同时避免对竞争有利和对竞争中立的合并”。[③] 德国《卡特尔法》也规定了卡特尔豁免的各种条件，日本及其他国家相关法律也有类似规定。但是从其他国家的立法和实践来看，其适用反垄断法豁免制度时，并不是简单地仅仅考虑经济因素，而是更多地考虑国家安全、政治因素，尤其是经济安全。我国《反垄断法》和《并购规定》以及其他有关的立法也不例外，不仅以专门的条款规定了外资并购审查豁免制度，

① 孙效敏：《外资并购境内企业监管研究》，北京大学出版社 2010 年版，第 198 页。

② 许海峰：《外资并购》，人民法院出版社 2005 年版，第 312 页。

③ 孙效敏：《外资并购国有企业法律问题研究》，北京大学出版社 2007 年版，第 193 页。

还考虑到我国的国家安全和经济安全，对外国投资者并购我国境内企业，尤其是国有企业的行业类型以及并购的比例作出了明确的规定，这样，既能保证我国的市场竞争充分有序，在一定程度上提高了国家的市场竞争能力，又能保证我国的政治安全和经济安全。

结合到凯雷收购徐工一案，有学者将凯雷的收购行为上升到威胁我国国家经济安全的高度，不得不为我们敲响了提高应对外资垄断性并购的警钟。考虑到徐工作为工程机械行业的龙头企业，可能还不能与铁路、电力等常规垄断性行业相比，但从另一个角度来考虑，徐工这个国内著名品牌和它的国有企业的身份，都使它不断被看好成为我们国家的世界知名品牌的前景，这也是对本案会有学者质疑此项并购会导致国有企业贱卖的问题的原因。所以，国家政府部门在对本案进行反垄断审查的过程中，不妨参考反垄断法豁免制度，在保护了双方的正当利益的同时，更重要的是，依法对外资垄断性并购进行审查并得出批准与否的结论。

（五）相关法律对外资并购国有企业审查监督制度的评析

1. 参考国外外资并购反垄断审查的理论

2006 年六部委的《并购规定》和 2009 年商务部的《审查办法》，相对于之前的关于外资并购反垄断监管的有关法律文件而言，有了较大的突破，不仅借鉴了国外发达国家外资并购审查理论中较为先进和可行的规定，还对进一步审查后对外资并购的附条件审查决定的实施和监督等问题作出了较为详尽的指导规定。从法律形式来说，我国对于外资垄断性并购国有企业进行审查监督的制度确立是由被称之为“经济宪法”的《反垄断法》的颁布施行来正式确定的。

《并购规定》的第五章专门就反垄断审查制度中所涉及的内容进行了较为细致的规定，包括受理机构、外资并购的反垄断审查标准、具体的审查程序、反垄断审查豁免制度和对外国投资者的境外并购进行审查并提出申报标准这五个方面均有重大的突破。其中，反垄断审查豁免制度和我国反垄断审查机构的域外管辖权制度都是首次提出，也是理论上接纳国外在外资并购反垄断审查方面理论成果的两大亮点。国外很多国家都采纳了美国法院在 1945 年的美国诉美国铝公司（Alcoa）案[①]中因确立“意图效果”

---

① United States v. Aluminum Co. of America, 148 F. 2d 416 (2d Cir. 1945). 转引自尚明主编：《反垄断法理论与中外案例评析》，北京大学出版社 2008 年版，第 427 页。

原则而主张美国反托拉斯法具有域外管辖性的做法，在本国的反垄断法中规定可以适当地延伸本国的管辖权。尽管我国对该制度的采纳较晚，但对于构建系统的外资并购法律制度也是一大进步。据统计，目前全世界约有六十多个国家和地区对境外并购活动规定了审查制度。所以，虽然我国对外资垄断性并购的审查监督制度的规定姗姗来迟，但能够结合我国的并购实践，及时吸取国外的经验，加快对审查监督制度的健全，也是让法学界人士深感欣慰的。

我国《并购规定》第 51 条规定，由商务部和国家工商行政管理总局作为两个接受外资并购审查的机构，还规定了对涉嫌垄断的审查程序中的一项重要的申报法定标准。进而，我国《反垄断法》又对并购申报审查标准提出了强制事先申报制度，但未具体明晰。随后，在国务院 2008 年公布的《申报标准》中采取了营业额标准和强制事先申报制度。这是积极申报的情形，还有消极申报的情形，就是当外资并购所涉及的情形虽未达到投资人积极申报的条件，在《并购规定》的第 51 条同时规定了在某些情况下，我国主管部门对于外资并购也可以主动进行反垄断审查。《并购规定》从积极申报和消极申报的两个角度对反垄断审查作出了规定，有利于我国申报制度的完善，也避免了因申报当事人消极对待而延误对于外资并购的审查监管。所以说，《并购规定》的第 51 条是我国反垄断审查的主管机构进行被动审查或者主动审查的基础和依据。① 这些法律规定均逐步构成了我国初步的外资垄断性并购国有企业的审查监督制度。

不得不说，上述规定对于我国的外资并购反垄断审查进程还是很重要的，尤其是在凯雷收购徐工案的进行过程中，由于我国的《反垄断法》尚未颁布，商务部等六部委的《并购规定》的及时出台，对于我们应对外资垄断性并购该如何操作和进展指出了较为明确的方向。

2. 存在的缺漏及其完善意见

2006 年商务部等六部委的《并购规定》对于我们防范外资垄断性并购国有企业在审查监督程序上提供了较为详细的制度构建。《并购规定》的第 51 条至 54 条，从经营者、消费者等不同的利益群体的角度对如何保护这些利益群体确立了多元化的保护模式。我国 2008 年实施的《反垄断法》更明确以法律的形式规定了防范外资垄断性并购的相应的审查监督机制。

① 田文英：《外资并购与国家安全》，法律出版社 2011 年版，第 74—75 页。

2009年由我国商务部颁布的《审查办法》对外资并购的审查工作进行了具体和更具操作性的规定，对于之前的法律法规中的不完备之处予以进一步明确。尽管我国在外资并购反垄断审查方面已经制定了以上的一些法律法规，初步建立了有章可循的审查监督制度。但是，若仔细对以上的规定进行分析，不难看出，我国有关外资垄断性并购国有企业的审查监督制度也是在凯雷收购徐工案发生之后，随着近年来我国在外资垄断性并购的执法实践，对相关理论进行了广泛和深入的研究的基础上不断地进行完善和改进的。但是，这些理论和法律规定经过实践的检验，仍然在某些方面存在着一定的不足和缺憾，需要进一步完善。

第一，对于规定中所涉及的较为重要的法律术语缺乏明确的解释，导致主管机构进行审查时自由判断的余地较大，这样一来会给外资并购双方当事人的预期带来不确定性。比如《并购规定》中尽管明确了商务部的反垄断审查权，也及时亮明了政府对外资并购尤其是垄断性并购的控制权，但是诸如“重点行业”、“经济安全”、“战略产业”等概念该如何定义，具体包括哪些限定范围，还缺乏一个明确的标准。而且在《并购规定》中，缺乏商务部进行具体审查的程序性规定和审查范围，显然缺乏行政法规所应具有的明确性。再比如，我国《反垄断法》第7条提到了要对国有经济占控制地位的重点行业的经营行为实施监管，这条规定中抽象性的词汇较多，也极易产生理解上的歧义。前文分析的反垄断审查豁免制度在法律法规上的规定也较笼统原则，尚缺乏一个严格的具体量化的标准，那么审查机构自由裁量权就显得比较大。事实上，法律也无法对其进行明确，这样，在实践中，当事人只能根据自身并购的具体情况，自行搜集和准备材料，向审查主管机构说明自己的并购所具有的豁免情节，方可享受到这项豁免制度。

第二，对于反垄断审查规定的内容缺乏科学性，亟待细致斟酌。《并购规定》在涉嫌垄断申报的法定标准上与之前国务院的《申报标准》的第3条并不一致，可以说，新的法定标准更加细化，但举其中一个申报条件“一年内并购国内关联行业的企业累计超过10个”为例，如果一个外国投资者一年之内在我国并购了10个或者10个以上的小企业，但这些企业的营业额总和仍然占有很低的市场份额，那么它根本不具有垄断的优势，如果要求其申报，显然是不科学的，因为并购企业的数量多或少在很多情况下与构成垄断没有直接关系。从某种角度上来说，《并购规定》之所以将并购关联企业的数量来作为衡量申报与否的标准，可能是认为外国投资者在某个行业内并购的企业越多，其对该市场的控制地位就越明显，形成垄断的可能性就越大。但是，考虑到我国境内各种体制形式的企业众多，如果硬性规定外资并购企业的数量，则有点生搬硬套了。如果结合规定外国投资者在某个地区一定时间内并购较多的企业，倒是有可能在该地区形成垄断，妨碍了该地区的市场竞争。

根据前文的法律分析，再参考美国、欧盟及日本的法律规制，不难看出，在对外资垄断性并购进行审查监督的法律问题上，均是通过颁布反垄断法、限制竞争法等法律对外资并购境内企业进行监管和审查。而对于我国现有的法律缺漏，我们可以从以下角度对其健全：第一，可以参考国外的法律理论和实践，全面完善我国的外资并购反垄断审查方面的立法，有必要制定出台一部规范科学、内容完备、法律阶位较高的《外资并购法》。[①] 第二，对于外资垄断性并购国有企业的审查监督应该与并购其他企业在审查标准和审查程序等问题上有更加清晰、明确、统一和权威的规定。其中，我国应该明确哪些产业为关键产业，包括对产业竞争力、控制力、产业结构等方面结合起来进行审查。第三，可以借鉴欧美并购法律程序，充分发挥程序法中的公告作用，引导公众参与并购。[②] 第四，还要以法律规范明确外资并购我国国有企业后造成或者可能造成市场垄断行为的责任，从而进一步完善外资并购国有企业的审查监管的法律制度。

三、外资垄断性并购的经济安全防范——以 FAG 并购西北轴承案为切入点

前文探讨了外资垄断性并购的最基本问题和并购国有企业的审查监督问题，接下来我们以 FAG 并购西北轴承案为切入点来探讨外资垄断性并购的另一个重要问题，就是经济安全防范问题。尽管 FAG 并购西北轴承案发生在 2001 年，且在当时我国的反垄断法尚在讨论之中，但该案成为外资并购中国内地企业的典型，是因为它反映了外资垄断性并购境内企业所采用的“合资——亏损——独资”的三步曲的套路，而且本案中反映出来外资

---

① 谢红霞：《防范外资垄断性并购国内上市公司的立法构想》，《法学》2007 年第 10 期，第 127 页。

② 郑泰安、郑鈜等：《反垄断法律制度研究》，四川人民出版社 2008 年版，第 300 页。

明显有恶意并购的嫌疑。由本案开始，外国投资者和跨国企业大肆进军我国内地市场，并购行业的龙头企业，充分体现了外资并购的双刃剑的作用。历数本案的发展历程，其中反映出来的外资垄断性并购对于我国的经济安全造成的消极影响是显而易见的。笔者将从本案出发，分析本案对外资垄断性并购的经济安全防范的启示，以及对我国经济安全的负面影响，由此提出相应的法律应对。

（一）并购双方

并购方——德国 FAG 公司，是世界第三大轴承公司，德国最大的轴承企业。

被并购方——西北轴承股份有限公司地处宁夏银川市，是大型国有骨干企业。这个企业产品中的铁路轴承一项，合资前占全国市场的 40%，利润占全公司的 40%。该企业的 NXZ 商标是国家驰名商标，西轴也是宁夏回族自治区的利税大户。但由于大量产品滞留在流通环节，到 2000 年，企业资金沉淀达 6 亿元，每年欠银行利息 4000 多万元，企业陷入困境。

（二）并购案情简介

西北轴承是位于宁夏的一家全国机械行业中轴承行业的龙头企业，也是全国轴承行业中的首家上市公司。该公司拥有铁道部批准生产铁路轴承的资格，产品占全国铁路轴承市场的 25%，仅铁路轴承一项的利润就占全公司的 40%，在行业内的地位举足轻重。但是由于资金沉淀的困境，西北轴承决定合资，它选中的合作公司是德国在轴承生产行业比较著名的 FAG 公司，经过多次洽谈之后，双方于 2001 年 12 月，达成合资协议，FAG 公司持有 51% 的股权，西北轴承持有 49% 的股权。德方以 2% 的微弱股权差额，占据了企业管理、生产、销售等方面的绝对领导地位。合资公司在最初三年的运转中，德方并未对企业进行技术改进，导致企业连年亏损，不得不以追加投资的方式救活企业，在资金严重匮乏的情况下，西北轴承只好将自己持有的 49% 的股权卖给德国依纳公司（FAG 公司新的控股股东），这样，就由德方对其进行了完全的控股。而在完全控股之后，德方通过技术改进和生产管理，迅速使得原来的企业转亏为盈。而中方在这次合并中却什么都丧失了。原合资公司经营的中国品牌更换为德国的品牌，德方独占了原中方拥有的生产铁路轴承的合法资格。①

总之，在 FAG 并购西北轴承案中，外资利用了中方在资金上的需求，而采取了垄断性并购的方式，取代了西北轴承在国内轴承行业的重要地位，而西北轴承在这次并购中却落得两手空空。这个结果，带给西北轴承的无疑是非常严重的不良负面影响。

（三）本案对外资垄断性并购的经济安全防范的启示

纵观 FAG 并购西北轴承案的进展始末，不得不说，西北轴承落得如此悲惨的结局，真是令人扼腕。本案也反映出来我国境内企业在引进外资时，急于求成，不仅放弃了本身在产业技术和市场方面的优势，最重要的，还放弃了对于自身企业的控股权，使得自己最后被外国投资者清理出局。另一方面，本案也反映出来，在当时，盲目地引进外资，以求发挥外资对国内企业带来的规范外资并购方面的法律规制还相当欠缺。从西方国家在规制外资并购方面的立法和实践经验来说，对外资并购国内的重要行业一直进行严格的管制，进行积极有效的行政和法律干预。② 而根据《中国产业地图 2005—2006》指出，我国现有的已开放产业的前 5 名基本上都在外资公司的控制之下。③ 所以，我国也急需对外资垄断性并购国内的重点行业或者重点产业的行为进行法律上的规范和监管。不得不说，面对着来势汹汹的外资并购大潮，尤其是像本案这样，因为外资垄断性并购而造成的市场垄断行为，不仅破坏了市场竞争秩序，使得相关行业的国内企业面临着垄断巨头在国内市场的霸主地位，自身难保，最重要的是，外资垄断性并购的行为已经威胁到我国有关的产业安全和经济安全形势。在这种情况下，就更应该引起我们高度的重视，从法律上从制度上给予国内行业龙头企业应对外资垄断性并购的防范保护。

（四）结合本案看外资垄断性并购对我国经济安全的负面影响

1. 民族品牌和企业发展受到限制

民族工业作为我们国家在不断地探索和实践中发展壮大的产业，其在整个国家经济产业中占有重要的一席之地。但是，从 20 世纪 90 年代开始，

---

① 田芬：《浅析外资并购的负面影响——从西北轴承外资并购案谈起》，《管理》2008 年 1—2 月合刊，第 72 页。

② 蔡亮：《西轴之痛》，《经营管理者》2007 年第 2 期，第 96 页。

③ 中国产业地图编委会、中国经济景气监测中心：《中国产业地图 2005—2006》，社会科学文献出版社 2006 年版，第 84 页。

外资大举进入我国国内市场，其在选择并购对象时，更加青睐那些已经在国内相关行业发展较为成熟的大品牌、龙头企业，从而可以借原有的产品效应轻而易举地扩大自身的市场份额。所以，在这几年发生的外资并购案件中，经常可以看到很多大公司大品牌的影子。在外资对我国相关行业进行并购时尤为看重对品牌的控制。这种控制是为了避免东道国仍持有该品牌而影响到外资进入后的品牌规划，如果跨国投资者完全拥有该品牌，那么其可以实现自身对品牌的开发和控制的全部决定权了。跨国投资者实现对东道国品牌的控制，主要是在并购国内企业的同时，全盘接手国内企业，进而取得国内品牌的使用权或者制约中方使用原有品牌。[①] 中方原有的品牌不仅仅体现了企业的无形资产的重要性，更有意义的是，该品牌还体现了原有企业在行业市场上的占有率和口碑效应。但是在外资垄断性并购境内企业之后，原来的国内知名品牌往往会遭到抛弃。比如，原来在国内洗涤市场很有知名度的活力 28、熊猫等品牌，如今大多在市场上销声匿迹。[②]

结合本案的发展来看，外资对我国境内企业垄断性并购对我国民族企业的发展造成了比较显著的消极效应。资本的逐利性使得外资企业选择并购对象时更多地看重投资的低风险和高回报，于是外资并购的我国境内企业基本上都是我国在各个行业的龙头企业或标志性企业，接着通过逐渐获取对企业的所有权或绝对控股权，独占该企业，这样，将导致我国相关行业或产业的经济安全受到一定的威胁。从西北轴承被 FAG 并购后的发展进程来看，确实体现了外资垄断性并购对我国的民族企业所带来的恶劣后果。而且，从本案中，也体现了我国一些自主品牌和知名品牌的丧失。通常，跨国公司会采取两种手段来处理我国的自主品牌：一个是对于和外资自有品牌定位重合的产品品牌，将不再使用该国内品牌，使其逐渐在市场上销声匿迹，逐渐淡化出消费者的视野；另一种手段就是对于仍然有利用价值的国内品牌，跨国公司通过重新对该产品品牌进行塑造，为自己所用。本来，我们希望通过引进外资的方式，用本国国内的巨大市场发展潜力来吸引跨国企业的进入，从而实现我国相关产业的技术升级和换代更

---

① 朱一飞、陶丽琴：《外资品牌控制和技术控制及法律对策》，《行政与法》2008 年第 10 期，第 33 页。

② 蒋志敏：《基于产业安全的外资并购分析》，《生产力研究》2007 年第 24 期，第 93 页。

新，但是在多年的合资经营之后，跨国企业一边始终对我国相关行业的技术发展设置层层壁垒，一边又从中国企业那里学会了应该怎样去理解中国的市场发展和中国的国情，那么到最后，跨国企业就可以抛开中资企业而自己发展了。从本案中，也可以看出，西北轴承被FAG并购后，自己原来的知名品牌已成为他人的品牌，完全是在为他人做嫁衣了，从而使得本来作为我国民族工业的代表企业被外企踢出局，导致我国相关的民族产业发展受到了来自跨国企业的压制。

2. 阻碍我国企业的创新能力发展

对于外资对我国行业内的龙头企业实施垄断性并购，将导致该龙头企业的创新能力大大弱化。如同在本案中，我国政府和企业是抱着用市场换技术的心态来对待外资的并购，尽管在收购谈判中也设置了一些法律依据，尽量保存自己的品牌和吸取外资企业的技术和创新来发展，但是出于对先进的科学技术是跨国公司的核心生产力的理解，跨国公司自然会对本企业的新技术采取严格的保密措施，不会轻易传授给我国本土企业。而被并购的我国本土企业原来的科技研发部门却遭到了跨国公司的冷淡对待，不是被抛弃，就是仅仅只能从事一些基础性的产品或科技的研发工作，从而完全失去自主研发和自主创新的机会。① 从FAG并购西北轴承案的发展态势和最终结果来看，本来西北轴承是希望能通过与FAG的合资，从中学习德方在铁路轴承方面的先进技术，并试图依靠德方的资金优势，把西北轴承这个企业更好地发展下去。但是，从本案最后的结果来看，西北轴承的这一想法，在德方严格保密自己的先进技术、又不对合资后的企业提供先进的管理经验和制度的双重防备下，最终无疾而终。可见，外资对我国垄断性并购时，还是对我国企业高度防备的，而我国企业只能在一味地对跨国企业的产品进行模仿和参考的基础上参与激烈的国际市场竞争。如果这种情形一直持续下去，那么对于我国企业先进技术的知识积累和企业创新能力的强化都将受到一定的阻碍，最终将威胁到本土企业的国际竞争力。②

---

① 王前超：《跨国公司战略性并购投资对我国产业安全的影响及对策》，《新金融》2006年第7期，第30页。

② 张金清、吴有红：《外资并购对我国经济安全的潜在威胁分析》，《复旦学报（社会科学版）》2010年第2期，第7页。

从本案出发，联系跨国公司随后在我国进行的一系列并购来看，不难发现，外资垄断性并购对我国企业的创新能力的消极影响是明显的。首先，一旦外资并购成功，跨国公司取得企业的经营权，就会采取重新独资设立企业研发部门的方式，严格控制产业核心技术，杜绝这些技术的外泄，从而使得合作企业对该技术的核心部分仍然无从得知，不能从与外资合作的过程中改进自己的生产技术，也就使得原来的企业仍然只能处于较为低端的产业链条之中。在本案中，FAG 的进入不仅没有给西北轴承带来新的研发技术，反而借此机会，一直对自己的技术保密，使得西北轴承内外交困，不得不退出该合资企业，被市场所淘汰。其次，跨国企业以其庞大的资金和技术优势，进一步对我国的核心人才和有关的知识产权进行集中式掠夺，从而在根源上就扼杀了我国相关行业的自主创新能力，这也将挤压我国在产业升级和知识产权保护中进一步拓展的空间。再次，我国一些企业在奋斗多年后，才逐渐提高了一定的创新能力，逐步建立起了自己的知识产权体系，但是一旦企业被外资垄断性并购，那么原来的体系也就荡然无存，跨国企业不费吹灰之力就可以将原来企业的知识产权收入囊中。对此，有研究者指出，国家要担心核心技术研发的主导力量，调整科技发展战略，放弃以往“引进——吸收——创新”的路径，自主研发高端核心技术，改变我国技术结构，提升我国在国际分工中的地位。① 这也是我国企业在面对外资对其进行垄断性并购时的出路之一。

3. 行业垄断的消极效应日益明显

在外资垄断性并购我国龙头企业之后，原来的国内企业在市场上的影响力有了充足的外资资本的支持，市场支配力愈发增强，进而在市场上占据大部分的市场份额，使得垄断及限制竞争的行为屡屡发生，最终导致该企业迅速处在垄断地位。事实上，在 FAG 并购西北轴承案发生之后，迅猛增长的外资并购事件使得某一行业内频频发生限制竞争的行为，对我国经济安全的消极影响也越来越明显地表现出来，这不得不引起我们的重视。

由于龙头企业在市场份额和行业竞争力等方面在国内市场上的优势明显，所以一旦龙头企业被外资垄断性并购，必然会导致产业集中度大幅增加。无论前文提到的汇源果汁、徐工集团，还是本案的西北轴承，在行业

① 任强：《产业安全视角下的我国产业结构弱化实证研究》，《商业时代》2009 年第 20 期，第 44 页。

内部均处于领头羊的地位，其对行业内其他企业的影响力也可见一斑。因此，如果不从法律和制度上对此类外资垄断性并购予以监管控制，那么，按照市场竞争规律，由于该行业市场缺乏有效的、充分的竞争而最终导致该企业对市场的垄断，进而也就对我国的相关产业和市场发展形成阻碍，甚至会妨碍到我国的经济安全。

（五）相关法律对经济安全防范的规制评析

1. 解读相关法律对经济安全防范的规制

面对外资垄断性并购国内企业对我国的经济安全造成的种种威胁，我们如何从法律规制方面进行防范就成为本案给予我们的最大启发和思考。稍加整理，可以发现，我国在改革开放之后，面对外资大举进入国内市场的情形，在理论和实践上通过借鉴其他国家的成功经验并结合我国实际情况的基础上，对如何防范外资垄断性并购对我国的经济安全带来的不利因素的法律问题，国务院以及商务部等政府部门出台了一系列的法律文件。其中，仅从2006年到2008年就陆续颁布了《国务院关于振兴装备制造业的若干意见》（以下简称《振兴意见》）、《关于外国投资者并购境内企业的规定》（以下简称《并购规定》）、《利用外资“十一五”规划》、《上市公司收购管理办法》、《外商投资产业指导目录（2007年修订版）》等法律文件，初步形成了外资并购的国家经济安全防范机制体系。在2006年2月出台的《振兴意见》中就明确规定了“大型重点骨干装备制造企业控股权向外资转让时应征求国务院有关部门的意见”。从这条规定就可以显示出国家对于外资并购国内重点行业的骨干企业时实行严格的控制和监管。2006年商务部等六部委联合颁布的《并购规定》中就明确了需要进行反垄断审查。其中第12条规定了涉及国家经济安全行业的外资并购行为的审查和监督制度，从而也为我国在经济安全防范方面对于境内企业如何应对外资垄断性并购指明了方向。接着在同年11月出台的《利用外资“十一五”规划》中明确提出要“加强对外资并购涉及国家安全的敏感行业重点企业的审查和监管”。该规定也进一步重申了我国对于外资并购的经济安全防范的力度和决心。

继而在2007年8月颁布实施的《反垄断法》第31条则明确规定，“对外资并购境内企业或者以其他方式参与经营者集中，涉及国家安全的，除依照本法规定进行经营者集中审查外，还应当按照国家有关规定进行国家安全审查”。据此，我国正式从法律的角度对外资垄断性并购对国家经济安全的防范予以了明确的规定。结合商务部等六部委联合发布的《并购规定》，已经基本构成了我国对外资并购中的垄断行为的法律制度防范体系。但是，这个法律体系还是不太完善的，根据我国在外资垄断性并购案件的审查实践中的运用，可以看出，无论是实施细节还是概念界定，均需进一步明晰和健全。

尤其是在外资垄断性并购我国相关行业的龙头企业时，现有的法律法规对外资垄断性并购造成经济安全的防范还不足，同时，由于我国在国有企业的资产监管和交易审查制度方面仍有不完备之处，而地方政府往往出于一味地谋求政绩的考虑，大力促成外资并购地方企业而忽视了对引入外资的监管，导致在并购交易中经常会出现对我国企业的资产评估会比较宽松，使得股权转让给跨国企业的价格偏低，从而造成一部分的国有资产将会在外资并购事件中流失。另外，跨国公司在并购进行过程中还常常通过非法融资、商业贿赂等一些不正当竞争手段来促成并购的顺利完成。[①] 因此，现有的法律制度对于外资垄断性并购的经济安全防范还需完善和加强。

2. 有关经济安全规制的缺憾及其健全完善

从以上对涉及经济安全的法律法规的介绍和分析来看，《振兴意见》和《利用外资“十一五”规划》对于跨国并购的反垄断审查都只有指导性和方向性的意见而没有具体内容。而《并购规定》尽管及时表明了政府主管部门要对外资并购进行经济安全审查，却缺乏对“重点行业”、“影响国家经济安全”等词汇的明确的界定标准。而上升到法律角度的《反垄断法》虽然第一次在基本法律的层面上对外资垄断性并购的经济安全防范的问题进行了简要规定，并提供了更高层面的法律依据，但是《反垄断法》第 31 条只是一个原则性的规定，其中，“按照国家有关规定进行国家安全审查”中的“有关规定”目前只是一些部门规章，从而使得在国家安全审查制度的操作层面上，反垄断审查与控制的法律依据的效力层次仍然较低。综合其他法条的规定也不难看出，《反垄断法》在国家产业安全和经济安全防范方面的具体规定囿于法律的行文原则性而笼统不详尽，而且仅仅依靠《反垄断法》这一部法律是难以完成外资垄断性并购的经济安全防

---

① 彭先晚、马丰宁、李明坤：《外资并购上市公司对我国经济安全的影响》，《内蒙古农业大学学报（社会科学版）》2007 年第 4 期，第 83 页。

范的重任的。再加上上述各项法律法规较为分散，在有些制度和程序、标准等方面尚未形成完整的法律体系，而且立法效力阶位低下，法律的权威性不足。同时，法律法规政出多门，缺乏法规之间的协调性。不仅在上文所提到的法律法规有一定的缺漏，而且从整体上来看，我国作为发展中国家本身的经济发展和开放程度已经吸引了大量的外资涌入国内市场，但是我国却缺乏合法有效的法律规制，而相应的法律规制的缺失，又使得外资对于我国重点行业的龙头企业采取垄断性并购的威胁加剧，从而对我国的经济安全造成一定的负面效应。

从以上法律法规的分析可以看出，只有以专门性立法建构和完善我国经济安全审查法律制度，明确以法律的形式来凸显国家经济安全在防范外资垄断性并购中的重要性，才能充分发挥我国在保护国家利益尤其是保护经济安全方面所应有的作用。总之，当前我国现行的关于外资垄断性并购的经济安全防范的法律规定还不完善，亟需对这些法律制度进行完善健全。

第一，当务之急是需要建构国家经济安全体系，全方位地对我国的经济安全进行防范保护，同时建立健全关于外资并购和公平竞争方面的法律法规。国家经济安全体系的功能在于能够及时反映国家经济运行中出现的不利因素，并及时采取有效措施，最大限度地限制那些或显性或隐性的损失。建立这个体系，一是需要确定一个主要负责部门，该部门职能主要是对外资垄断性并购进行防范，而这种防范是通过监测、预测并报告国家经济安全形势的途径进行的；[①] 二是需要构建国家经济安全预警体系，帮助政府避免经济决策的失误，及时掌握国家经济安全的动态和形势，减少市场开放可能带来的利益损失，[②] 从而在宏观上防范外资垄断性并购对我国经济安全所造成的消极影响。

第二，亟待建立系统的经济安全审查制度。根据前文的分析，该制度应以专门法律的形式加以确定，才能真正树立起国家安全、经济安全审查制度的权威性，同时还能解决原有的各类法律文件矛盾的、相冲突的、操作性不强的问题。翻阅国外的立法和执法实践，可以看出，许多国家都通

① 夏惠芬：《浅议跨国企业在华并购和经济安全》，《现代商业》2010 年第 14 期，第 27 页。

② 彭先晚、马丰宁、李明坤：《外资并购上市公司对我国经济安全的影响》，《内蒙古农业大学学报（社会科学版）》2007 年第 4 期，第 83 页。

过了形式多样的立法对外资并购进行国家安全和经济安全的审查，尽量控制和解除外资并购对本国经济安全的不利影响。例如美国，其对外资并购的国家经济安全审查，主要是依据《1950 年国防生产法》和 1988 年通过的“埃克森—弗罗里奥”条款（Exon-Florio Provisions），该条款赋予美国总统在特定条件下具有否决外资并购的权力，但是否决的理由仅限于危及国家经济安全的情形。[①] 加拿大政府在 1985 年颁布实施并于 2005 年修正的《加拿大投资法》的制定目标就是要保护本国的国家安全，并对可能损害国家安全的外国投资提供审查机制。[②] 日本、欧盟等对于经济安全审查的具体执行也均有相关的法律规定。目前，我国针对外资并购的国家经济安全审查尚未进行专门的立法，只能在各个有关外资并购上市公司法规的具体条款中可以找到一些类似的法律规定。比如，《关于向外商转让上市公司国有股和法人股有关问题的通知》第 1 条规定：“上市公司向外商转让国有股和法人股，应当遵循国家法律法规，维护国家经济安全和社会公共利益。”因此，我国不妨借鉴美国、加拿大等发达国家的立法经验，在符合我国国情的情况下，制定专门的外国投资管理法规，从而对有关外资并购的一系列法律问题进行全面的规定，既可以达到防范外资垄断性并购对我国经济安全造成威胁的目的，还可以提升我国相关职能部门在对外资并购事件进行反垄断审查时依法得出审查结论的信心。

四、其他经典案例解读

上文选取了我国近年来较为经典的外资垄断性并购的三个案例，从中提取了最具代表性的我国在外资并购方面所蕴含的法律问题，以期对我国的法律制度的完善提出理论和实践上的借鉴。除此之外，我国还涌现出了许多其他不同行业的外资并购案例，如商务部附限制性条件批准的两起经营者集中案、柯达并购中国感光材料企业案、SEB 集团并购苏泊尔案等，均从不同角度不同行业折射出我国在外资并购方面的现实问题和矛盾，以期引起学界的关注和思考。以下择其典型简要介绍并加以评述——

① 胡伟：《外资并购上市公司市场效应和绩效研究》，湖北人民出版社 2010 年版，第 67 页。

② 叶军、鲍治：《外资并购境内企业的法律分析》，法律出版社 2008 年版，第 155—162 页。

（一）商务部附限制性条件批准两起经营者集中案①

2009 年 9 月 28 日及 29 日，中华人民共和国商务部（简称“商务部”）相继发布公告：附限制性条件批准美国通用汽车有限公司（简称“通用汽车”）收购德尔福公司之交易，以及美国辉瑞公司收购惠氏公司之交易。其中，通用汽车收购德尔福的交易在先前已获得美国及欧盟的反垄断执法机构的无条件批准；辉瑞公司收购惠氏公司的交易依然等待美国反垄断法执法机构的批准，而欧盟则附条件批准该交易：要求辉瑞公司剥离部分动物保健品资产。继商务部于 2009 年 3 月 18 日禁止可口可乐收购汇源公司及于 2009 年 4 月 24 日附限制性条件批准三菱丽阳收购璐彩特公司之后，该等决定是 2009 年另两个值得关注的案例。该等并购案对于进一步理解商务部如何进行反垄断审查具有重要的指导意义。

结合商务部的上述两项决定，尤其是其所关注的竞争问题及其所附加的限制性条件，笔者将对商务部就经营者集中反垄断审查所采取的思路及它对中国未来的并购控制审查所产生的影响进行简要的评析。

1. 通用汽车收购德尔福案

① 商务部的竞争关注

相关市场的界定：首先，商务部认为通用汽车与德尔福的产品和业务没有横向重叠，但其在上下游市场中存在纵向关系。为此，商务部将相关市场界定如下：就通用汽车的产品而言，相关产品市场界定为汽车乘用车市场和汽车商用车市场；两个相关产品市场的相关地域市场均为中国市场。就德尔福的产品而言，相关产品市场界定为 10 个独立的汽车零部件市场，它们分别是汽车电子电气传输系统市场、汽车连接系统市场、汽车电气中心市场、汽车热能系统市场、汽车娱乐和通信市场、汽车控制和安全市场、汽车安全系统市场、汽车汽油发动机管理系统市场、汽车柴油发动机管理系统市场、汽车燃料供给和蒸发产品市场；以上 10 个相关产品市场的相关地域市场均为中国市场。

竞争影响：基于通用汽车在全球和中国汽车市场的领先地位，以及德尔福在全球和中国汽车零部件市场的领先地位和增长态势，并考虑到中国相关市场的竞争状况，商务部认为该并购交易可能具有以下排除、限制竞

① 《商务部附限制性条件批准两起经营者集中案件之评析》，http：//blog. sina. com. cn/s/blog_ 53dd39a40100ffrz. html，2011 年 3 月 28 日访问。

争的效果：

首先，由于德尔福是国内多家整车厂的独家供应商，该并购交易将有可能对德尔福对国内其他汽车制造企业的供货稳定性、价格和质量带来不利影响；

其次，由于该交易完成后，基于通用汽车对德尔福董事会的介入，通用汽车有可能获得德尔福掌握的国内其他汽车制造企业的研发技术、车型资料等竞争信息；

再次，考虑到该交易完成后，通用汽车与德尔福的紧密关系，如国内其他汽车制造企业在转换零部件供应商，德尔福有可能采取拖延和不配合策略，如提高转换成本；

最后，通用汽车有可能在交易完成后增加自德尔福的汽车零部件采购，提高国内其他零部件企业进入通用汽车采购渠道的难度，使国内其他零部件企业和德尔福相比处于不利地位。

根据中国某媒体的报道，商务部反垄断局于2009年9月18日召开了关于“通用收购德尔福”经营者集中反垄断审查的闭门会议。在该闭门会议上，作为德尔福在中国的主要合作伙伴之一的奇瑞汽车，及中国汽车流通协会均表达了其对该并购交易的担心：（a）德尔福的各个方面的优质资源将向通用汽车倾斜；（b）研发与技术等竞争核心信息的泄露；（c）德尔福对其他汽车生产商的断货问题。由此可见，商务部就该并购交易的决定似乎考虑到前述担心。因此，商务部的该等做法似乎鼓励并购当事人的竞争者及其客户在并购审查过程积极发表其对特定经营者集中案件的意见。

② 救济方案

就通用汽车收购德尔福的交易，商务部决定附加以下限制性条件，以消除其对该经营者集中案件的竞争关注：

第一，集中交易完成后，通用汽车、德尔福应保证德尔福及其控股和实际控制的关联企业将继续对国内汽车厂商无歧视性地供货，并且承诺将一如既往地确保供货的及时性、可靠性及产品质量，确保在供货的价格和数量上依据市场规则和已达成的协议而定，不应附加会直接或间接排除、限制竞争的不合理条件；

第二，集中交易完成后，通用汽车不得非法寻求获得德尔福掌握的国内其他汽车厂商的竞争性保密信息，德尔福不得非法向通用汽车披露其掌握的国内其他汽车厂商的竞争性保密信息，双方不得以正式或非正式的方式非法相互交换和沟通第三方的竞争性保密信息；

第三，集中交易完成后，通用汽车、德尔福应保证德尔福及其控股和实际控制的关联企业应客户的合法要求，配合客户平稳转换供应商，不得故意拖延或设置、主张限制性条件，以提高其他整车厂商的转换成本，从而达到限制竞争的效果；

第四，集中交易完成后，通用汽车应当对其所有汽车零部件的采购继续遵循多源供应和非歧视原则，在符合通用公司相关要求的条件下无歧视性地采购，不得专门制定对德尔福有利而对其他供应商不利的不合理条件。

③ 评析

尽管在三菱丽阳收购璐彩特公司案中，商务部曾在其决定提及纵向并购（vertical merger）所可能产生的反竞争效果，但是，通用汽车收购德尔福的交易是商务部附限制性条件批准的第一个纯粹的纵向并购案件。就纵向并购案件而言，在欧盟及美国等国家，其反垄断执法机构重点关注所谓的封锁效应（foreclosure effect）：即并购完成之后，相关主体是否有能力（ability）和动机（incentive）通过其在某个或多个市场上的支配地位去封锁其竞争对手或其客户。此外，该等反垄断执法机构也会关注合并后的相关主体是否可能得以接触到上游或下游竞争对手的敏感商业信息。

表面上看，在通用汽车收购德尔福案中，商务部的竞争关注（德尔福对中国汽车制造商的持续供应、通用汽车无歧视性的采购德尔福的汽车零部件、德尔福不得非法向通用汽车披露其所掌握的国内其他汽车厂商的竞争性保密信息）似乎遵循了欧盟反垄断执法机构所适用的竞争评估方法。然而，商务部在其决定中并未包含任何证据或分析以证明：（a）在交易完成后，通用汽车和德尔福有能力和动机分别封锁其竞争对手或客户；（b）前述封锁效应对相关市场有效竞争的影响。

就商务部的审查时限而言，对通用汽车收购德尔福的交易附限制性条件批准是于第一阶段的初步审查之前结束的。如英博集团收购 AB 公司案一样，商务部在初步审查阶段就附加限制性条件而批准交易。由此可见，商务部有可能在初步审查阶段接受经营者就集中案件而提出的救济方案而批准相关的并购交易。

还有一点值得关注的是，商务部在其决定中并未规定通用汽车及德尔福遵守相关限制性条件的期限。换言之，该决定并未明确该等限制性条件的履行在多长时间内能消除该并购交易所产生的不利于竞争之效果。因此，考虑到其业务将有可能无限期地受到商务部的监管，德尔福及通用汽车似乎将承担繁重的合规性遵守责任。同时，中国汽车厂商有可能利用商务部就该并购交易而附加的限制性条件以提高其与德尔福进行商业谈判的地位，从而争取一项对其更有利的交易。再者，考虑到所附限制性条件的无期限之特点，且商务部的决定并未包含类似于欧盟适用的复审条款（review clause）①，德尔福及通用汽车在多大程度上可基于市场情况的重大变化向商务部提出申请对相关限制性条件提出修改或替代，将有待商务部进一步明确。

2. 辉瑞公司收购惠氏公司案

① 商务部的竞争关注

相关市场的界定：根据商务部的决定，本并购交易所涉及的相关产品市场是人类药品和动物保健品，辉瑞公司与惠氏公司在中国境内市场存在如下重合产品：一是人类药品，具体包括 J1C（广谱青霉素）和 N6A（抗抑郁和情绪稳定剂）；二是动物保健产品，具体包括猪支原体肺炎疫苗、猪伪狂犬病疫苗以及犬用疫苗。而本并购交易所涉及的地域市场则是中国境内市场（指中国大陆地区，不包括香港、澳门及台湾）。

竞争影响。首先，根据商务部掌握的数据，双方合并后在该市场的份额为 49.4%（其中辉瑞公司为 38%，惠氏公司为 11.4%），远高于其他竞争对手，排名第二位的英特威市场份额只有 18.35%，其他竞争者的市场份额均低于 10%。为此，商务部认为：合并后实体将有能力利用其规模效应扩大市场，进而控制产品价格。其次，鉴于本次经营者集中完成后的 HHI 指数为 2182，增量为 336，因此，商务部认为：中国猪支原体肺炎疫苗市场属于高度集中的市场，此项集中将产生限制或排除竞争效果。再者，考虑到药品研发成本高和周期长之特点，且根据市场调查显示，进入猪支原体肺炎疫苗市场的技术壁垒更高，为此，商务部认为：辉瑞公司收

---

① 在欧盟，无论何种类型的救济，承诺通常包括一个复审条款。该条款将允许欧盟委员会在收到当事方以正当理由提出的请求时允许延长期限，或者在例外的情况下放弃、修改或替换承诺。

购惠氏公司后，很可能利用其规模优势进一步在中国扩张市场，打压其他竞争者，限制其他企业在该领域的发展。

② 救济方案

就辉瑞公司收购惠氏公司的交易，为减少该交易对中国猪支原体肺炎疫苗市场竞争产生的不利影响，商务部决定附条件批准此项集中，要求辉瑞公司履行如下义务：

a. 剥离在中国境内（指中国大陆地区，不包括香港、澳门及台湾）辉瑞旗下品牌为瑞倍适（Respisure）及瑞倍适—旺（Respisure One）的猪支原体肺炎疫苗业务。

b. 被剥离业务包括确保其存活性和竞争性所需的有形资产和无形资产（包括知识产权）。

c. 辉瑞公司必须在商务部批准此项集中后六个月内通过受托人为被剥离业务找到购买人并与之签订买卖协议。

d. 购买人应独立于集中双方，必须符合预先设定的资格标准，并需经商务部批准。

e. 如果辉瑞公司在商务部批准此项集中后六个月内未能找到购买人，商务部有权指定新的受托人以无底价方式处置被剥离业务。

f. 在六个月剥离期内，辉瑞公司应任命一名过渡期间经理，负责管理拟剥离业务。管理应以拟剥离业务利益最大化为原则，确保业务具有持续的可存活性、适销性和竞争力，并独立于双方保留的其他业务。

g. 剥离后三年内，根据购买人的请求，辉瑞公司有义务向购买人提供合理的技术支持，协助其采购生产猪支原体肺炎疫苗所需的原材料，并对购买人的相关人员提供技术培训和咨询服务。

③ 评析

该决定是商务部于 2009 年 4 月 24 日附限制性条件批准三菱丽阳收购璐彩特公司之后适用结构性救济（structural remedy）的第二个案例。与第一个案例类似，商务部审查横向并购（horizontal merger）案件时似乎十分关注市场份额和市场集中度。然而，在欧盟及美国等更为成熟的反垄断执法领域，市场份额及市场集中度仅作为评估一项经营者集中案件的潜在反竞争效果的起点。该等反垄断执法机构将重点评估横向并购可能产生的反竞争效果：非协作效果（non-coordinated effect）[①] 及协作效果（coordinated effect）[②]。

针对辉瑞公司收购惠氏公司之交易，商务部适用结构性救济的做法十分接近于国际惯用的反垄断审查规范。然而，与欧盟及美国的反垄断审查决定不同，商务部在其决定中未提及相关当事人所提出的陈述意见及申辩意见。同时，商务部亦未就并购审查过程中可能需要考虑的其他因素，比如抵消性买方力量（countervailing buyer power），市场进入（market entry）及效率抗辩（efficiency defence）。总言之，与商务部先前的经营者集中审查的案例一致，商务部得出相关结论的依据及分析有待加强。

综上所述，上述两个经营者集中审查的决定进一步表明商务部就涉及中国竞争因素的纯粹境外并购（即外国公司与外国公司之间的并购）进行反垄断审查的态度和做法。同时，我们认为，并购案件的反垄断审查在中国监管范围内将不再是一个一触而就的程序性过程，以往仅提交大量文件资料而按照惯例等待商务部的同意或未作出决定的日子早已成为历史。为此，并购交易的相关方有必要及早识别在中国进行反垄断审查所面临的法律风险（如交易被附加限制性条件通过），从而做好相应的应对和安排（如就交易准备好相关的替代方案及准备好救济方案以消除商务部的竞争关注）。

（二）柯达并购中国感光材料企业案

1. “98 并购协议”

20 世纪 80 年代初期，美国柯达公司开始进入中国市场，当时是以中国公司引进柯达的彩色线技术这种间接的方式进入中国市场的。当时，柯达公司觉得中国的投资环境很不成熟，没有投资中国市场的计划。为了销售其产品，柯达公司仅仅在北京、上海、广州设立了办事处。由于柯达公司一开始并未看好中国市场，其产品销售曾一度落后于其主要竞争对手日本富士公司。1994 年，柯达相纸在中国市场的占有率不足 10%，而富士公

① 非协作效果又称单边效应（unilateral effect），指一项横向并购可能会减少竞争，即使该项并购不会导致成功协调的可能性提高。因为实施并购的企业会发现，单方面改变他们自己的行为，采取提高价格和压低产量手段也可获利。

② 根据欧盟《横向并购评估指南》，协作效果指在集中的市场上一项横向并购可能会通过集体支配地位的产生或加强而妨碍竞争，因为这一并购增加了公司以这种方式协调其行为而提高价格的可能性。

司却高达65%。在中国市场的迅速扩张，成为富士公司的利润增长点。至此，柯达公司意识到中国市场不容忽视，它是一个极具潜力的市场，到2010年中国将成为世界上第一大影像市场。所以，1994年年初，刚刚上任两周的柯达公司新总裁裴学德，就立刻率领柯达公司代表团访华，萌发了收购中国感光材料全行业的愿望。

新中国成立以来，中国独立自主地发展起自己的感光行业，但远落后于世界的先进技术水平。感光行业属于高技术、高投入、规模经济要求很高的行业。20世纪80年代，中国感光企业共有7家，它们分别是厦门福达、汕头公元、无锡阿尔梅、上海感光、天津感光、辽源胶片以及乐凯胶片。从80年代后期开始，由于资金、技术、体制等原因，中国感光企业陷入全行业亏损状态。譬如，“福达”、“公元”品牌基本上从市场上消失，其他5家企业虽然维持生产，但也是困难重重。进入90年代后，中国感光企业整体情况进一步恶化，亏损严重，资不抵债。譬如，截止到1998年，福达、公元两个企业累积亏损额超过70亿。巨大的债务包袱需要有资金、有实力的企业才能解开债务链，而且在偿还债务之后，仍需保持持续的资金投入。为摆脱感光企业的困境，中国政府于1992年就曾经考虑过，让国内这些不景气的感光企业与柯达等外国公司合作。因此，柯达公司与中国政府一拍即合。

柯达公司原打算全行业收购中国7家感光企业。首先成立柯达（中国）股份有限公司，由其控制7家感光企业，柯达占80%的股份，中国7家感光企业加起来占20%的股份。中国感光行业由一家外国公司收购，这不仅事关国家经济安全、民族情结，而且在政治上高度敏感，因而使得中国政府与柯达公司的谈判呈现出异常艰难和漫长的状况。从柯达公司1994年年底向中国政府正式提出并购中国感光行业的意向，到1998年3月签订“98协议”，整个谈判共进行了70多轮，历时近4年。1998年3月23日，柯达公司总部向世界宣布，它将出资3.75亿美元收购汕头公元、厦门福达和无锡阿尔梅3家中国感光领域的公司，随之华尔街的柯达股票应声大涨。3月25日由柯达、福达和公元3家公司联合组建的柯达（中国）股份有限公司正式宣告成立，总部设在上海，其中柯达占80%的股份，公元、福达各占10%的股份。一周后，柯达（无锡）股份有限公司宣告成立，柯达持股70%，阿尔梅持股30%。柯达（中国）公司控制厦门福达、汕头公元，柯达（无锡）公司只控制无锡阿尔梅。上海感光、天津感光、辽源胶片三家企业不与柯达公司签订合资合作协议，只是一种松散的经济合作关系。由中央政府有关部门明确这三家企业在过渡期内不与其他外商合资或合作，柯达公司为此承诺分别给予上海感光、天津感光、辽源胶片3100万、800万、200万美元的经济补偿，用于这三家企业的关停并转。民族企业乐凯胶片集团未参与其中，仍保持着独立性。至此，柯达公司对中国感光材料行业的初步并购活动基本完成，开始了其全球战略的中国布局。

此次并购活动各有收获。对于中方来说，其收获主要体现在如下四个方面：（1）解除了企业沉重的债务包袱；（2）解决了部分职工的就业问题，实现了2000人的再就业；（3）解决未来企业发展所需资金，柯达承诺未来10年投资累计达10亿美元；（4）初步解决了企业的技术升级问题。柯达承诺短时期内要把中国感光行业建成世界一流的感光行业。尽管柯达公司最初全行业并购中国感光材料企业的愿望没有实现，但是，基本上得到了想要得到的一切。具体而言，柯达公司收获的利益主要表现为：（1）迅速取得柯达胶卷本地化生产的物质基础；（2）通过本地化生产，可以进一步降低15%—20%的生产成本；（3）借用本土化力量建立更好的营销渠道；（4）一定时期内独占中国感光材料市场。中国政府承诺3年内在感光行业不设立新的合资企业的承诺。①

2. “2003柯达收购乐凯20%股份”

美国柯达公司通过“98并购协议”，收购了除乐凯以外的国内感光材料行业的所有厂家，但柯达公司并未就此罢休。为了在中国的感光材料市场上获取绝对优势，柯达公司在“98并购协议”后，就明确提出了希望和乐凯合作的强烈愿望。乐凯集团成立于20世纪50年代，在经历了几十年的风风雨雨后，乐凯成为中国胶片行业的民族品牌代表。1995年在柯达和富士的低价竞争下，乐凯的市场份额一度下滑。1998年，亚洲金融危机以后，中国全体感光材料行业不景气。面对跨国公司咄咄逼人的市场攻势，乐凯集团陷入了严重的生存危机。与柯达和富士公司相比，乐凯的技术相当落后，乐凯一直无法在高感光度材料上有所作为。在胶卷市场上，乐凯的主打产品主要是传统产品和中低档产品，高档产品几乎是空白。中国加入WTO以后，市场竞争日趋激烈，由于技术、管理、资金等方面的原因，

① 李磊：《跨国公司在华并购的法律规制研究》，中国检察出版社2007年版，第108—110页。

乐凯集团的经济效益严重滑坡，甚至面临亏损的境地。为了摆脱困境，提高自身竞争力，乐凯在新世纪的第二年就开始考虑结交合资伙伴。而这恰恰是柯达公司称霸中国市场的策略。所以，在合作问题上双方比较容易达成协议。

在把6家陷入绝境的胶卷企业卖出之后，中国政界和学界对于是否把“最后之硕果”乐凯也卖给柯达存在较大的分歧，而乐凯公司对被购并也于心不甘，在合资的立场上提出了三大条件，即保留乐凯品牌、乐凯控股、拥有经营管理权。这与柯达公司在海外兴办合资企业的原则相冲突。在中国市场上，柯达遇到乐凯和富士两个强有力的竞争对手。公司关于独占中国胶卷市场的豪言，也因为遭到国人支持民族品牌意识的抵制和富士公司的竞争而迟迟无法实现。于是，在中国的胶卷市场上形成了“三国鼎立”的局面。对于柯达和富士而言，谁能率先联合乐凯，谁就能抢得市场先机。更为微妙的是，已经被逼到墙角的日本富士也抓紧与乐凯谈判。当时形势非常复杂，柯达中国公司负责人几乎每月都赶到保定，与乐凯方面谈判有关事宜。2003年夏天，乐凯与富士的秘密合资谈判已经进入最后时刻，唯一剩下的细节是富士提出的控股条件尚未被有关方面认可。柯达当机立断，放弃之前坚持的全资收购条件，提出参股新案，富士方案在最后时刻功亏一篑。2003年10月29日，代表中国胶片行业民族品牌的乐凯集团和美国柯达公司签署了一份长达20年的合作协议。根据协议，柯达公司将支付生产技术，以及2950万美元资金支持和技术支持，对中国乐凯胶片集团现有的两条TAC生产线及相关作业进行质量提升，以获得中国乐凯胶片集团公司持有的乐凯胶片股份有限公司20%的股份。乐凯胶片股份有限公司将向柯达支付某些技术的使用费，并为柯达拥有的股份支付股息。在协议中，柯达承诺将不吸纳市场流通股，乐凯胶片股份有限公司将继续生产和销售乐凯品牌的产品。这样乐凯集团关于“保留乐凯品牌、乐凯控股、拥有经营管理权”的三原则得到了支持。至此，中国感光材料行业的7家企业全数与柯达合资。

至2001年，柯达在中国市场上的份额达到67%，至2005年前后，柯达每年60亿美元的全球采购有1/6来自中国，95%以上的柯达数码相机在中国生产。除此之外，柯达公司还把中国9200多家彩冲店中的2000家改造成为数码影像店，打造了一张无比庞大的数码彩扩网络，把中国市场变成了柯达的全球第二大市场，从而使得柯达公司在中国感光材料市场上占有绝对的市场优势地位。通过两次并购，柯达几乎把中国的感光材料企业尽收旗下，扩大了市场份额，在与富士的竞争中处于优势地位，提升了在世界感光材料市场上的竞争优势。

当柯达在中国市场上捷报频传的时候，柯达公司自身却在行业转型中陷入巨大的困境。由于对数码技术不够敏感以及战略上的一再迟疑，柯达在全球市场步步败退，2002 年全球数码相机首度超过传统相机，而柯达却仍然坚持传统的胶卷市场。2004 年柯达亏损 1.13 亿美元，2005 年亏损 7.99 亿美元，2006 年亏损 3.46 亿美元，2007 年柯达为业务重组又花了 6 亿美元。2005 年，正是因为投入巨资收购中国的胶卷企业，并对此寄予了过大的期望，部分影响了柯达全球业务的转型。2007 年 11 月 12 日，柯达宣布将所持有的乐凯股权转让给广州诚信创业投资有限公司，诚信公司将所持 5% 股份转让给乐凯经营层。作为一家名列国资委大型企业序列的国有公司，乐凯将成为近年来产权清晰化改革力度最大的公司之一。柯达在中国历时十年之久的全行业购并战略宣告失利，柯达在这场交易中赔了 1 亿美元，柯达公司当年的全行业并购战略至此失去了全部的意义。

3. 案例评论：中国政府、柯达公司、中国企业间的三方博弈

① 柯达公司全球竞争战略的提升

跨国公司对中国企业的并购活动，不是以单纯获取短期利润为目的的投机性并购，而是更多体现出一种战略性的全球并购策略。跨国公司通过并购，试图分享中国目标企业的各种创造性资产，将并购企业纳入其全球生产体系。跨国公司着眼于中国广阔的潜在市场，通过并购抢先占领中国市场，以增强同其他跨国公司的竞争力。

中国加入 WTO 后，世界上最后一个最大的消费市场将全面开放，谁能够领先进入并占有较大的市场份额，谁将获得竞争优势，正所谓“欲争霸世界，先逐鹿中国”。跨国并购是迅速占领中国市场的有效手段，它将使跨国公司获得宝贵的先发优势。具体表现为：（1）并购方式产生收益的周期短，经营风险相对较小，比新建投资收效快，投资回报的年限大大缩短；（2）可以利用目标企业的现有分销网络和知名商标，直接获得目标企业的市场份额；（3）利用被收购企业现有的生产设备、素质较高的工人和本土的管理经验，可迅速提高竞争力；（4）在减少竞争者及行业竞争的情况下达到生产临界规模，不易受抵制。

在全行业并购中国感光材料企业的过程中，柯达公司的全球战略非常

明显：在市场份额上，与日本的富士公司激烈角逐；在影像业的技术上，实现由胶卷冲印业向数码成像业的转变。通过对中国感光材料企业的一系列战略性并购，柯达不仅击退了竞争对手日本富士公司在中国市场的领先地位，谋取了在中国感光材料市场的绝对领先地位，而且提升了柯达公司在亚太乃至全球市场的竞争力。具体表现为：

第一，同乐凯的合作将增加柯达在中国的市场占有份额，巩固柯达在中国市场上的竞争优势。借助乐凯的营销网络和知名度，柯达胶卷的知名度将在全国范围内进一步提高，产品销量也将随之跃升。柯达将乐凯拉到自己的身边，意味着柯达将在中国市场保持稳定的发展，从而弥补柯达在欧美和日本市场胶卷产品的下降，保持全球总量的平衡。当前，在中国的感光材料市场中，柯达公司拥有50%以上的市场份额，而日本富士公司占有25%的市场份额。

第二，中国是一个胶卷消费大国，市场容量之大并非一家公司所能独享。柯达无法独占也无力独立培养中国市场，而乐凯拥有地利人和的优势条件。通过向乐凯转让生产技术的许可，柯达可以获得技术使用费及其乐凯20%股份每年的股息，这样既降低了柯达的经营风险又获取了收益。

第三，就在2003年9月，柯达总公司宣布将业务重点从传统胶片市场转向数码相机和高端喷墨打印机市场。柯达公司在数码成像业成为支柱业之前，尽可能从传统胶卷冲印业获得可观的利润，以用于数码产品的研发和生产。

第四，柯达与乐凯的合作，将最终改变“三国鼎立”的局势。从战略的角度去看待这次合作，发现柯达和乐凯在战略上的协同，对彼此双方竞争力的提升均具积极意义。柯达保持了市场份额，在与富士的竞争中处于优势地位，同时还为柯达业务的转型提供了保障。在中国制造的柯达数码相机，在美国市场上的占有率直逼日本索尼，第一次有机会在家门口与日本强大的竞争对手平起平坐。

柯达公司在中国的成功表明，柯达是最能够把握中国主流趋势的跨国公司。尽管柯达不是华尔街最受推崇的公司，也不是硅谷最具影响力的公司，更不是美国政府最支持的公司，但它却成为在中国最成功的跨国公司之一。迄今为止，在中国市场上，还没有其他任何一家跨国公司能像柯达一样，对中国企业近乎是全行业的收购。柯达在中国市场的成功，不仅取决于其对中国经济发展脉搏的正确理解和把握，而且取决于其对中国企业战略性并购策略的有效实施。

② 中国政府与企业利益的获取

跨国公司对中国感光材料企业的全行业收购，并非易事。原因在于它不仅有经济垄断、危及国家经济安全之虞，而且关涉民族情结。在常人看来，也许很难做到的事情，在柯达身上却发生了。柯达的独特之处，就在于它大规模地进入中国，含有改造中国国有企业的因素，这深深牵涉到中国原有感光行业的历史，甚至政治经济决策的高层，也深深影响到这个民族的心灵、价值观乃至民族精神。

对于中国经济来说，国有企业改革是个沉重的话题。中国的改革开放能否成功，现代化建设能否真正实现，在很大程度上取决于国有企业的活力。因此，改革国有企业，把其塑造为充满活力的市场经济主体，就成为中国市场经济建设的攻坚战，现在看来，这场攻坚战还远未结束。政府对国有企业历来非常重视，因为它不仅构成了中国经济的基础，而且影响着社会的稳定，承载着历史的重任和国人的希翼。为了增强国有企业的活力，不仅需要从中国市场经济的内部寻求解决问题的办法，也寄希望于国际市场经济中发现一些能激活国有企业内部因子的外生变量。

就中国的感光企业来说，进入 20 世纪 90 年代以后，整个感光材料业整体情况恶化，亏损严重、资不抵债，甚至无法正常生产。面临中国感光材料企业的全行业亏损的艰难境地，中国政府开始考虑让国内的感光生产企业与国外跨国公司合作，以摆脱困境。1998 年柯达对中国感光行业的并购，正是在中央政府直接出面进行协调和干预下完成的，2003 年柯达与乐凯的联姻，也与政府的努力和支持分不开。

据统计资料显示，柯达厦门分公司投产后 4 个月，上缴利税就超过原厦门福达厂过去 14 年纳税额的总和，成为当地最大的纳税户。中国的收获还远不止这些，通过柯达对中国感光材料企业的整合与改造，现代企业制度的许多元素在中国得以生成，并获得广泛认同。这些元素，在中国企业的现代化进程中，发挥了重要作用。2003 年乐凯与柯达的合作，也有助于营销资源的共享和柯达对乐凯的技术支持，从而降低了乐凯的运营成本，提升产品的市场竞争力。

③ 中国政府与柯达公司的“双赢”

柯达公司在中国的并购投资，既是柯达公司实施全球战略的需要，同时也是我国改革国有企业的需要。可以说，柯达战略是跨国公司在华战略与中国国家战略结合的典范之作。从“全行业收购”到“合资乐凯”，柯达战略始终都迎合了中国经济发展的脉络，即“外资参与改造国企”和“国企股份制改造”，舍此，柯达公司将很难在中国市场上获得成功。富士的败落就足以为证。借此，柯达公司可迅速占领中国新开放的消费市场，在与其他跨国公司竞争中取得先发优势；可充分发挥中国的区位优势，将中国市场纳入其全球产业链和供应链体系，以取得更大的规模经济效应。对中国而言，吸引跨国公司对华投资，能够有效地利用跨国公司投资的合理化和高级化，即作为“外部成长”机制来推动中国产业升级、改善市场结构、改进微观经济主体的生产与管理行为。柯达在中国的并购以“双赢”的结果证明，以跨国并购方式吸引跨国公司参与中国经济的现代化建设不仅是必要的，也是可行的。①

（三）SEB 集团并购苏泊尔案

1. 并购双方

并购方——SEB 集团，即法国赛博集团，全球知名的炊具业巨头，是全球最大的小家电生产商之一，创始于 1857 年，至今已有将近 150 年的历史。现今它已成为一个国际化企业，拥有 80 个分支机构，业务网络遍布全球 120 多个国家和地区，员工总人数达 15000 名。赛博集团经营着两个世界知名品牌：特福（TEFAL）、好运达（ROWENTA）以及其他四个地区的著名品牌。2001 年年底，赛博集团收购了部分法国万能牌的业务，使赛博集团在市场上的地位更加稳固。在加入了世界知名的法国万能牌及德国 Krups 品牌之后，赛博集团的产品能够更符合顾客的需要。现在，每一秒钟，世界上便有 6 位顾客正选购赛博集团的产品。

被并购方——苏泊尔股份有限公司，是一家由炊具制造开始创业的多元发展的企业集团。公司始建于 1994 年 8 月。十余年来，在集团董事长苏增福的领导下，先后建成炊具小家电事业链、医药事业链、海洋资源事业链、房地产事业链和贸易事业链等产业。各产业链发展势头良好，销售额逐年上升，2006 年销售收入达 40 亿元，比上年增长 56%。集团现有员工 6600 多人，其中工程技术人员约占 20%。企业总资产 30 多亿元，可持续发展态势明显。2002 年国家工商总局认定“苏泊尔”为“中国驰名商标”。中国名牌战略推进委员会认定苏泊尔的压力锅和不粘锅为“中国名

① 李磊：《跨国公司在华并购的法律规制研究》，中国检察出版社 2007 年版，第 111—117 页。

牌产品”，国家质检总局授予苏泊尔不粘锅、电饭锅等产品质量免检证书。2005年世界品牌大会将苏泊尔列为500最具价值品牌，中国社科院民营经济研究中心将苏泊尔列入中国制造业民营企业品牌竞争力50强。2006年在杭州举行的中国民营企业峰会上，被认定为中国民营企业自主创新50强之一。2007年被列为2006年度全国工商联上规模民营企业500强。

2. 并购案情简介

① 并购动因

由于欧洲市场逐渐饱和，SEB希望以低价进军中国，因为这个行业在法国成本太高，不好发展，所以，它要在中国寻找合作伙伴，既满足它的成本要求，又要保持品质。SEB公司试图通过与苏泊尔公司联姻自身的生产和销售中心“外迁”到中国，这样既可以获得巨大的市场，也可降低人工成本。当时媒体认为，苏泊尔公司是SEB公司“理想的合作伙伴”，因为该企业目前正处于快速发展阶段。而苏泊尔一直在探索国际市场，认为现在进军国际市场的时机已到，同时苏泊尔欲打自有品牌，进军国际市场并不满足于赚点加工费那么简单。但是，像中国同类企业进军东南亚还行，在欧美，消费者对品牌的认知感太强，光靠自己进军是不现实的。另外，双方觉得彼此公司文化很接近，SEB是做压力锅起家，到做炊具，再到做小家电，苏泊尔也是。双方的产品品质都不错，对于创新能力的理念也一样。

② 并购进程

法国SEB在并购苏泊尔过程中受到了来自苏泊尔竞争对手所施加的阻力。爱仕达、双喜、顺发等六家企业曾经在北京联合签署《紧急声明》，反对法国SEB集团绝对控股苏泊尔。理由是：苏泊尔在中国炊具细分市场占有率很高，法国SEB控股后，会形成外资垄断中国市场的格局，希望有关部门制止这项“危及行业企业生存”的垄断式并购。[①]

2006年8月14日，苏泊尔发布公告，披露了关于部分股东与法国SEB签订《战略投资框架协议》，拟以SEB为特定对象增发4000万股股份，以及SEB向苏泊尔全体股东发出《要约收购报告书（摘要）》等一系列文件。

8月29日，苏泊尔收到这份《联合声明》，除了之前公开表态反对该

---

① 吕冰心：《解读2007年外资并购大事件》，载《法人杂志》2007年第12期，第40页。

收购的爱仕达之外，还包括沈阳双喜集团公司、广东省顺发五金制品公司、金双喜实业发展有限公司、广东家能现代厨具有限公司、河南汤阴营养炊具有限公司这五家公司的负责人都已经在声明上签字。

9月1日，苏泊尔公司召开临时股东大会，高票通过同法国SEB进行战略合作。

按照合作方案，SEB集团将通过三种方式完成对苏泊尔的战略投资。三种方式是：①SEB集团受让苏泊尔集团、苏增福、苏显泽所持有的25320116股苏泊尔股票；②SEB集团认购苏泊尔向其定向发行的40000000股股票；③SEB集团以部分要约方式在二级市场上收购不低于48605459股，不高于66452084股的苏泊尔股票。2007年4月11日，法国SEB集团最终成功收购苏泊尔，SEB集团将持有苏泊尔61%的股份，成为苏泊尔的实际控股股东。这也成为了我国实施反垄断审查听证制度后的第一案。

③ 并购效果

根据协议，SEB同意继承履行及遵守苏泊尔集团和个人卖方于2005年8月8日非流通股股权分置改革方案中向其他股东做出的持股限售承诺。双方约定，SEB不进入中国市场，也不与中国其他厂商合作，在中国用苏泊尔品牌；苏泊尔进军全球市场，其产品可用苏泊尔自有品牌；SEB在中国的产品用苏泊尔网络销售；双方技术共享；苏泊尔的管理团队不变。苏泊尔相关高管表示，SEB收购了全球很多个品牌，没有更换过团队，因为SEB看中的就是苏泊尔的团队。目前苏泊尔设有总裁1人，副总裁1人，董秘1人，事业部总经理4人，另有各工厂负责人、销售总监等20人左右，都算高管，属于核心团队。苏泊尔的发展方向也不变，还是围绕炊具、厨房家电和小家电。

SEB将向苏泊尔转移技术和营销经验，进一步促进“苏泊尔”品牌在国内市场的发展，同时通过其国际网络，促进“苏泊尔”品牌在东南亚市场的销售并为苏泊尔提供更好的融资平台。[①]

3. 案例评论

按照2006年9月8日商务部等六部委联合发布的外资并购新法规《关于外国投资者并购境内企业的规定》，国家重点行业、“中国驰名商标”、

---

① 尧秋根：《中国外资并购市场：国际背景与市场转型》，中国经济出版社2008年版，第160—161页。

反垄断审查等都要纳入审批范围。而国内相关的行业协会、有竞争关系的企业，均可要求对该并购进行国家经济安全审查。苏泊尔的六家竞争对手不断发布反对该收购案的意见，但由于这一规定尚无实施细则，使苏泊尔的审批成为一时悬疑。

在某种意义上，从资本的动机来看，金融资本追逐短期利益，对产业的伤害度较轻；而产业资本追逐长期的产业控制权，反而对产业生态破坏较大。在国际产业资本最早进入的国内日化产业，早期的民族品牌几乎全部消失。如今，啤酒、水泥等一般性大宗消费品领域，也出现了这些苗头。从这个意义上看，SEB 集团作为产业资本收购苏泊尔的问题，比金融资本主导的“徐工并购案”更值得关注。[①]

（四）PAG 杠杆收购好孩子集团案

1. 并购双方

并购方——PAG（Pacific Alliance Group，即太平洋联合集团），是总部设在东京的海外私人直接投资基金，同时具有欧洲背景。PAG 不像一些知名的基金那样受到较多的监管，在法律等方面的细节也考虑颇多，决策比较犹豫。相反，PAG 行动迅速，善于避开枝节，因此仅跟好孩子集团短暂谈判两个月，即达成协议。有资料显示，PAG 旗下管理着大约 4 亿美元基金，投资好孩子集团是其在中国的第五宗交易。

被并购方——Goodbaby Group（好孩子集团），是中国最大的专业从事儿童用品设计、制造和销售的企业集团，具有年生产 300 万辆各类童车的能力。企业至今已拥有中国专利 280 项，国际专利 13 项。好孩子集团通过在国内拥有的由 25 家销售中心、4000 家销售点组成的销售网络，走进了千家万户，成为中国儿童用品市场最畅销的产品。好孩子产品远销美国、俄罗斯、南美、东南亚、中东等 30 多个国家和地区。据国家轻工总会最新统计，好孩子童车的市场占有率达到了 70% 以上，“好孩子”牌商标被评为江苏省著名商标。

2. 并购案情简介

① 并购动因

从好孩子方面来说，公司成长性好。好孩子集团作为被收购对象的表面原因主要是：好孩子不但市场占有率高，还拥有良好的组织管理结构、

---

① 吕冰心：《解读 2007 年外资并购大事件》，载《法人杂志》2007 年第 12 期，第 40 页。

稳定可预计的现金流、加大负债比例的空间和巨大的拆卖价值，这确保了基金能顺利获得和适时偿还并购所需的高额债务融资，保证有效进行并购后的整改。产品有国际市场，利于海外上市。美国市场上销售的儿童推车和学步车有大约1/3是由好孩子生产的，而该公司在中国儿童用品市场也拥有类似的份额。根据“第一上海”2005年的中期业绩报告，原材料成本上涨已使好孩子的利润空间降低，在过去5年内，好孩子的年增长率达到20%—30%，其管理层也是中国最好的管理团队之一，这些都是好孩子引起国际资本高度觊觎的原因。

从PAG方面来说，PAG一方面得到了中国最大的婴儿用品制造商；另一方面，成功完成中国大陆首宗杠杆收购（LBO）交易也让它名声大噪。实际上，与此前后PAG也在中国敲定了类似的交易。但是，收购好孩子是其在中国大陆第一宗遵循传统的杠杆收购方式（收购方以目标公司的资产为抵押，以负债形式筹措收购所需的大部分资金）完成的交易。这为PAG后续并购战略的顺利实施打下了基础。[①]

② 并购进程

PAG此次动作极其迅速，从2005年10月的着手收购事项到2006年1月完成此次收购的全部事宜，总共耗时仅四个月。作为国内第一例典型的传统杠杆收购，PAG以好孩子集团的资产和现金流为抵押和担保，向银行举债融得足够资金，完成此次项目。在此，着重分析收购谈判和资金运作两个阶段。

第一，收购谈判阶段。在这起收购案中股权转让关系繁复，新买家与旧买家及好孩子集团管理层等三方的利益错综复杂，但就流程简单来讲，PAG在以1.225亿美元收购好孩子集团100%股份的同时，付给管理层32.6%股份。但观之谈判结果，PAG用2个月左右的时间就高效达成了谈判协议（从2005年10月接触至12月完成）。协议中，PAG控制的持股公司获得了香港上市公司第一上海、中国零售基金、软银中国（SB）等原股东手中的全部股权。

第二，资金运作阶段。PAG利用间接融资和资产证券化等方式，为本次收购策划了一个精美的方案。在达成意向后，PAG先通过Goodbaby Group管理层组成的集团筹措所需资金的10%，接着以Goodbaby Group的

① 《PAG杠杆收购好孩子集团评鉴》，《国际融资》2009年第3期，第47页。

现金流及资产作为抵押担保，向台北富邦商业银行（Taipei Fubon Commercial Bank）融入相当于整个收购所需资金50%的过渡性贷款（金额为5500万美元），同时向自身股东们销售所需资金40%左右的债券。

2006年1月，PAG通过G-Baby（注册于英属维尔京群岛）买入Goodbaby Group原股东全部股份，对其进行控股。同时，Goodbaby Group管理层（PUD公司）向其他三家原股东以2.66美元每股的价格购入82.78万股。这是原股东执行2003年与管理层签署的一份期权协议，至此管理层持股比例增加至32.6%。由于G-Baby有一定的负债，所以管理层即可获得G-Baby发行的股份，同时还能收获现金，这充分保障了管理层的利益。①

3. 案例评述

由于目前针对中国企业实行的杠杆收购极少，所以很多企业不熟悉，但这种收购方式对那些具有一流的资本运作能力和良好的经营管理水平，企业的产品需求和市场占有率较为稳定的企业来说，是一个很好的形式。在并购活动中，并购方需要大量的资金才能运作，尽快地筹集一定数量的资金成为并购方亟待解决的问题，企业对外进行筹资、融资，除了可以采用股票、债券、商业信用、银行贷款等方式外，便是这种对于中国这个新兴市场上来说的新融资方式——杠杆收购（LBO），即以少量的自有资金，以被收购企业的资产和将来的收益能力作抵押，筹集部分资金用于收购，一旦企业全部资产收益率大于借入资本的平均成本时，企业净收益和普通股收益都会增加。好孩子的成功融资表明，目前中国进行杠杆收购的条件已经成熟。

私人直接投资基金以中国和印度为投资首选，通过收购经营不善的日本企业获取丰厚利润的时期已经一去不复返了。现在要想获取利润，要么加倍努力开拓业务，要么转而押注中国和印度高速增长的企业。同时，对于私人直接投资基金，特别是那些习惯于向家族企业注资助其扩张的基金，中国和印度正在日益成为其在亚洲地区投资的首选。

杠杆收购（LBO）是一种高风险的企业并购方式。PAG将管理者收购与杠杆收购合在一起，成功地解决了整合风险问题。杠杆并购起源并风行于美国，在变革时代的中国，杠杆收购虽尚未被各方普遍关注和认识，但

① 苏昕：《详解GOODBABY GROUP（好孩子集团）杠杆收购案》，《科教导刊》2011年1月（中），第62页。

可以预见，随着我国产权制度改革和产业结构调整的深入发展，杠杆收购必将受到广泛重视。①

（五）新桥投资控股深发展案

1. 并购双方

并购方——美国新桥投资（TPG 公司），是一家全球领先的私人投资公司，超过 500 亿美元的资本管理。业务管理包括私募股权、风险投资和公共投资的股本和债务投资。主要股东包括世界银行、通用电气、美国加州退休基金和新加坡政府投资公司等。公司成立于 1992 年，提供传统独特的投资眼光和增值业务能力。

被并购方——深圳发展银行（简称深发展），于 1991 年 4 月 3 日在深圳证券交易所挂牌上市，是我国证券市场上第一家上市的股份制商业银行，主要从事有价证券、外汇存贷、咨询服务等业务。深发展的前十大股东中有六家与深圳市政府直接或间接掌管的投资实体有关，这意味着当地政府实际上掌握着深发展的话语权。

2. 并购案情简介

① 并购动因

中国经济的持续高速增长和巨大且极具潜力的市场是吸引外国投资者的根本原因。对那些已经和将要在中国开展业务的金融机构来说，通过参股国内银行的方式，可以弥补其在网点、人民币资金清算、本地客户信息等方面的弱势，为以后进一步扩展业务、开拓市场奠定基础，因此不失为一种快速而成本较低的做法。而深发展作为全国性商业银行，其拥有的全面银行业务的准入资格和未来发展潜力，是吸引新桥投资的重要因素。同时，地方政府积极推动国有资本的战略性退出，更是境外投资者入股中资银行的重要契机。因此，在当前中国金融开放与商业银行改革的大背景下，既有规模优势又有巨大增长前景的中国银行业令众多国际投资者跃跃欲试，希望能从中分得一杯羹。

与此同时，急于补充资本金、改善治理结构、引进先进技术和管理经验的国内商业银行，也将热切的目光投向了这些战略投资者。无论是正在实施股份制改造的中行、建行，还是中小股份制银行以及城市商业银行，无不显示出对“引资”的强烈渴望。对此，政策方面也给予了充分的支

---

① 《PAG 杠杆收购好孩子集团评鉴》，《国际融资》2009 年第 3 期，第 47 页。

持。中国银行业监督管理委员会负责人曾公开表示，欢迎合格的境外战略投资者按照自愿和商业的原则，参与中国银行业的重组和改造。勿庸置疑，外资的进入有助于商业银行以利润最大化为目标，建立起市场化运作机制，从而改变长期以来银行作为政府执行社会目标工具的局面。有关统计数字表明，在国有银行的不良贷款中，约30%是由于受到各级政府干预所导致的。而在一些由地方政府控股的城市银行中，这一现象更为普遍。

战略引资还有一个重要的功能，就是为银行海外上市增添成功的砝码。国内银行特别是国有独资商业银行，由于历史原因存在许多薄弱环节，即使在重组和改制的过程中，国外潜在投资者对其仍存在怀疑和担心。如果这些银行在IPO（首次公开发行）之前或者IPO的同时，能成功地引进战略投资者，就能够大大增加对投资者的吸引力，提高银行在市场上的可信度。

尽管此次并购案中新桥作为一家从事战略性投资的投资基金，并没有银行业管理经验，但有专家分析，从其成功收购整合韩国第一商业银行的经历来看，在成为深发展第一大控股股东后，新桥将为后者引进美国式的公司治理结构以促进其发展，进而从中获益。新桥方面明确表示，准备以国际标准重新塑造深发展，在5年内把深发展建成国际一流银行，同时承诺5年内不出售或转让所持股份。这一将银行做大做强的愿望和动因，使得深发展原控股方与新桥重新握手言欢，最终达成了股权出让协议。

② 并购进程

深发展与新桥投资的交易谈判始于2002年。当年9月27日，深发展与美国新桥投资集团达成首次合作协议，深发展发布公告声明“经政府部门批准，同意美国新桥投资集团公司作为国外战略投资者进入本行”。

2002年10月10日，深发展董事会决议公告称，为了尽快引进国际银行先进的管理经验，深发展将设立收购过渡期管理委员会。管委会由新桥投资集团公司的8位专家组成，并拥有包括全面监督、控制风险、发展业务、负责银行经营层的管理和管理机制的改善在内的各项管理职能。

2002年10月17日，深发展董事会再次发布公告，“经了解，本行大股东深圳市投资管理公司、深圳国际信托投资公司、深圳市社会劳动保险局和深圳市城市建设开发集团公司拟将其持有的本行国有及法人股转让给新桥投资集团公司，具体转让股份数量以双方最后签订的协议和主管机关的批复为准”。

2003 年 2 月 27 日，深发展发布公告称，深圳市投资管理公司、深圳国际信托投资公司、深圳市社会劳动保险局和深圳市城市建设开发集团公司与美国新桥投资集团的股权转让谈判正在进行中，收购过渡期管理委员会运作正常，银行一切业务正常。

2003 年 5 月 12 日，深发展撤销收购过渡期管理委员会。

2003 年 6 月 2 日，新桥投资发表声明，以深发展违反收购协议，并有重大事项未公告为由，中止同深发展的合作协议。

2003 年 9 月 15 日，由于认定深发展及其股东在上一次重组中违约，新桥投资向国际商会仲裁院提出了仲裁请求，请求国际商会仲裁深发展及上述四家股东承担违约责任。

2003 年 11 月 28 日，深发展针对新桥投资向国际商会提出的仲裁请求提出了仲裁反请求；深圳市投资管理公司等深发展股东也于 2003 年 11 月 25 日向深圳市中级人民法院提起诉讼，要求法院认定新桥投资与其及深发展订立的框架协议中的仲裁条款无效。

2004 年 4 月，深发展与新桥投资双方签署了文件，撤销了前述仲裁请求和仲裁反请求，深圳市投资管理公司等深发展股东于 2004 年 3 月 26 日向深圳市中级人民法院提出了撤诉申请并被裁定准许。

2004 年 5 月 29 日，新桥投资终于与深发展重新达成正式协议，深圳市投资管理公司、深圳国际信托投资公司、深圳市社会劳动保险局和深圳市城市建设开发集团将其所持有的大部分股份转让给新桥，新桥投资由此掌握了深发展 17.89% 的股权成为深发展第一大股东，至此各方已完成所有谈判工作。①

新桥投资完成收购后，深发展将成为第一家外资控股的上市银行。国内商业银行由一家外资机构控股，这在以往外资参股中资银行的股权收购案中是从未有过的，这是银行业改革的重大突破，对国内商业银行的改革将会产生巨大的影响。新桥投资以其控股中国内地商业银行的方式正式揭开了外资机构抢滩中国银行业的序幕。

3. 案例评论

从汇丰银行参股上海银行、花旗银行参股浦东发展银行到新桥投资控

① 姜占英：《新桥资本收购深发展案的思考》，《银行家》2004 年第 8 期，第 74—75 页。

股深圳发展银行，外资进入我国银行业步伐逐步加快。在国际金融市场被跨国银行相继瓜分完后，中国尚未完全开放的金融市场对这些跨国银行当然极具吸引力。参股甚至控股一家覆盖全国网络的上市银行成为一种快速、有效占领中国金融市场的模式。新桥投资控股深发展的成功案例无疑给即将进入中国银行业的外资机构以及中国银行业本身都产生了深远的影响。

① 对外资进入中国银行业产生示范效应

新桥投资作为第一家控股大陆上市银行的外资资本集团，在与深发展谈判之初就受到了极大的关注。对于外资而言，中方给予新桥投资的政策、政府对该笔交易的态度以及审批手续等都将构成一种示范效应。该交易谈判时间较长，中间曾一度夭折，所有这些都给正在中国大陆寻求收购机会的外资长了教训，“外资投资中国金融市场仍然存在着种种困难”。但无论如何，这项交易的最终成功还是给人们带来了良好的预期。

② 给国内银行业产生了竞争的压力和动力

从新桥投资控股韩国第一银行之后韩国第一银行产生的良好经营效益及风险管理的完善来看，新桥投资入主深发展后，深发展有望引入更为严格的风险管理机制，这对于化解和减少深发展的不良资产是十分有益的。此外，新桥的资本注入深发展后将明显增强深发展的实力，对于其提高资本充足率，进行产品的创新和设计，从而提高其在国内金融市场上的竞争力均有裨益。

新桥投资控股深发展也给国内其他股份制银行产生了激励机制。两权分离的模式下，经理层掌握着银行的实际控制权，由于存在着道德风险、逆向选择、不确定等因素，产生了较高的代理成本。在银行经营状况日渐下滑时，除了股东抛售股票外，还可能面临被并购的危险。而原来的经理层将面临降格使用或被迫辞职的风险，由此激励银行的经理层不得不考虑股东的利益和银行的经营绩效，从而提高了银行的经营效率。因此，收购对银行的经理层产生了间接有效的激励约束机制。

③ 政企分开仍然是国内银行业改革的重点

在经济转轨时期，政府的角色定位模糊。政府仍然不能单纯作为经济的管理者从宏观上调控经济。金融业作为中国最后开放的领域也不例外地存在着政企不分的弊病。由于国家是唯一的股东，国有商业银行政企不分的现象也较为严重，即便是新兴的商业银行也往往由于国有股权比重较大及制度环境的影响而导致了“工农中建化”的现象。由对国有企业贷款造成深发展不良资产的处置的不同认识一度阻碍本次收购案的顺利进行。所以政企分开仍然是国内银行业改革的重点，政府应该放松对部分银行的控制，允许民间资本和外国战略投资者进入，以优化股权结构，改善银行业的公司治理结构。

④ 信息披露制度的建设仍不容忽视

目前国内各类金融机构在财务报告、风险管理、信息披露等许多方面，透明度都较低。虽然金融机构的信息披露制度一再被强调完善，但信息透明度仍然差强人意。对于寻求合作的外国投资者而言，信息不透明是阻碍其进入中国银行业的一个关键因素。有效的信息披露制度不仅是银行监管的重要补充，而且可以使市场参与者能够在充分了解银行状况的基础上做出理性评判，强化市场约束，从而促使银行在市场压力下不断提升绩效及经营水平。

因此，我国银行信息披露制度的建设可从两个方面入手：一是加快银行内部风险管理体系的建设与完善包括信息披露的支持系统等；二是监管当局加强对银行业信息披露的要求，建立统一的监管信息系统，以弥补公开信息披露不足，减少银行体系的风险。除此之外，还应建立符合国际准则的统一的会计和财务制度，保证信息披露的质量；明确设定银行信息披露的基本规则，满足所有市场参与者的需要；建立适当的激励机制，以调动市场参与者监管的积极性。①

（六）米塔尔收购华菱管线案

1. 并购双方

并购方——米塔尔钢铁公司，在钢铁业内被誉为“世界上全球化程度最高”的公司。米塔尔从印度的一个钢铁作坊最终变成了全球第一大钢铁公司，业界总结它成功的秘诀为：在最合适的时机去收购与合并；用最精明的经营手法壮大那些被收购的企业。米塔尔的创业史可谓并购的历史，其成功的案例可数最近两次著名的收购。2004 年年底，米塔尔宣布以 45 亿美元收购美国国际钢铁集团，再合并其现有的以自己名字命名的拉克什米米塔尔钢铁公司与伊斯帕特公司两家钢铁企业的资产，从而组建世界最大的钢铁生产商。

---

① 姜占英：《新桥资本收购深发展案的思考》，《银行家》2004 年第 8 期，第 76—77 页。

被并购方——湖南华菱管线，是中国十大钢铁企业之一，1999 年由湖南华菱钢铁集团有限责任公司联合长沙矿冶研究院、湖南冶金投资公司等四家公司共同发起设立的，1999 年 8 月 3 日在深交所挂牌上市。公司是我国小口径无缝钢管的重点生产企业，其主导产品小口径无缝钢管的国内市场占有率稳居第一。

2. 并购案情简介

① 并购动因

一方面，对米塔尔而言，据有关资料显示，米塔尔“觊觎”中国钢铁市场已将近 10 年。从 1995 年开始，米塔尔公司已在中国设立了三个销售办事处，分别位于北京、广州和乌鲁木齐，通过这些办事处，它已成为中国最大的钢铁进口商：2003 年米塔尔公司为中国提供了大约 200 万吨钢铁，2004 年对华出口钢材超过 200 万吨。该公司设在哈萨克斯坦的工厂已新上了 2 条连铸生产线，将在中国市场形成新的卖点。此外中国与哈萨克斯坦有共建天然气管道的协议，米塔尔集团将为此增设钢管生产线。出于对中国市场潜力的乐观预期，米塔尔公司还计划将其在中国的销售网络，从边疆向内地中心地区不断拓展，拟在中国形成销售、采购和制造三大中心。更为重要的是，米塔尔公司对与中国钢铁企业的合作（包括兼并收购等）表现出浓厚兴趣，已分别与辽宁、湖南、河北的钢铁企业进行了广泛接触和洽谈。2004 年 7 月，米塔尔公司高层人士宣布将在中国建立第一个钢铁制造投资项目时表示，“米塔尔公司毫不掩饰对中国钢铁业的并购市场的兴趣，如果有适当的商业机会，公司会与亟需资金和技术帮助的中国钢铁企业进行有效合作”。

对于此次并购华菱管线，米塔尔钢铁公司非常重视，把它当成是全球战略中很关键的一个收购交易。交易的结果之一就是米塔尔钢铁集团将为该公司提供生产技术支持、采购协助、销售和市场支持及管理知识的共享。他们相信，这笔交易所带来的协同增效作用和机遇，都将为该公司的所有股东创造长期利益。董事长米塔尔先生在签约仪式后接受记者采访时说：“华菱优秀的管理层，湖南省政府的大力推进，最终促成了这桩国际化购并。”

另一方面，对华菱集团而言，转让股权的主要目的是引进战略投资者，提升华菱的技术水平和市场竞争能力，同时也是迎合湖南省委、省政府把引进境外投资者作为加快湖南工业化发展的一个重点思路。

华菱集团董事长李效伟说，钢铁企业的生存和发展时刻离不开投资，而钢铁行业是资本密集型产业，一个项目少则几千万元，多则几亿元甚至几十亿元，面对这么大的投资上不上？如何上？这就需要树立科学的投资发展观，把握引资机会，有胆识有勇气，敢于决策。勿庸置疑，目前钢铁行业面临着很大的压力：一是价格冲击大，常规品种都跌到了亏损线以下，其他品种价格下跌也很厉害，企业面临很大的经济压力；二是国家制定了一系列宏观调控政策，严格用地管理、信贷投放和项目审批等，企业从银行谋求新的信贷支持的难度空前增大，资金风险开始显现。在这种情况下，谁拥有了资金，谁就拥有了发展空间。因此，对华菱而言，积极拓宽资金筹集渠道，加快向境外战略投资者转让华菱管线的国有股权不失为明智之举。

当时的华菱集团已实现钢铁业务的渐进式整体上市，主要钢铁产业已基本进入上市公司华菱管线。华菱集团通过 7 年多的以品种结构调整为主的大规模的技术改造，已经实现了板、管、线的专业化分工，主体设备全部达到世界先进水平，但在技术上还需进一步提高。引进米塔尔钢铁集团作为战略投资者，将给公司带来技术生产支持、采购支持、营销配合及管理知识共享，促使其借助米塔尔钢铁集团的国际平台，加速进入国际市场。同时，中国的钢铁工业一直保持高速发展，这也意味着加速企业的国际化合作，抢占国际市场，将是中国钢铁工业发展的必由之路。

正是双方的优势互补促成了这桩跨国姻缘。

② 并购进程

2004 年 8 月 28 日，米塔尔和湖南华菱钢铁集团有限责任公司（以下简称“华菱集团”）签署合作备忘录。

2004 年 9 月，米塔尔开展对华菱管线的业务、法律和财务方面的审慎调查。

2004 年 10 月底，华菱集团四个小组分赴米塔尔总部以及产业所在地英国伦敦、美国、墨西哥等地进行调查。

2005 年 1 月 14 日，华菱集团与米塔尔在湖南长沙签订了《股份转让合同》，华菱集团将其所持有的华菱管线 656250000 股国有法人股股份（占华菱管线总股本的 37. 17%）转让给米塔尔，转让价格由基本价加净资产调整价组成。基本价即以每股人民币 3. 96 元乘以 656250000 股，转让价款为人民币 2598750000 元；净资产调整价将根据付款日当月的前一个月底

（2004 年 12 月 31 日）较 2004 年 6 月 30 日的净资产增加值进行调整。本次股份转让完成后，华菱集团将继续持有华菱管线 656250000 股国有法人股股份（占华菱管线总股本的 37.17%）。

2005 年 3 月 1 日，商务部【2005】资二便字 010 号《关于湖南华菱管线股份有限公司部分国有法人股向外商转让有关意见的函》原则同意华菱管线部分国有法人股转让给米塔尔。

2005 年 6 月 9 日，双方对《股份转让合同》进行修订，签订了《修订协议（一）》。华菱集团将持有的华菱管线 656250000 股国有法人股股份调整为 647423125 股，占公司总股本的 36.673% 转让给米塔尔，每股转让价格不变。本次股份转让完成后，华菱集团将继续持有华菱管线 665076875 股国有法人股股份，占华菱管线总股本的 37.673%。

2005 年 7 月 4 日，国资委国资产权【2005】348 号《关于湖南华菱管线股份有限公司部分国有股权转让有关问题的批复》的文件中，同意华菱集团将其持有的国有法人股 131250 万股中的 64742.3125 万股转让给米塔尔。

2005 年 7 月 13 日，发改委发改工业【2005】1263 号《国家发展改革委关于湖南华菱钢铁集团向米塔尔钢铁公司转让部分国有法人股权核准的批复》同意华菱集团向米塔尔转让部分国有法人股权，组建中外合资湖南华菱管线股份有限公司。

2005 年 8 月 18 日，双方对《股份转让合同》进行修订，签订了《修订协议（四）》，将完成交易条件的时间调整为 2005 年 10 月 31 日，其他条款不变。

2005 年 8 月 31 日，华菱管线收到米塔尔转来的中国证券监督管理委员会（以下简称“中国证监会”）《关于同意米塔尔钢铁公司公告湖南华菱管线股份有限公司收购报告书并豁免其要约收购义务的批复》（证监公司字［2005］77 号）。

2005 年 9 月 16 日，华菱管线收到《商务部关于湖南华菱管线股份有限公司变更为外商投资股份企业的批复》（商资批［2005］2065 号）。

3. 并购难点及解决方案

① 外资入境限制

由于米塔尔本次收购的股权比例超过 30%，按照《上市公司收购管理办法》，米塔尔应该以要约收购方式向华菱管线所有股东发出收购其所持有的全部股份的要约。由于华菱管线的二级市场股价低于米塔尔的法人股收购价格，如果米塔尔实施要约收购的话，理性的二级市场投资者将会选择接受要约。这样的结果显然会打乱米塔尔和华菱管线对股权比例的约定，进而影响整个交易架构，并将大大增加米塔尔的收购资金。因此，申请豁免要约收购是最佳的选择。

② 外资控股国家重点行业的制止

通过此次股权转让，米塔尔钢铁公司成为华菱管线的第二大股东，实现了战略合作，尽管与其实现控股的初衷有悖，米塔尔公司仍达到了抢先一步占据中国市场的目的。华菱公司也通过此次交易获得了米塔尔在采购、营销、资金等多方面的支持。当然，米塔尔对公司提出了15%的净资产收益率的要求，对公司是一个严重的考验，随着米塔尔管理的不断渗入，公司将进一步融入米塔尔的全球系统，从而达到相应的盈利水平，并且达到米塔尔盈利要求时间在缩短。

③ 并购后如何与原企业融合

并购后公司仍保持原名。公司主要有中方管理，六个副总经理之二为米塔尔公司员工。财务副总监为外方员工。

将其先进的知识管理系统及持续改进等管理经验嫁接到华菱管线，可以说，全球最大钢铁根据双方的合作协议，米塔尔将为公司提供热镀铝锌钢板、优质线棒材等6大国际先进技术，帮助公司改善产品结构，提升产品档次，增强核心竞争力。完成交易后米塔尔钢铁公司将把华菱管线纳入其全球采购计划之中，第一年至少向华菱管线提供300万吨直供矿，以后根据华菱管线产能的增长逐步增加。同时利用其全球销售网络代理销售华菱管线产品；利用其物流优势降低华菱管线物流成本；为华菱管线提供必要的资金支持巨头的入主，对公司业务的管理、费用控制、技术改进等方面会产生巨大影响。这些战略合作措施的实施使华菱管线迅速融入到全球生产、研发、采购和营销体系之中，增强华菱管线的国际竞争能力。不但为华菱引进了国际先进的钢铁技术和管理经验，更是打开了全球市场，公司基本面状况大幅提升。从公司的成本控制、产品结构调整、治理结构等方面来看，公司在持续向好的方面改变，米塔尔的并购效应在显现。

4. 案例评论

有业内人士认为，作为关系国家经济发展的基础工业，中国钢铁业中，尚没有大中型国有企业被外资收购的先例。华菱集团是湖南省第一个销售收入超过200亿元的大型国有企业，米塔尔此番最终完成收购，必将对中国钢铁行业在对外开放程度上产生深远影响。

湖南省副省长贺同新见证了这起跨国联姻。他认为，华菱与米塔尔的合作是顺应经济全球化的战略决策，而且这桩并购充分利用了湖南的优势企业和优质资产，使湖南企业在面向国际市场时，加快了国企战略重组和产业升级，是国企改革的战略突破。华菱以后将充分利用米塔尔遍及世界的销售渠道，由主要面向国内市场转而面向世界市场，加入到国际钢铁大市场的生产、销售、技术的大循环中。因此，这次是优势互补、互动双赢的战略合作。

中国钢铁工业协会会长吴溪淳认为，这次华菱集团与全球最大的钢铁企业实现以实质性股权转让为主要内容的战略合作，在中国钢铁行业中还是第一家，对于推进我国钢铁企业的国际化进程，充分利用国内国际两个市场、两种资源，加速融入全球钢铁企业，创建国际型大公司，意义重大。而且合作将对中国钢铁企业在战略重组、解决行业集中度不够的问题产生积极而深远的影响。

经济学家、北京大学经济管理学院院长刘伟认为，华菱以海外融资为突破口，以市场化的方式重建了政府与企业的关系。经过整合，华菱管线已逐渐实现了产权主体多元化、治理结构规范化和内部管理科学化，建立了产权清晰、权责明确的现代企业制度，并借助直接融资和自身积累，加快了企业技术改造、结构优化和产品升级，资产规模迅速壮大，经济效益大幅上升，开创了我国国际性钢铁企业强强联合重组成功的范例，为国企改革探索出一个全新的模式。

联合证券有限责任公司总裁盛希泰认为，华菱管线这一案例，充分说明了国际资本市场在我国国有企业改革和发展中的重要地位，也说明了只有遵守资本市场的游戏规则，才能得到投资者的认可，才能借助国际资本市场的力量将产品经营的蛋糕越做越大。

虽然华菱管线与米塔尔联姻的最终效果还有待时间和实践的检验，但我们期待着“1+1>2”效果的进一步显现。①

---

① 李凤发：《钢铁业最大外资购并案米塔尔入股华菱落地》，http：//finance. sina. com. cn/chanjing/b/20050120/15001324497. shtml，2011年5月4日访问。

（七）啤酒业的并购浪潮

外资进入中国啤酒业的第一次浪潮始于20世纪90年代初，当初外资看好潜力无限的中国啤酒市场后，50多家洋啤酒潮水般地涌来，全面进军中国啤酒市场，当时国内的大多数大中型啤酒企业被外资控股或收购。到90年代中后期，因中国啤酒地方保护色彩浓重、价格大战硝烟弥漫等一系列恶性竞争，导致绝大多数外资啤酒企业“水土不服”，退出中国。

21世纪初以来，外资掀起第二次并购浪潮，加速了中国啤酒业的整合。今后10年内，世界啤酒市场的一半增量将来自中国。世界啤酒业巨头正在通过兼并收购等多种手段，全面介入中国啤酒业的重组整合进程。具体如下图所示：

外资啤酒对本土啤酒企业的“第二次并购高潮”

2001年10月	南非米勒以6.1亿元人民币入股华润啤酒，拥有30.38%的股权
2002年04月	世界第二大国际啤酒商SAB增资华润啤酒1亿美元
2002年10月	青岛啤酒向AB公司发行总金额14.16亿港元的定向可转换债券，该债券全部转成H股普通股后，世界最大的国际啤酒商AB公司将最终持有青岛啤酒27%的股权
2002年03月	全球第四大啤酒商“英特布鲁”购买珠江啤酒24%的股权
2003年01月	全球第五大啤酒制造商“嘉士伯”斥资8500万元收购云南华狮啤酒
2003年04月	英特布鲁以3500万美元收购中国开开集团啤酒业务70%权益
2003年05月	嘉士伯斥资2.2亿元收购云南大理啤酒
2003年09月	英特布鲁以1.3亿美元收购马来西亚金狮集团在华啤酒业务50%的股权
2003年12月	全球第六大啤酒商苏格兰·纽卡斯尔啤酒斥资5.25亿元收购“重庆啤酒”19.51%的股份
2004年01月	荷兰喜力又将21%的“粤海啤酒”股权成功收入囊中
2004年06月	嘉士伯与西藏银河科技股份公司各出资3.8亿元对原拉萨啤酒厂进行重组，成立西藏拉萨啤酒有限公司
2004年07月	AB获得哈啤90%股份的有效接纳，向其余股东提出强制性收购。（“哈啤”拥有啤酒生产企业13家，年生产能力150万吨，在全国的市场份额占到4.3%，在东北市场占有30%左右的市场份额）

续表

2004 年 07 月	“兰州黄河”与世界第二大啤酒厂商“嘉士伯”展开全面合作：合资设立兰州黄河嘉酿啤酒等四家子公司，使公司啤酒生产能力一跃达到 30 万吨，二期扩建预计将达到 50 万吨，实现产量翻番；嘉士伯收购兰州黄河啤酒公司 50% 的股份，及青海省一个正在建设中的啤酒厂 40% 的股份
2004 年 08 月	国际啤酒巨头丹麦嘉士伯收购新疆乌苏啤酒有限责任公司 34.5% 的股份
2004 年 09 月	华润雪花啤酒（中国）公司以 1.54 万美元收购“狮王啤酒”
2004 年 09 月	嘉士伯宣布收购新疆乌苏啤酒有限责任公司 34.5% 股份，并同时宣布将进一步扩大在中国西北部地区的投资，而现在嘉士伯通过重组啤酒花达到了布局西北、雄霸新疆的目的
2006 年 01 月	英博收购福建省最大啤酒企业福建雪津啤酒有限公司 100% 的股权，交易总额达 58.86 亿元

下面择取英博啤酒收购福建雪津啤酒案为例——

1. 并购双方

并购方——英博（InBev）啤酒集团，是由比利时英特布鲁（Inter-Brew）和 AmBev 于 2004 年合并成立的啤酒酿造商。该集团已成全球最大啤酒酿造商，总生产能力为年产 2200 万吨，主要经营品牌：时代（Stalls Artois）、贝克（Becks）和 Brahina，占全球市场份额 13%。英博集团 1984 年进入中国，在中国沿海市场不断拓展，目前在福建、广东、河北、湖北、湖南、江苏、江西和浙江等省共拥有 30 个酿酒厂。

被并购方——雪津啤酒，成立于 1986 年。作为福建省最大的啤酒企业，雪津啤酒是福建省啤酒第一品牌，目前有三个生产基地，分别位于福建莆田、三明和江西南昌。年产能力已经达到 90 万千升，在福建市场的占有率约为 45%，在江西的市场占有率约为 18%。自 2005 年挂牌出售以来，雪津啤酒一直是包括美国 AB 在内的众多国内外啤酒巨头的争夺对象。

2. 并购案情简介

① 并购动因

英博为何不惜巨资力争雪津？

英博对福建市场冀望已久且志在必得。早在 2002 年 5 月，英博的前身、比利时英特布鲁（InterBrew）就曾与惠泉啤酒商谈，“探讨入股尚未上市的惠泉的可能方式”。然而直到次年惠泉上市后，其38.15%的国有股才被售予燕京，作价3.624亿元。

同样在2002年，英特布鲁在竞争哈啤股份时再度落败。哈啤于2002年6月在港上市，实际控股52%的第一大股东中企基金欲售股套现。在众多意向者中，当年的世界第二大啤酒集团SAB、第三大啤酒集团的英特布鲁成为主要竞争者。英特布鲁一度占上风，但在最后关头出局。

2002年年底，英特布鲁转战南粤，旋即以1950万美元获得珠江啤酒股份有限公司24%股份。

2004年，英特布鲁与巴西美洲饮料集团（Ambev）合并成立英博，跃居全球最大的啤酒集团。迄今，英博在全球30多个国家拥有超过200个啤酒品牌，年产量达3000万千升。而自1997年进入中国以来，加上最新收购的雪津，英博在中国的年总销量已达350万千升，在江苏、广东、浙江、湖北等八省拥有逾30家啤酒厂。

此次英博拿下福建雪津，终于将中国华南市场和华东市场连通，并超过华润成为中国啤酒市场第二强。“英博将在中国东南部筑一条长城，其他势力将不能占据这里的主要市场。”英博亚太区总裁伯伦特韦理斯（Brent Willis）曾对媒体这样表示。

官方数据显示，截至2005年5月31日，雪津资产总额（不含商誉、商标）为人民币11.51亿元；2004年公司EBITDA值（息、税、折旧及摊销前盈利）为4.63亿元，EBITDA盈利率达30%，若按此次英博整体收购价58.86亿元计，为13倍EBITDA。对于这一倍数，英博认为物有所值。①

雪津又为何选择英博？

——区域品牌价值不容小视。莆田国资部门有关负责人表示，此次雪津出售股权主要是为了打造全国性的品牌，另外，英博对雪津的品牌价值和管理团队也比较认同，因此出价较高。国资部门也向外资开出了几个条件，比如注册地、纳税地不变，管理团队保留，不裁员等，这些条件英博方面都表示同意。目前，我国啤酒市场处于稳步增长的阶段，每年增长率在5%—7%之间，虽然目前没有具有全国垄断性的公司，但在区域性市场

---

① 李其谚等：《解密雪津：从濒危国企到中国最大啤酒收购案主角》，http://biz.163.com/06/0222/11/2AIGTBF700021HSD_2.html，2011年6月12日访问。

处于垄断地位的公司不少，比如福建的雪津、北京的燕京、哈尔滨的哈啤等，外资要进入这些地方，无疑要采取购并的方式。此外，从英博集团披露的情况也可以看出，在收购完雪津之后，其在华南地区的啤酒市场全部贯通，有利于进一步整合资源。

——产权市场成就高价交易。这是福建省成立产权交易市场10年以来，运作最成功、也是最大的一笔股权交易，接近过去10年全省进场交易成交金额的总和。雪津此次通过产权市场的平台寻求合作方，这是另一种融资平台。雪津成功出让有几方面好处，首先是雪津实现了国有资产和职工股权的全面增值。与上市等全开放式的融资相比，产权进场交易，出让方可以根据自己的条件设置门槛，增强了主动性，产权市场是今后企业投融资的重要渠道。

——此次收购的运作质量非常高。股权转让的整个过程涉及经济、法律、证券等方方面面的问题，专业性非常强，公告一出，就有6家全球啤酒业界顶尖企业报名，因此，如何制订标书、招标、投标和评标，成为此次股权转让的关键。为此，福建省产权交易中心请来国内产权交易的运作专家，通过综合评分，全方位考察入围企业，优中选优，保证了交易质量。

此外，此次雪津成功出让股权，对福建省的产权市场也带来巨大影响。据福建省产权交易中心有关负责人介绍，今年是福建产权交易中心成立10周年，10年来，共进场交易2000多宗，成交金额60多亿元，盘活资产300多亿元，而雪津此次转让股权，一笔就超过58亿元，这也说明，福建省的产权市场已从前几年的以物权交易为主，转变为以股权交易为主。

② 并购进程

2005年7月底，福建省产权交易中心、莆田市国资委与雪津管理层决定在福建省产权交易中心挂牌出让雪津国有股权，并提出了两轮竞标的招投标方案，即先进行首轮招投标，筛选出的合格竞标者，再进入第二轮报价。买家初步圈定为国际前四大啤酒巨头和国内前三大啤酒公司。

2005年8月31日，福建省产权交易中心正式发布《福建雪津啤酒公司国有股权转让公告》，公告后经过法定的20个工作日，由福建省产权交易中收向潜在竞价者发通知函，主要包括信息备忘录和潜在竞价者须知。收到第一份标书的意向购买人共有六家，分别是英博、AB、华润雪花啤酒

（中国）有限公司（下称华润）、燕京啤酒集团公司（下称燕京）、亚太酿酒（喜力）公司（下称喜力）和苏格兰纽卡斯尔啤酒股份有限公司（下称纽卡斯尔）。

2005 年 10 月底，英博、华润、燕京和喜力向福建省产权交易中心递交了竞标书，给出了正式的报价，AB 和纽卡斯尔退出。11 月初，在对第一轮报价详加考察后，评审委员会综合价格和非价格因素，对英博、喜力和燕京发出了第二轮报价邀请，华润出局。

2005 年 11 月初，接到第二轮报价邀请的英博、喜力和燕京，开始对雪津进行第二轮报价前的尽职调查。竞价方带来了包括财务顾问和法律顾问等的庞大团队，分成若干个项目小组，向雪津及其顾问咨询情况。12 月上旬尽职调查结束后，燕京、喜力均不再报价，退出竞争。12 月 7 日下午，第二轮竞价在福建省产权交易中心举行，英博报价 58.86 亿元，这也是最后成交价。

2006 年 1 月 23 日，英博在比利时总部正式宣布，将以 58.86 亿元的价格取得雪津全部控股：先以 23.24 亿元买下雪津 39.48% 的国有股；至 2007 年年底以前，以同样价格完成对其余 60.52% 的非国有股份的收购。净资产只有 5 亿多元的雪津，卖出了 58.86 亿元的高价，溢价率高达 10 倍以上。

此次收购是我国啤酒行业最大的购并案，英博集团首席执行官卡洛斯表示，完成购并之后，雪津将成英博集团中位居前 5 位的销售品牌。

3. 案例总结与启示

① 正确认识企业的并购价值

仅仅从目标企业自身的价值出发将无法真正理解资本市场上对并购定价有影响的因素。在并购交易中，目标企业的价值不仅仅是目标企业价值本身，还包括了目标企业被并购后给主并企业带来的协同效应价值和一些灵活的投资项目产生的价值，这些均为目标企业价值的组成部分。在我国资本市场逐步规范的过程中，资本市场的并购行为将越来越多，无法理解资本市场的并购行为及并购定价，将无法把握资本市场。因此，应从产业战略整合和协同效应的角度来确定并购定价，对于不同的并购公司，同一目标企业所带来的协同效应是不同的。

② 提高对并购定价方法的认识

企业价值评估中的每种评估方法都有其适用的条件和环境，企业应根据实际情况选择正确的价值评估方法。一方面，提高企业内部职工对于企业并购定价方法的了解和认识，以增强企业并购中的价值理念；另一方面，利用中介机构的职业服务是企业增强并购理念的有效途径。

③ 加强拍卖机制立法和执行

为杜绝市场中的腐败和违规行为，一方面，要建立和制定规范的操作程序，完善《拍卖法》，建立若干法规或条例，形成拍卖业法律规范体系框架，促进交易前后相关程序的规范化；另一方面，应加强产权交易监管，严厉打击串谋和贿赂行为，加强对产权交易机构及相关组织所从事的企业国有产权交易活动的监管，保证产权交易的公平、公正和透明。同时，适度放宽企业产权流动的限制，降低产权交易成本，推动产权的高效流动，使拍卖机制法规能得到有效执行。

④ 培育统一的产权交易市场，发展中介机构

针对市场分割的局面，需要投入硬件设施，建立全国统一信息披露系统和竞价系统，扩大交易市场范围。企业国有产权的转让必须按照规定的内容、方式、时间公开披露产权转让信息，广泛征集受让方，杜绝暗箱操作，逐渐形成国有产权转让价格的市场发现机制。大部分成功的并购是借助于投资银行、资产评估机构、法律咨询机构、财务顾问公司等中介机构进行的，而我国缺乏的恰恰是谙熟并购投资和国际化经营的中介机构。所以，应大力发展中介机构，提高中介机构的专业和信用水平，严格管理中介机构的违规行为；将拍卖方案设计工作逐渐从交易所转移至专业公司，培育由中介机构组成的经纪人市场。

综上所述，中国啤酒市场不可避免将出现寡头竞争格局，英博收购雪津后这种趋势显得更加明显。中国目前有500多家啤酒企业，其中年产量少于5万吨的小型企业占了80%。这些分散各地的区域型企业自然是各大巨头垂涎的对象。啤酒业内的整合是大势所趋，随着这些小型企业数量的减少，几大寡头对峙的局面更加清晰。目前中国啤酒市场虽然还没有形成垄断局面，但是随着国内仅存的几家区域强势品牌逐渐被各大巨头控股、兼并，以青岛啤酒、燕京啤酒、AB、SAB、华润雪花、英博等巨头为代表的势力范围已经比较明显，寡头竞争格局已经初现端倪。看来，啤酒大战将愈演愈烈。中国啤酒企业究竟何时能结束地方割据，出现雄霸神州的啤酒巨头，让我们试目以待。

（八）卡特彼勒的扩张意图

面对中国本土制造商的快速发展，30 年前曾以技术转让在中国换取低成本零部件的美国卡特彼勒公司，正在逐步深化其在华战略，直面未来中国市场上的全新竞争局面。基于对中国未来市场前景的预期，卡特彼勒实施了一系列的战略以实现其在 2010 年销售达到 20 亿美元的战略目标，具体如下：一是将原位于香港的中国区总部迁到了北京，显示出以中国大陆为其区域发展核心的战略；二是实施战略并购和战略重组。2004 年 4 月 26 日，卡特彼勒在北京大饭店宣布即日起整体并购中国机械行业第七大企业——山东山工机械有限公司，并将极力将山工打造成为一个轮式装载机、液压机和发动机部件的专业生产厂家；除此之外，卡特彼勒还将整体收购生产液压件的润光公司，而且潍柴等动力机械企业也已纳入其在山东的合作范围。此外，为避免配套能力不足而阻碍企业发展，卡特彼勒同时带来了它在全球 42 家重量级供应商，让山东企业与之对接；三是设立研发中心。卡特彼勒将选择在潍坊、济南或青岛三市之一成立本土化的研发中心；四是开拓与国有企业的战略合作。未来几年，卡特彼勒将采取并购、重组、合资、合作等方式，对国内的工程机械行业进行整合，以实施它在中国的扩张意图。①

以下以卡特彼勒整体并购山东山工机械有限公司和试图并购厦工集团为例——

1. 卡特彼勒整体并购山东山工机械有限公司

① 并购双方

并购方——卡特彼勒公司，是世界上最大的土方工程机械和建筑机械生产商，也是全世界柴油机和天然气发动机的主要供应商。目前在世界五百强中排名第 162 位。1883 年，美国霍尔特机械制造公司在加利福尼亚州开始生产机器，同时美国贝斯特拖拉机公司成立。1925 年，这两家公司合并组成了卡特彼勒拖拉机公司。1931 年以后，该公司逐步发展成为以生产推土机、装载机、平地机、铲运机、压实机械和重型卡车为主的公司。在工程机械和发动机方面，该公司的产品质量和数量以及科研一直处于世界领先地位。早在 1979 年，卡特彼勒就开始了在中国的业务。20 世纪 90 年

---

① 陈艳：《卡特彼勒的中国攻略及国内重型机械企业的对策》，《湖南商学院学报》2007 年第 3 期，第 46 页。

代，卡特彼勒在徐州、天津、山西、广州等地都有投资。

被并购方——山东山工机械有限公司，坐落于山东青州市，占地 100 万平方米，现有职工 2200 人，是一家活跃在中国工程机械市场上的拥有著名品牌的装载机生产厂商，也是中国人民解放军总装备部轮式机械定点生产厂和科研试制单位。公司总资产 16 亿元，现已形成年产各类产品 2 万台套的能力，通过了 GB/T19001—2000 质量体系认证，并取得了出口机电产品的许可证，先后被山东省和中国机械工业局评为“管理示范先进企业”，主导产品被评为“山东名牌”和“中国机械工业名牌”，获山东省产品质量奖。2003 年 11 月 5 日珠海世界 500 强峰会山工与卡特签署合作意向书。2005 年 3 月 22 日卡特彼勒投资的新山工正式成立，2008 年 1 月 25 日正式成为卡特彼勒全资公司。

② 并购案情简介

a. 并购动因

卡特彼勒公司对中国制造业的并购计划由来已久。此次并购是卡特彼勒首次全资收购中资企业，对它而言，可借助于山工集团在工程机械行业成熟的国内市场销售经验、服务网络，为其在中国的业务拓展埋下了伏笔，也是卡特彼勒在中国发展中具有里程碑意义的大事，标志着卡特彼勒不仅将在中国扩大生产，还将在中国的机械工业大省建立本土化的生产基地。真正促成这场合作的动因，圈内人士分析，主要有 4 个方面的因素：

一是山工的技术较为领先或者说独特，并拥有较强的产品技术支持系统，例如完全参照美国卡特彼勒试验场建成的具有国际水平的正规卡特式强化试验场；

二是目前山工的分销体系也是国内装载机行业做得比较规范的，在几年前就开始推行区域独家代理模式；

三是山工一直视国际化发展为目标，并积极寻求境外合作伙伴。虽然此前与某品牌的合作不成功，以及一度盛传的与英国 JCB 的合作也进展缓慢，但都没有动摇山工的信心。2003 年 8 月，山工在青岛召开的高层战略研讨会上，再次明确了打造国际化企业的目标，决定实施与“巨人同行”的战略，通过与国际知名的跨国公司组成战略联盟，提高企业的竞争力。此时的山工领导层已经能理性对待手中的管理权，对外合作意愿强烈。但当时山工决策层也许没有料到，他们的下一个合作者会是卡特彼勒。机遇总是垂青那些有准备的人，这也是两家在很短的时间内达成共识的重要前提；

四是整个山工盘子较小，净资产2000多万元，并且在2003年2月完成了股份制改造，其中国有股的比例只占到20%，其余股份都在山工的管理层，为谈判创造了条件。也有消息称，卡特彼勒曾向中国政府承诺珠海会议前宣布在华的新投资案，也是这次闪电成交的原因之一。①

b. 并购进程

2003年9月卡特彼勒与山工的第一次接触算起，不到2个月时间，双方便达成共识，闪电般地签署了意义重大的备忘录。

对山工机械的整体收购，卡特彼勒采取了"分两步走"的策略，即先收购40%股权，再收购剩余60%的股权。2005年3月，中美合资山东山工机械有限公司成立后，山工正式加盟卡特彼勒全球体系。卡特彼勒出资约880万元收购山工40%的股份，其中包括20%的国有股份。依据合约，卡特彼勒有权在未来3年内收购剩余60%股份。

2005年4月，山东省外经贸厅公布："3月10日，卡特彼勒（中国）投资有限公司和卡特彼勒（香港）有限公司分别出资130.8万元人民币和43.6万元人民币，以股权并购方式获得山东山工机械有限公司30%和10%的股权，成立中外合资经营企业。项目投资总额620万元人民币，注册资本436万元人民币。"

这是卡特彼勒首次整体收购中国企业，此并购案也是卡特彼勒在华并购战略的第一个实质性战果。对卡特彼勒来说，这应该是"做了一笔很划算的买卖"。

山工机械曾是国内工程机械企业排名第七的国有企业。2003年，山工机械完成了第一轮改制，改制后，国有股20%，管理层持股60.5%，员工持股19.5%。山工机械在合资前处于亏损边缘，公司负债率高达98.3%。为获得资金改变被动局面，山工机械主动寻求境外战略合作伙伴。在与卡特彼勒合资后，山工机械引进先进技术并逐步消化吸收，提高了技术水平和产品质量，同时通过成立研发中心，不断开发适合新兴市场的产品，并利用卡特彼勒全球供应链扩大出口。合资后，仅2005年上半年就扭亏为盈，盈利626万元，出口装载机200台。卡特彼勒则是这次业内大型并购的最大赢家，相对较少的投入却让他们成功在中国市场找到了最为坚实的

---

① 晓石：《卡特彼勒中国猜想》，《工程机械与维修》2004年第1期，第39页。

机械制造基地。

③ 案例评论

在“卡特彼勒整体并购山工”此举之下，同在中国市场淘金的几大外资品牌也坐不住了。据知情人士透露，就在卡特彼勒与山工合作消息一经传出，几家外资企业便有不同的表现，有的找山工愿意出更高的价钱；有的抱怨消息不够灵通，错失了良机；有的开始仔细打量中国的细分市场。可以肯定的是，大家都将重新审视自己在中国市场前进的步伐。卡特彼勒这场收购伊始，就给中国的工程机械资本市场打了一针“强心剂”，而这一事件正好发生在中国工程机械市场竞争方式升级换代的启动年——2004 年。

中国工程机械市场对于卡特彼勒来说是机遇也好，是威胁也好，装载机都远不是卡特彼勒在中国的终极梦想，我们重温一下签字仪式上格林·巴吨先生饱含激情的话语：“中国的经济发展水平是前所未有的，中国市场代表着当今工程机械行业最大的增长机会。”卡特彼勒要想继续保持在全球工程机械领域的领先地位，唯中国战略是看！①

2. 卡特彼勒试图并购厦工集团

作为中国机械制造业龙头之一的厦门厦工集团有限公司，是卡特彼勒的重点目标之一。

① 并购动因

卡特彼勒对厦工集团的这次收购，被人们称为是一场强者与强者之间的对决。

厦工集团是中国 500 强和中国机械工业 100 强企业，是具有 40 多年生产工程机械产品丰富经验的国有独资集团公司。公司资产总额近 19 亿元人民币，员工 6 千多人。企业拥有先进的技术与设备，关键工艺技术水平达到或接近世界先进水平，也是中国工程机械行业最具影响力的企业之一，其“厦工”牌装载机市场占有率稳居国内同行首位。有数字显示，近几年来，厦工集团发展很快，生产能力和规模在国内机械制造业中首屈一指。如生产基地从 5 万平方米的生产场地发展到近 200 万平方米的工业园区；具备年产装载机 2 万台，挖掘机 2000 台，叉车 3000 台，小型工程机械 2000 台，桥箱 2 万台套的生产能力，特别是日产装载机 70 台的能力让厦

① 晓石：《卡特彼勒中国猜想》，《工程机械与维修》2004 年第 1 期，第 43 页。

工轻松地站在了年产 2 万台装载机的门槛上。

但业内人士分析说，在此大好发展势头的同时，目前厦工集团也开始面临着某些现实困扰，如受固定资产投资的周期性影响，工程机械市场也表现出了特有的典型周期性，而这种周期性又与国家重点建设项目的增减息息相关。近几年，由于民间资本进入建设领域，特别是重大项目建设领域，市场的内生需求逐渐增大，自 2001 年以来国内工程机械市场出现了连续几年的高需求高增长；而 2004 年 4 月开始的宏观调控，使工程机械的市场急剧降温，这种低迷状况可能会延续到 2006 年年底。因此，在这种情势下，厦工也试图寻求国际化支持。

卡特彼勒更是来势凶猛，作为全球最大的机械设备制造商，在世界 500 强中排名第 77 位，公司 2004 年的销售额就达 302.5 亿美元。但卡特彼勒在中国的经营业绩并不好，如 2003 年在华业务仅为 40 亿元人民币，不足中国工程机械市场总产量的 1/20，更是其全球市场营销中的微末之数。所以，随着中国建筑业的高速发展和工程机械市场需求的不断扩大，对于卡特彼勒而言，中国市场无疑充满巨大诱惑，卡特彼勒也开始加快实施其在中国的扩张战略。卡特彼勒熟悉中国国情和国有企业，并且善于打政府牌，同时又具备行业霸主的实力与野心，作风强悍。

“卡特彼勒在中国诸多的并购中，收购厦工集团甚为关键，一旦卡特彼勒竞购厦工集团成功，就基本上确立了它在中国装载机市场的垄断地位，促成它在中国装载机市场的垄断地位必将提前形成，并将使我国装载机行业几十年积累的竞争能力和自主品牌随之消失。对行业的影响将十分巨大。”对国有企业并购重组研究颇深的经济学家白津夫接受《中国经济周刊》记者采访时不无担忧地表示。

② 并购“厦工”悬案：外界压力下放缓并购步伐

刚刚进入 2006 年，中国机械行业内就盛传，厦工集团总经理王昆东正在就并购事宜与美国卡特彼勒公司进行谈判。一方是全球最大的机械设备制造商，另一方是中国的行业龙头企业之一，所以，此消息备受各方关注。

事实上，当厦工集团刚刚把产能提高到最高状态时，国内需求市场却由热变冷了。而恰恰就在此时，美国卡特彼勒公司找上了厦工集团。

据知情人士向《中国经济周刊》透露，卡特彼勒与厦门市政府以及厦工集团的接触从 2005 年年初就已经开始，双方曾多次进行谈判。

“到目前为止，不良资产问题仍是双方谈判的焦点。厦门市政府希望卡特彼勒能接手厦工集团的不良资产，而卡特彼勒却不愿意。同时，在控股权和品牌问题上，卡特彼勒提出控股、控品牌。”该知情人士介绍说。

在竞争对手面临困境时重拳出击，这是乘虚而入还是乘人之危？是商海战术还是商家大忌？这显然是商业与道德两个截然不同领域的命题。

无论外人如何议论和评价，现实却是：尽管卡特彼勒提出的并购条件苛刻，在此次厦工集团改制的谈判过程中，至今尚未出现能与卡特彼勒匹敌的竞争对手，“如果不出意外，卡特彼勒胜出的可能性很大”。上述分析人士判断说。

卡特彼勒能否成功并购厦工集团，目前看还是一桩悬案。不过，在2005年11月24—25日厦门举行的“2005年第四届中国工程机械发展高层论坛”上，厦工集团董事长王昆东做了主题为“打造工程机械民族品牌、加快振兴我国装备制造业”演讲，王昆东董事长在演讲中说，面对跨国公司的强势介入，厦工的应对措施是：立足自主创新，努力掌握一批具有自主知识产权的核心技术，使之成为推动装备制造业发展的强大动力；实施名牌战略，努力打造一批民族自主品牌，使之成为与跨国公司品牌抗衡的利器；自立自强，努力培养一批具有较强国际竞争力的优势企业，使之成为支撑我国装备制造业的脊梁。

外界评论说，王昆东董事长的发言透露了厦工的“心事”，即厦工集团对跨国巨头对国内企业并购的企图已经高度警觉，厦工集团作为国内工程机械业的排头兵，有决心和勇气振兴民族装备制造业。

对卡特彼勒来说，厦工集团的确是一块难啃的硬骨头，要想像收购山工机械那样合算的买卖，并非易事。

③ 案例评论

世界工程机械制造巨头美国卡特彼勒公司收购占有国内装载机市场第二大份额的厦工集团一案，2006年4月初陡生变局。4月3日晚7点，厦门国资委紧急开会宣布，市委决定启动全市国资重组方案，要求全市所有国企的对外活动一律暂停。

集团合并，则意味着机构更迭和班子调整，也意味着厦工未来发展方向的可能变化。卡特彼勒收购厦工一事就此搁置。厦门政府最终出手厦工股份。一来因为政府100%持股厦工集团，而后者又持有上市公司厦工股份逾七成的股份，股权过于集中；二来也因为厦工近年盈利不佳，且公司治理乏善可称。

卡特彼勒最初只愿收购上市公司厦工股份，但厦门市政府主张将厦工集团整体转让。2005年下半年起，双方谈判的前提已是对厦工集团的转让，但卡特彼勒一直坚持绝对控股厦工，并将厦工的装载机冠以卡特彼勒的全球性品牌。卡特彼勒最看重的，正是厦工的装载机市场及其日益增强的出口能力。卡特彼勒对厦工等企业有一定的想法。它想做一些全国性的布局，使中国成为它的制造中心。

而政府对于卡特彼勒的全面收购意图也颇为谨慎。“他们的意图并非简单进入，而是为了全国性的布局，故政府对卡特彼勒收购厦工案变得极其敏感。”

卡特彼勒在中美贸易中倾向于支持中国，反对美国建立关税和贸易壁垒。2006年3月，欧文斯在全美制造周论坛上发言时公开反对美国的《舒默—格雷厄姆法案》，认为其旨在推行贸易保护主义。鉴于卡特彼勒在中国政府中的影响力，它最终收购厦工的可能性还是很大的。

总而言之，卡特彼勒这条国际工业大鳄，利用中国国企“产权改革”，以及中国机械工业在跨国公司竞争压迫下陷入萧条的机会，正有条不紊地蚕食由国企组成的中国工程机械行业核心企业的计划。要在中国争取更大的市场份额，卡特彼勒在中国的扩张速度会更加激进，产能会更加增加。2010年占全球工程机械市场规模的47%，争夺中国市场的意义不言而喻。

第五章　反垄断与国家安全审查

国家安全审查制度缘起于现代国家的经济职能。国家的经济职能随着国家的社会发展而发生着质的变化。在西方国家的市场经济初期，由于在法律制度层面上落实“民主”与“自由”的政治理念，以致社会经济主体间的经济活动取决于私法制度的根本保证，而国家则处于“守夜人”、“仲裁人”的地位。当市场经济进入垄断时期后，国家为了其整体利益的要求，便借以反垄断契机进而运用“公权力”介入市场经济的运行，以保证市场竞争秩序符合国家经济职能的要求。由此，开创了现代国家的新的经济职能即国家介入市场经济的职能。现代国家的经济职能，在外在表现形式上可有多种多样，有的表现为一个阶段的某个领域的经济政策导向，有的表现为市场准入的设置，有的表现为对市场经济主体行为的规范，等等。然而，就经济职能的本质与内涵而言，就是要保证国家的安全与健康发展。因此，任何现代国家，无论其实施何种经济体制，如何规范市场秩序，如何分配社会资源等，其根本的考量点在于保证国家的安全。很显然，现代市场经济的运行加剧了国际间的经济往来，这就引发了如何运用外资以促进本国经济的安全与健康发展的问题。基于国家之间经济发展的程度与现状以及各种社会因素的不同，各国对于外资的态度也存有差异。其中，以国家安全的名义来限制或禁止外资进入本国，就成了国家实施其经济职能的一项措施。无论现时的发达国家还是发展中国家均如此。这是因为，实施国家安全审查制度的根本目标，就是保证实现崇高的国家利益。①

我国作为消费型大国的特点、持续走强的经济以及日趋成熟的法律环境，吸引了跨国公司的逐利目光。从2005年起，国际并购大腕们从容不迫地收购我国的金融保险、商业服务、消费品、基础材料、机械以及食品酒类等领域的优良或不良资产，部分产业已出现被外资垄断的迹象。其中，

① 吴宏伟：《创制“并购安全审查制度”之必然》，http：//www. legalinfo. gov. cn/index/content/2011 －05/23/content_ 2671752. htm？ node =7879，2011 －05 －23 访问。

凯雷收购徐工案引起了社会各界对外资并购问题的关注，尤其是引发了社会对外资并购应否进行国家安全审查的探讨：第一，凯雷并购徐工的价格是否有贱卖国有资产之嫌？竞价高是否为最佳购并方案？第二，将徐工卖给私人股权投资基金对徐工的未来发展是否有利？第三，装备制造业是为其他行业提供母机和装备的产业，在某种意义上，装备制造业的发展直接决定了国民经济其他行业的现代化水平。徐工机械作为我国工程机械的龙头企业，如果被凯雷控股，是否会威胁装备制造业的产业安全和国家经济安全？从法律角度思考，上述问题可集中为：产业安全是否关系到国家经济安全？对外资并购的安全审查究竟是经济安全审查还是国家安全审查？外资并购审查和反垄断审查能否替代国家安全审查？我国是否需要对外资并购进行国家安全审查？

一、反垄断审查与国家安全审查的关系

随着外资并购活动的日益频繁，各国对国家安全越来越敏感和关注，纷纷建立起一整套相对完善的外资并购安全审查制度。例如，美国、加拿大、澳大利亚、日本、法国等国家均对安全审查的机构、审查程序、审查标准、审查时限等作出了明确规定。要探究反垄断审查和国家安全审查的关系，无外乎可从两者的联系和区别这两方面入手，以便更好地认识到外资并购安全审查制度的重要性。

（一）两种审查的联系

可以说，两种审查的联系比较简单。一方面，两种审查均对同一项商业活动即外资并购境内企业进行审查。其次，两种审查均涉及政府部门。从直观或表象来看，似乎安全审查是政治问题，而反垄断审查是经济问题，二者有着比较明显的独立性，但仔细深究，则会发现在现实的经济生活中，有时无法将经济问题和政治问题严格区分开来。从另一方面看，一国的经济安全是政治安全和军事安全的基础，它们在很多情况下都是绑定在一起的。“经济问题不能政治化”只是西方发达国家在发展中国家谋求更大利益的一个借口。其实，把商业活动上升到国家安全的政治高度，在西方国家，尤其是美国做得是很突出的。如果把国家安全大体上分为经济安全、军事安全和政治安全，那么外资并购给国家安全带来的影响要着重从经济安全角度进行评估，因为外资并购不仅涉及经济利益的得失问题，而且涉及社会就业、环境保护以及国民经济体系稳定，进而影响到国家军

事安全和政治安全。世界各国对外资并购的国家安全审查和反垄断审查并存的事实再一次说明了经济基础和上层建筑的辩证关系，那就是经济是政治的基础，而政治则会对经济发生反作用。特定的国家和政治力量“如果不从政治上正确地看问题，就不能维持它的统治，因而也就不能完成它的生产任务”。①

（二）两种审查的区别

1. 二者审查的目的与作用不同

外资并购反垄断审查的主要目的是维护正常的市场竞争秩序，提高经济运行效率，增进社会公共利益与消费者福祉，促进社会主义市场经济健康发展。而国家安全审查的目的是维护国家的经济安全、国防安全，保护国家主权等。

2. 二者审查的标准不同

根据《关于外国投资者并购境内企业的规定》第 51 条，外国投资者并购境内企业涉嫌垄断的申报标准为：①并购一方当事人当年在中国市场营业额超过 15 亿元人民币；②1 年内并购国内关联行业的企业累计超过 10 个；③并购一方当事人在中国的市场占有率已经达到 20%；④并购导致并购一方当事人在中国的市场占有率达到 25%。虽未达到上述四个条件之一，但应有竞争关系的境内企业、有关职能部门或者行业协会的请求，商务部或国家工商行政管理总局认为外国投资者并购涉及市场份额巨大，或者存在其他严重影响市场竞争等重要因素的，也可以要求外国投资者做出报告。而安全审查的标准则不同。就目前我国的实际看，虽然至今尚未制定明确的安全审查标准，但并不等于说就没有安全审查的标准，我国目前安全审查标准的主要依据是 2007 年《外商投资产业指导目录》及其他有关规定。

3. 二者审查适用的范围不同

反垄断审查适用于所有涉嫌垄断的企业并购。无论外资并购境内企业，还是境内企业的相互并购，只要有可能造成经营者集中，妨害正常的市场竞争秩序，都要进行反垄断审查。因此，反垄断审查的企业并购案件，一般是大型或特大型企业之间的并购案件，中小型企业之间的并购案

---

① 尚明主编，商务部条法司编：《中国企业并购反垄断审查相关法律制度研究》，北京大学出版社 2008 年版，第 327—328 页。

件不需要进行反垄断审查。而安全审查只适用于威胁国家发展与生存的外资并购境内企业案件，境内企业并购案件一般不需要进行安全审查。无论中小型企业的并购案件，还是大型企业的并购案件都有可能威胁国家安全。可见，安全审查的外资并购境内企业案件既可以是一个大规模的并购案件，也可能是一个小规模的并购案件。

4. 二者审查机构不同

从目前各国有关外资并购的法律法规看，反垄断审查与安全审查分别由不同的政府机关完成。在美国，反垄断审查由司法部反托拉斯局与联邦贸易委员会承担，而安全审查则由美国外国投资委员会负责。在我国，外资并购安全审查主管机构是国务院反垄断的执法机构，即国务院反垄断委员会与商务部、发改委与工商行政管理总局。[①] 根据国务院办公厅于2011年2月3日颁布的《关于建立外国投资者并购境内企业安全审查制度的通知》，建立外国投资者并购境内企业安全审查部暨联席会议制度，具体承担并购安全审查工作。

二、美国外资并购国家安全审查制度及其对我国的启示

（一）美国外资并购安全审查制度的立法沿革

美国历来主张投资开放，同时，其国内关于国家安全与外国投资两者间关系的讨论也由来已久。早在第一次世界大战期间，美国国会即以威胁国家安全为由通过立法禁止外资进入广播、民航和内海航运等领域。[②] 不仅如此，在外资准入国家安全审查制度方面，美国也一直走在各国前列。早在20世纪50年代，美国就制定了《1950年国防生产法》，随后又出台了《1976年国际武器交易管理条例》、《1977年国际紧急经济权力法》、《1979年出口管理法》以及反垄断法等涉及外资准入国家安全审查的法律。

1988年美国通过了埃克森—弗罗里奥修正案，从而正式确立了外资并购国家安全审查制度。该修正案授权总统出于国家安全的考虑可以对那些收购、合并或接管美国公司的外资并购进行调查，在认定该种行为构成对美国国家安全的威胁时，可以中止或禁止相关并购交易。与此前美国一直实施的比较开放的外资政策相比，埃克森—弗罗里奥修正案反映出美国的

---

① 孙效敏：《外资并购境内企业监管研究》，北京大学出版社2010年版，第223—224页。

② Trading with the Enemy Act, Public Law 65 - 91, US Statutes at Large 40, 1917, 411.

外资监管政策开始收紧。

1991 年美国颁布了该修正案的实施细则——《外国人合并、收购和接管规定》。该法在审查原则、范围、实体和程序等方面作出了明确规定，极大地丰富了外资并购国家安全审查制度的内容，使这项制度更加完备，更具操作性。

其后，《行政命令 11858》（修正）正式授权外国投资委员会（Committee on Foreign Investments in the United States，以下简称 CFIUS）来负责实施该修正案。

2002 年“9·11 事件”之后，美国不断加强对关系国家安全的外资并购交易的审查与限制，加之接二连三的关系美国国家安全的外资并购案的发生，美国于 2007 年和 2008 年分别对修正案和《外国人合并、收购和接管规定》再次进行了修订，并形成了美国最新的外资并购国家安全审查法——《外国投资与国家安全法（*The Foreign Investment and National Security Act of* 2007，以下简称 FINSA)》及其实施细则——《外国人合并、收购和接管规定》第三修订草案（以下简称《实施细则草案》)。与原立法相比，新立法对外资并购国家安全审查具有重大突破和发展，因而备受世界各国的关注。美国新的外资并购国家安全审查立法降低了外国投资者投资的泛政治化风险，提高了审查程序的透明度，加强了外部监督，从而增强了外资并购国家安全审查的可预期性，在规范外资并购交易的同时，也最大限度地保障了美国国家安全。

美国的国家安全审查制度在实践中不断接受检验并一步步修改完善，形成了比较系统完善且具有很大先进性的立法体系，引起许多外国专家和学者的关注和研究，为许多国家完善相关立法提供了借鉴。美国国会对修正案和《外国人合并、收购和接管规定》分别进行第四次和第三次修订这一举措，一方面表明，美国在“9·11 事件”之后对国家安全的关注迅速升级，进一步强化了对关系国家安全的外国投资行为的审查与限制；另一方面，也表明美国在新形势下对寻求保持投资开放与维护国家安全之间恰当平衡的关注。①

---

① George Stephanov Georgiev. the Reformed CFIUS Regulatory Framework：Mediating between Continued Openness to Foreign Investment and National Security，Yale Journal on Regulation，Winter，2008，(4)：78－83.

（二）美国外资并购安全审查制度的主要内容

1. 审查机构

根据修正案，国家安全审查的认定机关应该属于 CFIUS 和美国总统。FINSA 明确列出了九个成员部门，具体包括财政部、国务院、商务部、国防部、司法部、国土安全部、能源部、劳动部、国家情报局。但劳动部和国家情报局特别代表是依职权加入到 CFIUS 中的，不享有投票权。委员会的主席由财政部长担任，秘书处设在财政部国际投资局，由该局牵头负责委员会的日常事务工作。涉及国家安全的外资并购应该接受 CFIUS 的法律审查，无论这种法律审查是由 CFIUS 提起还是由外资并购双方“主动申请提出”，只要 CFIUS 有“可信证据”足以表明外资并购可能会采取危及国家安全的行为，该委员会就可以建议美国总统阻止、否决或者使外国放弃既得的并购利益。此外，CFIUS 和总统的决议不受“司法审查”，这就意味着国家安全法律执行机关具有最终的决定权，大大削弱了国会对“国家安全法律审查”的干预力度。同时也可看到，CFIUS 通过吸收与国家安全息息相关的政府机构，从军事、国防、经济、贸易、科技等多角度来综合评价一项外资并购是否有可能对国家安全造成威胁，以确保国家安全审查的专业性和正确性。

虽然据有关统计显示，从 1988 年到 2009 年间，美国国家安全委员会收到超过 1500 个审查申报书，最终确定进行全面审查的只有 25 项投资。在这 25 项投资中，投资方主动撤销投资计划的有 13 项，剩下的 12 项投资计划则被给递交总统裁决。美国总统只叫停了其中一项投资计划。但这唯一的一项就与中国有关：1990 年，中国航空技术进出口公司对总部位于西雅图的飞机零部件厂商 MAMCO 公司提出收购，被时任美国总统的老布什以“国家安全”名义拒绝。

2. 审查标准

国家安全是一个相对动态的概念，它随时代背景的变化而变化。正因如此，埃克森—弗罗里奥修正案并没有明确规定国家安全标准的内涵，CFIUS 主要根据是否有可信的证据证明并购交易有损害国家安全的威胁，以及现行法律法规是否能适当、恰当地维护国家安全来判断。这种原则性规定虽然可以最大限度地保障国家安全，但不利于执行。FINSA 的出台则首次细化了审查标准，明确提出对外资收购“重要基础设施”以及来自外国“国有企业”的收购进行国家安全审查。而且，FINSA 同时首次明确了审查这类交易时的考虑因素，包括：向对美国构成威胁的国家进行技术转移的风险；交易对重要基础设施和重要技术的影响；交易是否涉外国政府所有的资产。针对涉及外国国有企业的收购案，FINSA 提出的考虑因素包括该外国政府与美国之间的外交一致性、在多边反恐、防止核扩散以及出口限制方面的政策一致性。从中可见，针对外国国有企业，美国国会采用了国籍方法来区分国家安全风险。①

值得注意的是，FINSA 采用的是"国家安全"标准，而非"国家经济安全"标准作为审查依据。国家经济安全是国家安全的属概念，采用国家安全标准更能全方位、有效地解决外资并购中的国家安全问题。

3. 审查程序

美国的外资并购国家安全审查可以分为申报/通报、初审、调查和总统决定四个阶段，最长不超过 90 天。为了有效开展国家安全审查程序，在初审和调查阶段，CFIUS 可以在审查标准方面与交易方进行协商，而且 CFIUS 还可以要求交易方对未来的行为作出某种承诺，以此证明该并购交易不会对国家安全产生负面影响。

同时，FINSA 随着实践的深入又有了新发展：FINSA 和《实施细则草案》强化了进入调查程序的要求，延长了部分并购交易的审核时间，特别是所有"国有或者国家控股"的外国企业被自动启动增加了 45 天的调查程序；明确将申报前的非正式磋商纳入自愿申报程序，从而大大缓解了因正式程序期间短暂而产生的压力；建立了事后监督机制，对于已经通过 CFIUS 审查的并购交易，当交易一方向 CFIUS 提交的信息存在实质性虚假或错误或遗漏，或者故意严重违反缓和协议且无其他救济措施的情势下，CFIUS 有权启动再次调查先前审查或者调查过的交易的程序，从而保证美国取得国家安全审查的主动权。

（三）我国"并购安全审查制度"的主要内容及其缺漏

在经济全球化的今天，外资并购作为最主要的国际投资方式对我国经济发展的影响日益显著，作为一把"双刃剑"，它在促进我国经济发展的同时也可能危及我国的经济安全乃至国家安全。尽管 2006 年《关于外国投资者并购境内企业的暂行规定》首先提出国家经济安全，在 2009 年修

① 蒋姮、伍燕然：《外国投资国家安全审查：美国的新举措及其借鉴》，《国际经济合作》2007 年第 9 期，第 43—44 页。

订后的《外国投资者并购境内企业的规定》（以下简称《并购规定》）再次提及国家安全审查。《中华人民共和国反垄断法》（以下简称《反垄断法》）第31条规定，外资并购影响国家安全的，除涉及经营者集中审查外，还应当进行国家安全审查。此外，《指导外商投资方向暂行规定》（以下简称《暂行规定》和《外商投资指导目录》（以下简称《指导目录》）对外资并购的产业准入进行比较合理地调控。但总体而言，以上这些法律法规关于国家安全审查的规定相对简单，缺乏系统性与可操作性，加之，行业准入审查和反垄断审查并不能替代国家安全审查。

2011年2月3日，国务院办公厅颁布了《关于建立外国投资者并购境内企业安全审查制度的通知》（以下简称《通知》），弥补了长期的制度缺憾，使我国同美国等国一样，确立了国家安全审查制度。该《通知》依据《反垄断法》第31条"对外资并购境内企业或者以其他方式参与经营者集中，涉及国家安全的，除依照本法规定进行经营者集中审查外，还应当按照国家有关规定进行国家安全审查"之规定，结合我国国民经济发展实践，就外资并购内资企业的并购安全审查范围、并购安全审查内容、并购安全审查工作机制、并购安全审查程序等内容作了具体的规定，进而形成了较为完善的并购安全审查制度。

——关于并购安全审查范围。根据《通知》的精神，审查范围仅限于国家安全和国防安全。《通知》规定，并购安全审查的范围为：外国投资者并购境内军工及军工配套企业，重点、敏感军事设施周边企业，以及关系国防安全的其他单位；外国投资者并购境内关系国家安全的重要农产品、重要能源和资源、重要基础设施、重要运输服务、关键技术、重大装备制造等企业，且实际控制权可能被外国投资者取得。

其中，《通知》就外资企业并购内资企业的种类或情形作了具体的规定，即：①外国投资者购买境内非外商投资企业的股权或认购境内非外商投资企业增资，使该境内企业变更设立为外商投资企业；②外国投资者购买境内外商投资企业中方股东的股权，或认购境内外商投资企业增资；③外国投资者设立外商投资企业，并通过该外商投资企业协议购买境内企业资产且运营该资产，或通过该外商投资企业购买境内企业股权；④外国投资者直接购买境内企业资产，并以该资产投资设立外商投资企业运营该资产。

与此同时，《通知》还规定，外国投资者取得实际控制权，是指外国投资者通过并购成为境内企业的控股股东或实际控制人，包括：①外国投资者及其控股母公司、控股子公司在并购后持有的股份总额在50%以上；②数个外国投资者在并购后持有的股份总额合计在50%以上；③外国投资者在并购后所持有的股份总额不足50%，但依其持有的股份所享有的表决权已足以对股东会或股东大会、董事会的决议产生重大影响；④其他导致境内企业的经营决策、财务、人事、技术等实际控制权转移给外国投资者的情形。

——关于并购安全审查内容。《通知》就并购安全审查的内容作了规定：①并购交易对国防安全，包括对国防需要的国内产品生产能力、国内服务提供能力和有关设备设施的影响；②并购交易对国家经济稳定运行的影响；③并购交易对社会基本生活秩序的影响；④并购交易对涉及国家安全关键技术研发能力的影响。

——关于并购安全审查工作机制。《通知》就并购安全审查的工作机制作了规定：①建立外国投资者并购境内企业安全审查部暨联席会议制度，具体承担并购安全审查工作；②联席会议在国务院领导下，由国家发改委、商务部牵头，根据外资并购所涉及的行业和领域，会同相关部门开展并购安全审查；③联席会议的主要职责是：分析外国投资者并购境内企业对国家安全的影响；研究、协调外国投资者并购境内企业安全审查工作中的重大问题；对需要进行安全审查的外国投资者并购境内企业交易进行安全审查并做出决定。

——关于并购安全审查程序。《通知》就并购安全审查程序作了规定：①外国投资者并购境内企业，应按照本通知规定，由投资者向商务部提出申请。对属于安全审查范围内的并购交易，商务部应在5个工作日内提请联席会议进行审查；②外国投资者并购境内企业，国务院有关部门、全国性行业协会、同业企业及上下游企业认为需要进行并购安全审查的，可以通过商务部提出进行并购安全审查的建议。联席会议认为确有必要进行并购安全审查的，可以决定进行审查；③联席会议对商务部提请安全审查的并购交易，首先进行一般性审查，对未能通过一般性审查的，进行特别审查。并购交易当事人应配合联席会议的安全审查工作，提供安全审查需要的材料、信息，接受有关询问；④在并购安全审查过程中，申请人可向商务部申请修改交易方案或撤销并购交易；⑤并购安全审查意见由商务部书面通知申请人；⑥外国投资者并购境内企业行为对国家安全已经造成或可能造成重大影响的，联席会议应要求商务部会同有关部门终止当事人的交易，或采取转让相关股权、资产或其他有效措施，消除该并购行为对国家安全的影响。除此之外，《通知》还就一些特别事项作了规定。[①]

虽然我国颁布了一系列规范外资并购维护国家安全的法律法规，然而通过对相关外资并购国家安全审查的政策、法律和法规的考察，我们不难发现，我国的外资并购国家安全审查制度仍存在法律制度上的缺漏：

1. 缺乏完整的法律法规体系

从我国关于外资并购监管法律的总体来看，该体系战略意图不清晰，政策摇摆幅度大，主要表现在以下几个方面：第一，没有一部能统率外资并购相关法律规范的基本法，外资并购立法在不同效力层次与规制领域上缺乏配合，缺乏体系性，并经常出现法律规范的相互冲突和无法可依的状况。第二，外资并购立法层次低，缺乏权威性。在涉及外资并购的法律法规中，除了《反垄断法》、《公司法》、《证券法》、《外资企业法》是由国家立法机构颁布的以外，其余大多数是各个部委以条例、通知、实施细则、办法、规定等名称颁布的行政法规、政府规章。第三，政策不确定，朝令夕改。

再从我国关于外资并购的国家安全审查具体制度来看，相关的规定仅有为数不多的几个条款，如《并购规定》第12条赋予商务部对涉及“经济安全因素”的外资并购进行实质性审查的广泛权力；《反垄断法》第31条提及外资并购或以其他方式参与经营者集中涉及国家安全的，应进行经营者集中审查以及国家安全审查；《通知》虽然就外国投资者并购境内企业的并购安全审查范围、并购安全审查内容、并购安全审查工作机制、并购安全审查程序等内容作了具体的规定，但许多问题还有待进一步明确和细化。

2. 缺乏风险防范意识

外资并购风险来自三个方面：资产造假、资产流失问题；产品、服务垄断问题；外资之间在中国境内的激烈竞争给中国产业造成损害。保证本国经济安全是引进外资不可逾越的前提。确保国家经济安全需要建立起完备的风险预警体系，应包括反不正当竞争法律体系、反垄断法律体系和国

---

① 吴宏伟：《创制“并购安全审查制度”之必然》，http：//www.legalinfo.gov.cn/index/content/2011-05/23/content_2671752.htm？node=7879，2011-05-23 访问。

家经济安全许可认证体系。

3. 立法中存在许多盲点和混乱，相关规定过于原则化

《并购规定》对于“涉及重点行业、存在影响或可能影响国家经济安全因素或者导致拥有驰名商标或中华老字号的境内企业实际控制权转移的”并购交易应该进行国家安全审查。但除了上述情形，还有无其他情形可能影响国家安全并需要经过审查的呢？影响或可能影响国家经济安全的因素有哪些？重点行业、驰名商标或中华老字号应如何认定？审查的具体程序如何？如何防范我国企业受损？这些问题都亟须解决。[①] 另外，《并购规定》可操作性有待进一步提高，规定本身尚存许多漏洞和问题，如对经济安全审查的标准、程序、期限和审查结果公开事宜没有作出相应规定。

作为法律层面的国家安全审查的唯一法律依据的《反垄断法》，仅仅在第31条作了授权性的原则性规定，规定国家安全审查的实施依国家有关规定进行，但国家有关规定时至今日仍不见踪影。《反垄断法》使用了“国家安全”这一概念，而《并购规定》使用了“国家经济安全”这一概念。很显然，“国家安全”和“国家经济安全”不能相提并论，不能替换使用，“国家经济安全”应该是“国家安全”的属概念。关于外资并购审查的实质标准究竟是“国家安全”还是“国家经济安全”？应如何界定“国家安全”和“国家经济安全”等问题均须明确。这些关键性概念的界定和具体的审查标准等问题均在立法中缺失，无疑是极大的遗憾。

国务院2011年2月最新颁布的《通知》正式设立了国家安全审查制度，意义重大，但依旧存在许多悬而未决的问题，有待于进一步明确和细化：首先，《通知》没有对“国家安全”、“重要”、“关键”等概念进行定义，这增加了外国投资者交易的不确定性以及相关部门很大的裁量权。在没有案件产生的情况下，一些原本准备开展的并购双方便需进行不必要的观望。其次，国家没有设定最低审查门槛。经营者集中审查是有一定的门槛，但国家安全审查呢？是否任何并购案件都有可能落入审查范围，无论交易规模大小或者交易当事人规模大小？再次，《通知》没有对外国投资者收购我国离岸企业做出规定。目前，我国存在许多企业，注册地位于国外一些小岛。外国投资者可能通过收购离岸企业，来达到控制国内子公司

---

① 王小琼、何焰：《美国外资并购国家安全审查立法的新发展及其启示——兼论〈中华人民共和国反垄断法〉第31条的实施》，《法商研究》2008年6期，第13—17页。

的目的。然而该离岸企业根据我国公司法注册地原则，自然不属于我国境内企业。这是否属于法律的一个漏洞，还未为可知。此外，目前并购市场如火如荼，金融行业并购也十分高涨。本通知不适用于外国投资者并购境内金融机构。金融机构的并购问题亟待相关规定的出台。我们期待着国务院早日出台相关规定，规制这一领域，进行相关国家安全审查。

（四）美国外资并购安全审查制度对我国的启示

2011 年 2 月 12 日，国务院办公厅印发《关于建立外国投资者并购境内企业安全审查制度的通知》，并在全国实行。这一天，距离中国加入世界贸易组织即将 10 年，距离第一个外资并购安全审查制度在美国制定更是已经过去了 20 余年，而几乎同时发生的华为美国收购遇阻事件则为这则通知下发的背景提供了极大的想象空间。《通知》的出台向外界释放出了强烈的信号：中国将逐渐告别无序竞争的引资时代。相对而言，美国的国家安全审查制度规定得较为完善，而我国毕竟尚处于起步阶段，因此可以在我国实际国情的基础上，借鉴美国相关制度。笔者认为不妨从以下方面构建我国国家安全审查制度：

1. 审查标准

根据《通知》的精神，并购安全审查范围仅限于国家安全和国防安全。这其中，如何界定“国家安全”？有无必要对“国家安全”作出明确定义？笔者认为，不妨参考借鉴美国的相关立法，不对国家安全给出确切定义，因为当今的国际、国内环境愈加复杂，国家安全问题可能会出现在某些意想不到的领域中，因此，使用宽泛、不确定的概念可以赋予我国政府合理的自由裁量权，根据具体情况做出判断，这样反而有利于维护国家安全。但与此同时，我国法律应该确立一些可能影响国家安全的考虑因素，以避免国家安全概念无限扩大化，这样也可为实践操作提供相关依据，做到有法可循。

2. 审查程序

我国可将国家安全审查分为申报、审查、调查和决定。

（1）并购交易各方基于自愿原则可以主动向我国的审查机构进行申报。如果没有申报，审查机构组成部门认为该项外资并购有可能威胁到我国国家安全，也可要求审查机构对并购交易进行审查。

（2）在收到交易方的申报或审查机构决定审查后，审查机构的发改委、商务部及所涉行业领域的相关部门将根据相关信息进行特定期限的审查，判断该并购交易是否会对国家安全构成威胁。如果各个部门都认为不会对国家安全产生负面影响，审查机构将决定不对该并购交易提起进一步调查。但只要有一个部门认为有必要对该并购交易进行进一步调查，审查机构就应召集所有部门讨论该部门所提出的审查理由是否成立。若有三个或三个以上的成员部门赞成该审查理由，则应对该项并购交易进行审查。

（3）在调查阶段，审查机构可以采取听证、实地调查等方式对并购交易进行全面调查。在该阶段，建议参考美国 CFIUS 与交易方进行交流、协商的机制，一方面交易方可以随时补充提供有关并购的相关材料，另一方面，审查机构可以要求交易方对某些涉及国家安全问题的行为作出一定的承诺，以消除审查机构对该外资并购交易的顾虑。调查结束后，审查机构根据可得的信息，以及交易方在调查阶段可能作出的承诺，从而确定是否批准，并将决定书面通知交易各方。

另外，我国安全审查制度还注重与公司法、反垄断法以及国际条约相协调，完善申诉和复议程序，为投资者确立救济性权利，建立监督执行机制等。

三、反垄断法适用除外制度评析

国外的反垄断法均有适用除外制度，即基于社会整体利益，在某些特定行业或领域中允许一定的垄断组织、垄断状态或垄断行为可以合法存在的法律制度。反垄断法素以促进竞争、抑制垄断为目的，而适用除外制度却促进垄断、容忍对竞争的限制。两者看似背道而驰，实质上价值目标是一致的。这是因为，从各国立法例看，适用除外的对象主要是那些对本国整体经济利益和社会利益有重大意义的行业或领域，以及那些对市场竞争的影响不大，但对整体利益或特定社会成员却十分有益的限制竞争行为或垄断。而适用除外制度作为法律面对多样化经济现实的缓冲带，在刚性的法律中创造了一个柔性的部分，充分体现了反垄断法的政策性、专业性和操作技巧性。

根据我国《反垄断法》第 15 条规定，因技术进步而达成协议等七种情况可获得反垄断法相关条款的“适用例外”——“为改进技术、研究开发新产品的；为提高产品质量、降低成本、增进效率，统一产品规格、标准或者实行专业化分工的；为提高中小经营者经营效率，增强中小经营者竞争力的；为实现节约能源、保护环境、救灾救助等社会公共利益的；因经济不景气，为缓解销售量严重下降或者生产明显过剩的；为保障对外贸易和对外经济合作中的正当利益的；法律和国务院规定的其他情形。”下面就我国《反垄断法》中有关适用除外问题的规定作一下简要的评析。

（一）反垄断法适用除外制度的法律基础

——适用除外制度是反垄断法确定规制对象的需要。例外规定是一种普遍的法律现象。反垄断法的规制对象，在某种程度上需要借助适用除外制度才能界定清楚。对垄断的界定是件非常复杂的事情。确定垄断状态，需要从企业规模、市场结构及其市场弊害等几个方面进行。而确定市场结构，又要从产品市场、附属品市场、地区市场、市场的时间性等方面着手。确定市场弊害，要考虑垄断对竞争的限制与威胁、对消费者利益的损害、对公共利益的危及等情况。[①] 垄断行为更是千姿百态，有时它又与竞争掺杂在一起。垄断既有弊端，又有其积极的一面。反垄断法的基本任务是制止垄断，但垄断的两面性又使反垄断法不能采取一刀切的办法，禁止一切垄断。这样，作为反垄断法，要解决虽然属于垄断，但又不予禁止的技术问题，只有通过适用除外制度予以解决。可以认为，凡是适用除外制度规定之外的垄断，都是反垄断法所要禁止或限制的垄断。这就使反垄断法规制具有更强的可操作性。

——弥合反垄断法自身不确定性的缺陷。法律的一个明显的特征，就是它的主观性。但是，这种主观性也绝非主观任性。法律是包含权利、义务的规则，是行为的规范，法律概念与法律规则的确定性是法律的应有属性，不断地寻求精确化的结论和解释是法律发展的目标。然而，作为市场经济“宪法”的反垄断法却具有自身的性质和规律，从而表现出极大的不确定性。“作为防止、限制，甚至是禁止垄断的法律，它涉及的不是一个或几个企业，而是一个地区或一国，甚至是几国的经济，因此，反垄断法涉及范围相当广，内容相当多，概念的定义和行为或结构的违法性难以确定。”[②] 其不确定性主要表现为：垄断本身难以精确定义；市场存在不确定性；违法确认原则的不确定性。那么，法律规则的确定性要求与反垄断法的不确定性表现之间就产生了冲突，如何解决这个矛盾，在反垄断法中创

---

① 陈爱斌：《结构与行为——论反垄断法的规制对象》，《经济法论丛》1999 年第 1 期，中国方正出版社 1999 年版，第 448—452 页。

② 沈敏荣：《法律的不确定性——反垄断法规则分析》，法律出版社 2001 年版，第 73 页。

设适用除外制度就有效地弥合了此缺陷。

——适用除外制度是反垄断法与其他法律相互协调的需要。知识产权法、对外贸易法、产业政策法等法律基于特定的目的，允许某些垄断行为的存在，在这种情况下，就存在反垄断法与其他相关法律之间的协调问题，否则，就会出现法律冲突现象。适用除外制度的一些内容，在一定程度上可以说是反垄断法与其他法律之间相互协调的结果。比如，反垄断法与知识产权法之间的协调就尤为明显。知识产权是知识产权法保护的一种独占性权利，具有垄断的性质，是知识产权法允许的私人垄断。从一般意义上讲，反垄断法是禁止垄断的，这就造成反垄断法与知识产权法之间的冲突不可避免。因此，一方面，要求知识产权法应对其确定和保护的独占权进行一定的限制，另一方面，反垄断法也要对因行使知识产权而不可避免地产生限制竞争的后果予以适用除外。在协调过程中，遵循的原则之一就是，只要知识产权的行使不超出权利自身的范围，即使存在垄断或限制竞争的情形，也应为反垄断法所宽容。

（二）我国《反垄断法》中相关规定的评析

1. 关于禁止垄断协议中的适用除外问题

禁止垄断协议的适用除外问题，是反垄断立法的焦点。笔者认为《反垄断法》中第2章垄断协议第15条禁止垄断协议的例外规定过于宽泛和模糊，应该对之有必要的限制性条件，比如时间、市场规模等。此外，立法还应考虑今后可能出现新的适用除外情形，适用除外作为例外情形，应有明确的限制性条件。按照德国及欧盟其他国家的做法，适用除外的限制性条件主要有两个：一是适用除外的行为不至于产生或者加强参加协议的经营者的市场支配地位；二是适用除外的行为对整体经济发展和社会公共利益的好处应大于其所引起的限制性不利。同时，适用除外必须是狭义的，应该加上一个主要目的和一个必要限制，即适用除外必须能够实现所列举的目的，并且适用除外不适用于那些与实践主要目的无直接必要联系的“共同行为”。因此，最好在每一项适用除外上均能加上限制性条件。除此之外，适用除外情形不宜采用列举式，可以借鉴国外立法做出原则性和列举式相结合的规定。

具体来讲，《反垄断法》第2章垄断协议第15条第3项“为提高中小经营者经营效率，增强中小经营者竞争力的”之规定中，“中小经营者”应有明确的定义，可以参照年产量或者年销售额等具体可考量的指标，增强法律适用的确定性和可预见性，否则概念界定模糊，条文的表述难以衡量和确认，无从判断是否属于适用除外的情形及适用除外到何种程度。

对于《反垄断法》第2章垄断协议第15条第4项，有学者认为，“为实现节约能源、保护环境、救灾救助等社会公共利益的”的规定中，“实现”的条件过高，适用除外不一定要“实现”，只要“不损害”即可。而有的学者对此的看法则恰恰相反，认为不仅是一般的“实现”，而且是明显的、实质性的“实现”，这需要比较和权衡。笔者倾向于后一种观点。“社会公共利益”是一个较模糊的概念，不同的人会有不同的判断标准，对经营者而言实现自身利益的最大化就是最大的公共利益。因此，若笼统地以实现“社会公共利益”为由来进行适用除外，在实际执行中可能会被不当引用。

2. 关于纵向垄断协议的适用除外问题

垄断协议包括横向垄断协议、纵向垄断协议和混合垄断协议。横向垄断协议，也称卡特尔，指生产同类产品的企业之间为了限制竞争而订立的协议；纵向垄断协议指上游企业与下游企业之间订立限制其经营活动的协议；混合垄断协议就是包含了前述两种情况的协议，实际上也是分解于前述协议进行立法的，不单独列为一类。各国的反垄断立法往往都对横向和纵向两种垄断协议的情况进行区别对待：大多数横向垄断协议是非法的，而大多数纵向垄断协议一般不会产生竞争的问题，能推动经济的发展，但涉嫌限制价格时也会产生严重的竞争问题。例如在当事人不具有市场支配地位时，独家销售协议、独家购买协议以及特许经营协议应得到反垄断法豁免。[①] 我国《反垄断法》第2章垄断协议第14条有关禁止纵向垄断协议规定：“禁止固定向第三人转售商品的价格或限定向第三人转售商品的最低价格。”因为价格是市场经济中最重要的要素之一，一般认为限制转售商品价格的协议本身是违法的，所以经营者实施纵向价格控制理应受到反垄断法的规制，而除了限制转售商品协议的其他纵向垄断协议应适用“合理原则”来分析，决定其是否适用除外制度。因此，从各国反垄断立法与执法情况来看，普遍对纵向垄断协议采用合理原则进行分析。

3. 关于出口卡特尔的适用除外问题

我国《反垄断法》第2章垄断协议第15条协议的例外第6项虽然规

① 王晓晔：《欧共体竞争法》，中国法制出版社2001年版，第165页。

定了"为保障对外贸易和对外经济合作中的正当利益的"协议可以除外适用反垄断法，但却没有明确规定出口卡特尔也在禁止垄断协议的例外之列。在经济全球化和贸易自由化的今天，虽然有些国家已经不鼓励本国出口企业订立出口卡特尔，比如德国在1998年对《反对限制竞争法》进行第六次修订时即取消了对出口卡特尔的豁免。但是，我们应该清楚地认识到中国当前的国情和周边经济态势，由于劳动力过剩等方面的原因，我国出口产品的价格往往远远低于国际市场，再加上很多出口企业对国际市场的相关信息了解不充分不及时，这样，如果没有出口商会在价格方面的协调，我国的出口产品可能会更多地遭遇外国的反倾销诉讼。另一方面，即便是现在，仍有许多国家的反垄断法对出口卡特尔作出了豁免规定。其宗旨是：只要不是严重影响国内市场的竞争，出口商在对外贸易中可以采取联合行动，包括统一出口产品的销售价格或者划分销售市场。如此说来，根据"武器平等"的原则，中国反垄断法对出口卡特尔给予豁免也符合国际惯例。①

四、构筑外资并购审查制度安全坝

如上所述，我国目前的并购安全审查制度仍然没有完善健全，现有的政策法规中的相关规定都缺乏一定的可操作性。在外资并购上市公司的浪潮逐渐涌起之时，有必要对我国外资并购的安全审查制度体系予以全面构架和完善。

（一）全面完善我国的并购立法

跨国公司的个别并购行为确实已在实质上对国内的一些战略性行业造成了损害，可能影响国家经济安全。但国家经济安全的"重任"不能仅寄希望于一部《反垄断法》和《关于建立外国投资者并购境内企业安全审查制度的通知》，中国需要一个从产业政策制定部门和宏观经济管理部门负责维护、再到多部法律和产业政策法规共同作用的外资并购法规体系。

我国虽有《关于外国投资者并购境内企业的规定》、《关于外商投资企业合并与分立的规定》、《关于向外商转让上市公司国有股和法人股有关问题的通知》、《合格境外机构投资者境内证券投资管理办法》、《公司法》、

① 李英辉、袁晖：《我国反垄断规章制度及反垄断法草案存在的问题》，《现代财经》2003年第9期，第61页。

《证券法》、《外资企业法》、《反垄断法》及最新通过的《关于建立外国投资者并购境内企业安全审查制度的通知》等法规规章，但现行立法规定存在问题很多，为适应当前经济全球化的需要，我国仍然很有必要制定出台一部规范科学、内容完备、法律阶位高的《外资并购法》，以对外资并购及其他形式的外商投资行为进行统一规制，以促进和实现中国经济的快速、持续、高效发展。具体内容可包括总则、并购的条件、并购双方的权利和义务、并购程序，并购管理、并购安全审查、法律责任等具体规范。

针对产权交易市场混乱的问题，国家应制定有效的管理规则，尽快出台《产权交易法》，对产权交易的概念、对象、原则、管理机构、运作程序、中介机构等做出明确的规定，严格资产评估标准，规范评估程序，加大对产权交易行为中所存在的欺诈、违规操作等行为的处罚力度，特别是应对造成国有资产重大损失和影响国家经济安全的有关当事人追究行政责任和刑事责任，把外商与国内企业的产权交易纳入统一的市场价格体系中，增强外资并购的公开性、公平性和公正性，实现产权交易的规范化。①

（二）建立统一的竞争法体系

以美国、欧盟、日本等发达资本主义国家和地区均设有一系列法律来限制并购可能带来的垄断影响。比如美国代表反垄断立法典型的《克莱顿法》及其美国外国投资委员会执行的“埃克森—佛罗里奥修正案”及 FINSA 对于并购可能带来的垄断及其国家安全审查作了严格规定，欧盟以体现反垄断法性质的《欧盟合并条例》来控制对欧盟有影响的企业并购，日本政府也有《禁止私人垄断及确保公正交易法》来规范企业并购行为。而中国目前把如此众多的内容浓缩成了《反垄断法》简单的 57 条及国务院的一部《通知》，是远远不够的。法律效应不会在近期显现，它只是“雷”而尚未形成“雨”。

笔者认为，在制定《反垄断法》具体操作细则时，对外资并购而言，具体应注意规定以下内容：外资并购的反垄断报告制度，反垄断听证制度，反垄断法使用除外制度，垄断控制制度等。此外，在立法的同时，还应设立专门明确的执法机构。世界上大部分国家都设立了反垄断的执法机构，如美国的联邦贸易委员会和司法部的反托拉斯司，日本的公平贸易委员会，德国的卡特尔局等。而我国的《反垄断法》虽明确规定国务院设立

① 杨俊锋：《跨国并购考问中国法规》，《新远见》2006 年第 6 期，第 40 页。

反垄断委员会，负责组织、协调、指导反垄断工作，但该委员会仅仅是履行反垄断工作职能的议事协调机构。依据我国有关法律、行政法规的规定，调查处理垄断问题的有关部门或监管机构主要有商务部反垄断调查办公室、国家工商总局交易局反垄断处和国家发改委，但实际上有权负责执法的部门或机构不下十几家。执法权显得过于分散，多有交叉，由此势必影响反垄断的权威和实效。因此，我国关于反垄断执法机构的规定过于笼统，显得执法的统一性和权威性不足，应明确设立一个有独立权力的专门执法机构，以适应《反垄断法》及国家经济安全的需要。

与此同时，我国还应尽快制定完善一套反收购制度。当前除美国等少数国家对董事会反收购措施赋予了很大自由裁量权外，包括欧盟在内的世界多数国家对董事会反收购措施均实施严格的限制。从我国公司立法的现状看，尚缺乏类似美国公司法中关于公司董事义务责任的详尽规定和公司诉讼的专门规定，故不易采取美国模式，而宜采取欧盟等的做法，严格限制董事会的权力，以防止公司董事会未经公司股东大会批准而采取行动来破坏或阻止收购行为。[①] 具体可采取以下一系列措施：实行董事轮换制度；提高新股东进入门槛；采取措施维持公司较高股价；建立中国特色的金色降落伞——为管理层的非正常设计高额的提前退休或更换职务津贴；企业遇到恶意收购时以退为进，策动与企业关系密切的友邦企业出面并购收购方股份，以达到“围魏救赵”的效果。[②]

除此之外，外资并购国内上市公司时，还会使用商业贿赂、非法融资、欺诈舞弊等不正当的竞争手段，为此，我们应当细化、完善现有的《反不正当竞争法》，并在此基础上，逐步建立和健全我国统一的竞争法体系，[③] 规制跨国公司的垄断行为，从而维护国家经济安全。

（三）构建特殊并购审查制度，确定垄断审查的实体要件标准

自2003年开始并在2006年加重的外资并购潮，并购对象大多是涉及国家安全的行业，如银行、证券、保险，公共产品部门以及机械、建材等行业龙头，以及资源矿产部门等，而且很多都是市值较大的上市公司或上

① 孙红霞：《浅谈我国外资并购的法制环境及完善途径》，《政法论从》2004年第1期，第63页。

② 孙韦：《外资在中国并购的新探讨》，《皖西学院学报》2004年第4期，第82页。

③ 韩彩珍：《外资并购国内企业的问题及政策取向》，《中国外资》2006年第1期，第42页。

市公司的控股集团公司。而我国《反垄断法》颁布之后，一定程度上也难以阻止外资的“曲线并购”，外资并购的方式可能更加隐蔽和多样化，比如联合持股，以及通过国内企业间接持股等方式，甚至还可以通过成立诸多的中小公司进行化整为零的蚕食并购，进而绕过政府审批或法律限制。因此，对外资并购按照规则进行的国家经济安全审查并不是对所有的外资并购都要审查，而是加强对外资并购涉及国家安全的敏感行业重点企业的审查和监管，确保对关系国家安全和国计民生的战略行业、重点企业的控制力和发展主导权。深化外资并购与建立特殊并购审查制度并不矛盾。从技术层面来看，中国目前尚无建立关于反垄断以及跨国并购的专门审查机构或者咨询机构，这确实让反垄断规定的执行在技术上存在一定的障碍，从某种意义上也反映出政府对国家经济安全的认识尚停留在封闭的计划经济时代。[①] 因此，完善的并购审查法律制度有助于克服跨国并购可能带来的遏制民族工业、垄断国内市场等负面效应。

在对外资并购进行反垄断法规制时，最重要的是如何确定垄断的实体要件。即如何判断相关市场以及并购对相关市场的影响，如何认定存在市场优势地位，如何判断市场份额、资金实力、强行定价能力、市场准入壁垒、供货商或消费者对相关企业的依赖程度等。对这些标准的确定都要结合对我国目前的行业集中情况的考察，根据经济学和实证研究的分析方法，并借鉴国外的立法经验，审慎地做出决定。尤其要注意的是，在判断相关市场的支配地位时，对于相关市场的判断必须考虑到是否涉及国际市场、产品在国际市场上的可替代性，而决不能仅仅局限于中国市场的范围。同时，在设定市场份额标准时还应注意，市场是不断变化、不断扩大的，各个市场又有不同特点，因此，在计算市场份额时，不应将参与合并企业在合并前的市场份额简单相加，作为合并后企业的市场份额。这会导致过高评价合并后企业的市场份额，从而对其做出不利的决定。[②] 由于该标准的规定和执行应当与国家不断变动的产业政策相协调，考虑到执法的灵活性和法律的可操作性，可以采用由反垄断主管机构制定和适时修改实施细则的方法加以调整。

---

① 吴学安：《“变法”化解外资并购之忧》，《民主与法制时报》2006 年 9 月 18 日第 A14 版。

② Damien, Neven. Merger in Daylight, London: Centre for Economic Policy Research, 1993. p28.

（四）完善反垄断审查程序，建立国家经济安全预警机制

完善反垄断审查程序，首先必须在立法上明确直接关系到反垄断审查结果的客观性、权威性和公允性的问题。如初审程序如何规范、听证程序中听证方式的选定、参与听证方的选择、听证会的召集和举行规则等关键性内容。同时，规定事后报告制度也是必要之举，否则无法妥善处理事实上已经完成但违反相关规定的并购案例。从西方发达国家的反垄断经验来看，企业并购完成后对企业限制竞争效果的持续性审查也十分必要。此外，就反垄断申报义务人报告的形式和内容，立法上也应做出明确规定。①

另一方面，市场经济自身能够提供反映经济不安全隐患的预警信号，而国家安全预警机制即是一个完善地收集和分析这些预警信号，并及时反馈到经济决策中心的机制，以有助于政府及时掌握国家经济安全的态势，避免经济决策的失误，减少市场开放可能带来的利益损失。② 为此，要建立相应的并购经济信息网络、档案管理系统和分析系统。我们可仿效美国，一经发现危害国家经济安全的跨国投资和并购，立即采取相关措施。对于跨国公司在华设立的投资性公司，可借鉴日本做法，要求其定期报告。若反垄断主管机关认为确有问题，可令其减少投资，转让股份，排除垄断的可能性；如果所有在华的子公司、分公司在外资投资性公司的统一指挥下滥用市场优势地位损害我国利益的，可借鉴美国“单一体论”的做法，即把它们当作一个实体来看待，③ 从而把维护国家经济安全和产业安全真正落到实处。

① 邓菲、邓小超：《外资并购的反垄断立法初探》，《高等函授学报（哲学社会科学版）》2007 年第 20 卷第 4 期，第 36 页。

② 马蓉：《跨国并购对国家产业与经济安全的影响与对策》，《对外经贸实务》2004 年第 6 期，第 24 页。

③ 汤世生、刘吉等：《高度关注全球并购对我国经济安全的影响》，《中国企业家》2005 年第 12 期，第 51 页。

第六章　外资并购反垄断规制的国际协调

随着经济全球化浪潮的推进，外资并购已风靡全球。外资并购作为国际直接投资最重要的一种方式，可以在短时间内获得在东道国的市场地位，但是，外资并购活动会因迅速推动经济集中形成垄断，阻碍市场竞争，因此，外资并购成为各国反垄断法规制的对象，而这些反垄断规制大多是通过国内法的约束来实现的。由于外资并购的跨国性、各国的相关规定的差异、反垄断法域外适用的冲突等原因，单方面的国内法约束是远远不够的，还需要进行国际协调。

与外资并购活动的迅猛发展相比，外资并购反垄断国际协调的实践发展相对缓慢得多。现有的国际协调方式如双边协调、区域协调、多边协调虽取得了一些成果，但也暴露出诸多不足之处。双边协调的合作内容狭窄、积极礼让不具有强制性、双边合作的范围有限；由于区域协调中各个区域的一体化程度不同，造成了区域协调水平参差不齐；多边协调一直致力于构建全球统一的外资并购反垄断规制，但每一次尝试均以失败告终。此外，各国对外资并购反垄断的区域协调的基本原则并未达成共识，各种原则都零散地分布于诸多协定之中；而在 WTO 多边协调模式中，各成员国对将 WTO 核心原则应用于竞争政策中都有比较一致的看法，但是，各成员国对于是否在 WTO 框架下建立统一的外资并购反垄断规制表现出不同的态度，致使反垄断法统一进程停滞不前。

由于 30 年的市场经济建设与连续多年的经济高速发展，中国成为全球最具扩张潜力和最受青睐的并购市场。同时，由于我国企业竞争实力的增强，许多企业开始了海外并购的探索之路。然而，我国反垄断法才刚刚颁布，外资并购反垄断体系很不完善，存在着审查标准模糊、反垄断法的域外适用原则单一以及外资并购产业政策不健全等诸多问题，面对全球外资并购反垄断规制的冲突与抵抗，我国的反垄断法处于规则上的不利地位。因此，作为 WTO 的主要成员国，参与外资并购反垄断规制的国际协调，是保护我国市场竞争秩序的需要，也是我国企业参与海外并购的法律保障。

一、外资并购反垄断域外适用的矛盾冲突

反垄断法作为一国的“经济宪法”，是维护国内市场竞争秩序的有力武器，属于“公法”的范畴。按照传统的公法理论，国家对其领土范围的一切人、物和事享有完全的排他的管辖权，即国家属地管辖权；国家对具有其本国国籍的人或物均具有管辖的权利，即属人管辖权。一国在对跨国并购行使规制权时也要受到领土或国籍的限制。但是，由于外资并购的跨国性以及世界经济国际关联性的影响日益扩大，致使国与国之间的司法管辖范围日渐模糊，传统管辖权的地位也逐步减弱。跨国并购的现实状况向传统的管辖理论提出了质疑。此时，如果一国坚持严格的属地原则执行反垄断法，则可能为那些恶意垄断国外市场的并购方提供“反托拉斯的避难所”，造成国外市场竞争秩序的混乱。这显然并不是属地管辖原则的本意。因此，严格的属地原则亦有悖于国际市场一体化的现实。在缺乏国际协调的背景下，传统的属地管辖原则、属人管辖原则处理垄断性跨国并购的问题已经显得捉襟见肘，各国纷纷寻求对于传统管辖理论的突破，从而确立了反垄断法的域外适用原则，谋求在域外的效力。反垄断法的域外适用是指“位于本国领域外的外国企业在境外实施的垄断行为，只要直接或间接地影响了本国的市场竞争，无论行为人的国籍如何，本国的反垄断法就可以适用于该外国企业，对其行使管辖权和处罚权”。[①]

在1945年美国诉美国铝公司案中，美国第二巡回法院的法官Learned Hand指出，“谢尔曼法也适用于外国企业在美国境外订立的协议的情况，如果他们的意图是影响美国的出口，而事实上也影响了美国的出口”。[②] 从此开创了反垄断法域外适用的先河。美国依仗其在“二战”后的世界经济霸主地位，把域外适用原则当作保护国内竞争秩序的强大武器。各国在指责美国的做法是霸权主义的同时，为了维护本国的经济竞争秩序也纷纷效仿。现今已有40多个国家对反垄断法的域外效力作了规定，反垄断法的域外适用已成为反垄断立法的普遍趋势。也许正如德国反垄断法权威梅斯特梅克教授所指出的，“正是坚持市场开放、防止跨国限制竞争的反限制竞

---

① 郑泰安、郑鈜等著：《反垄断法律制度研究》，四川人民出版社2008年版，第50页。

② 徐中起、刘鹏：《我国外资并购反垄断的域外适用问题》，《法学杂志》2006年第1期，第63页。

争法规才会出现域外适用的效力，这种效力不取决于立法者对之期望或者不期望、规定或者不规定。因此，也谈不到放弃卡特尔法的域外适用。放弃域外适用，国家就不能对企业的行为制定一个有效的规则”。①

不可否认的是，将一国反垄断法适用于他国，必然导致各种矛盾冲突的产生：

（一）实体法上的冲突

随着经济全球化趋势的日益明显，外资并购在第五次并购浪潮中崭露头角，时至今日已风靡全球。外资并购是一把双刃剑，它在提高经济效率、促进经济发展的同时，也会因迅速推动经济集中形成垄断，限制竞争。而且，由于外资并购多是巨型跨国公司在两个或两个以上的国家进行的并购，其产生的影响不仅仅局限于一国之内，还会对更多的国家导致国际性市场垄断结构的形成，加剧跨国公司在全球市场上的具体垄断行为。因此，很多国家的反垄断法都对外资并购行为加以规制。企业的经济活动日益国际化，跨国资本流动加快，跨国并购活动也愈发频繁，而反垄断法却无法统一。究其原因，是由于外资并购反垄断实体法上的差异，甚至对立，这也是外资并购反垄断规制需要国际协调与合作的内在动力。

美国与欧盟是制定企业合并反垄断规制的典范国家，他们的企业并购反垄断制度在实体法上的差异非常明显。实体法中实体标准又是其核心内容。实体标准的分歧，可能导致不同的审查机构在处理具体的并购案件时得出截然不同的结论。著名的美国通用电器并购霍尼韦尔国际公司案件就突出地反映了这一问题。这两个公司都是美国公司，在美国通过了此并购案之后，当要寻求欧盟的支持时，欧盟委员会作出了否决该项并购案的决定。我们不能简单地以对错来评判美国和欧盟对此案件的不同处理，它实际上体现了美欧双方对反垄断问题评判标准的严重分歧。美国采用的是实质减少竞争标准。该标准认为，“企业合并导致的相关产品的价格应该明显高于合并之前的价格，而且这种价格的差异在2年内难以消除。价格差异的显著变化随产业的不同而不同，不一定非要高于SSNIP市场界定法所要求的5%的幅度，在某些情形下也可以低于5%”。② 因此，美国认为，对通用公司的并购不会在实质上减少竞争。当时，欧盟采用的是支配标

① 王晓晔：《欧共体竞争法》，中国法制出版社2001年版，第475页。

② 卫新江：《欧盟、美国企业合并反垄断规制比较研究》，北京大学出版社2005年版，第82页。

准。如果一项并购产生或增强了并购方的市场支配地位，对整个欧洲市场的竞争秩序造成了实质性的妨碍，那么欧盟委员会就应当否决该项并购。有学者指出，在美国，对竞争者和竞争优势强调的不多，对竞争和未来价格的影响则考虑得更多一些。相反，欧盟并购规则更加注重对竞争者的保护。

而我国在经营者集中审查标准问题上，《反垄断法》第 28 条和《经营者集中审查办法》第 10 条都使用了“具有或者可能具有排除、限制竞争效果”的字眼，此种表达具有极强的模糊性，因为所有的并购都是将企业资源整合集中，势必改变市场结构，对市场竞争产生限制作用。因此，对“具有或者可能具有排除、限制竞争效果”的经营者集中进行禁止则显然打击面过大。另外，在反垄断豁免条款方面，《关于外国投资者并购境内企业的规定》中详细列举了豁免的情形，而《反垄断法》仅笼统地规定“对竞争产生的有利影响明显大于不利影响，或者符合社会公共利益的”，该规定具有很强的模糊性，实践中难以把握。此外，《反垄断法》第 27 条列举了进行实质审查时应予考虑的因素，包括“对市场份额及其对市场的控制力，市场集中度，市场进入，技术进步，消费者和其他相关经营者以及国民经济的影响”等，该条规定过于笼统，其中对市场份额的确定，市场集中度的测算都没有明确的释义性配套法规和准确的界定方法。不难想象，在执法机构进行司法实践的过程中，难免会无据可依，无所适从。总体而言，在并购审查的实质标准方面，我国《反垄断法》规定相对原则，具有很大的不确定性。

事实上，这种立场上的对立，早在 1997 年的美国波音公司并购麦道公司的案件中就体现出来了。该并购事件使世界航空制造业由原来波音、麦道和欧洲空中客车三家共同垄断的局面，变为波音和空中客车两家之间的针锋相对。表面上看，两个同是美国的公司，但是由于波音公司并购麦道公司事件对欧洲飞机制造业的市场竞争构成了严重威胁，欧洲委员会便插手调查此案。在此案中，“美国联邦贸易委员会认为，波音与麦道合并后企业所具有的与大型商用飞机市场 65% 的市场份额（其中波音占 60%，麦道占 5%）并不意味着该市场的竞争将实质性地减少或受到限制”。[①] 而欧

① 卫新江：《欧盟、美国企业合并反垄断规制比较研究》，北京大学出版社 2005 年版，第 123 页。

盟委员会则认为两个公司合并后的规模和市场份额对其他竞争者造成巨大的负面影响。欧盟委员会与美国联邦贸易委员会对于波音公司与三家航空公司之间的排他性协议的看法也截然不同。美国联邦贸易委员会认为，对于排他性协议进行监管即可，而欧盟委员会要求解除该协议。最终波音与麦道并购案是在波音做出多项承诺之后，欧盟才同意了该项并购。[①] 由国籍日益淡化的跨国公司所进行的全球战略指导下的并购行为，对一体化程度越来越高的国际市场的自由竞争所构成的这种威胁，依靠任何单边的反限制竞争努力往往是无法消除的，一种日益明显的趋势就是，只有通过整个国际社会制定普遍接受的多边竞争规则才能有效地进行抑制。全球性的市场，需要全球性的市场竞争规则和实施机构来加以维护。[②] 因此，基于外资并购反垄断实体法上的差异，进行国际合作与协调是非常必要的。

（二）管辖权方面的冲突

管辖权是国家主权的基本权利。严格的属地管辖权和属人管辖权虽是传统管辖权的基本原则，却挡不住各国纷纷制定反垄断法域外适用原则的步伐。出于维护本国的经济利益，各国在限制某些行业禁止外资并购的同时，又设法扩大域外适用的效果原则影响的范围，突破传统的属地管辖原则，造成了平行管辖的局面。将本国的反垄断法适用于外国企业发生在境外的并购行为，势必会侵害企业属人国和并购行为地国的主权和利益。当外资并购造成或可能造成垄断时就会进入司法程序，各国都会因制定的域外适用而插手管辖外国企业发生在境外的并购，就会引发各国争夺管辖权的斗争。

另外，各国反垄断法的域外适用，必然会造成各国对同一并购案件的重合管辖。重合管辖常常会增加企业的并购成本。因为，多数国家的相关立法中都规定了并购的强制事前申报程序，并购方要遵守所涉各国的法律规定，向多个国家进行事前申报，这势必会增加企业的并购成本，成为并

---

① 波音公司为了完成兼并，向欧盟作出了多项承诺以消除并购对竞争的不利影响：1. 波音公司同意放弃三家美国航空公司今后20年内只购买波音飞机的合同；2. 接受麦道军用项目开发出的技术许可证和专利可以出售给竞争者（空中客车）的原则；3. 同意麦道公司的民用部分成为波音公司的一个独立核算单位，分别公布财务报表。经15个欧盟国家外长磋商之后，7月24日，欧洲正式同意波音兼并麦道；7月25日，代表麦道75.8%的股份，持有2.1亿股的股东投票通过麦道公司被波音公司兼并。1997年8月4日，新的波音公司开始正式运行。

② 漆彤：《跨国并购的法律规制》，武汉大学出版社2006年版，第211页。

购企业考虑是否并购的阻碍性因素之一。美国的克莱斯勒公司和德国的戴姆勒——奔驰公司的合并就曾遭遇了这个问题。这两大全球知名的公司分布在全球的生产厂家共计有141个，在200多个国家和地区从事经营活动。为了实施合并，它们曾研究过40多个国家的反垄断法，并向其中10个国家进行过申报和批准程序。

再如，巨型企业合并如埃克森和莫比尔的合并给反垄断法提出了这样的问题。这两个企业因为在全球每个角落都有生产和经营活动，根据有关国家的法律，它们得向美国、欧盟、加拿大、挪威、瑞士、墨西哥、巴西、匈牙利、捷克、斯洛伐克、俄罗斯、日本12个国家或者地区的反垄断主管机关进行强制性的申报，请求它们的批准。为了避免不测，它们甚至还向澳大利亚和新西兰反垄断机构进行了非强制性申报。[①] 这对并购企业来说，将造成沉重的经济负担，不仅如此，反垄断审查阶段还有一个等待期，在此期间，企业不得实施并购。案例中企业向如此多的国家申报，各国规定不尽相同，其等待期是相当漫长的，无形中就大大降低了并购计划能否顺利实施的可预见性。

（三）域外执行的冲突

美国企业并购主管机关是联邦贸易委员会和司法部反托拉斯局。其中，联邦贸易委员会属于行政机关，但在具体案件的审查中，不仅享有广泛的行政权，还享有准立法权和准司法权。其经国会授权而制定的行政规则和命令的效力与法律相同，这些行政政策和命令不仅涉及程序方面的规定，还涉及实体规则。此外，联邦贸易委员会的裁决结果在一定程度上类似于法院裁判，当事人对其裁决不服时，可以直接以上诉审的形式进入法院的管辖范围，就其裁决结果要求法院进行司法审查，而非提起行政诉讼。从人员结构来看，美国联邦委员会中经济处和竞争处的人员组成也都具有极强的专业性。

德国企业合并主管机关是联邦卡特尔局，从性质上来讲也属于行政机关，但在具体执行过程中也具有准司法性质。此外，该机构还具有很强的独立性，依法独立行使调查、扣押、裁决等权力，其裁决只有州高等法院才能改变或撤销。在该主管机关外，德国还设垄断委员会作为其顾问咨询

① 王晓晔、陶正华：《WTO竞争政策及其对中国的影响——兼论制定反垄断法的意义》，《中国社会科学》2003年第3期，第51页。

机构。在实践中，垄断委员会作出的报告和建议对联邦卡特尔局无约束力，但在企业基于对其合并所产生的整体经济效益足以弥补对有效竞争造成的损害或合并符合重大公共利益进行抗辩时，联邦经济部长在作出决定前必须征求垄断委员会的意见。

欧盟对企业合并的监管体现了行政主导的特点，其合并主管机关为欧盟委员会，其中具体负责欧盟竞争法的是隶属于欧盟委员会的竞争总司。从人员构成上来看，整个欧盟竞争总司具有法学背景和经济学背景的人约各占一半。除此之外，为保证并购案件得到公正科学的处理，欧盟还设置了咨询委员会。实践中，欧盟委员会作出最终决定时并不一定遵从咨询委员会的意见，只是最大限度地考虑其建议。另外，2004 年欧盟竞争总司进行机构调整，增加了首席经济学家团队，为企业合并规制提供专业的经济分析意见。

我国经营者集中申报审查的主管机关即公共执行机关是商务部，其负责外资并购和中国企业海外并购的审查审批职能，国有企业并购和上市公司并购中凡是涉及外资成分的，都要经过商务部审批。①

除了专门的企业合并主管机关之外，法院作为司法审判机关，在执行反垄断案件中也起着重要作用，主要表现为合并当事人对并购主管机关决定不服时，向法院提起司法救济，在设置了私人执行反垄断法制度的国家，还包括私人向法院提起的反垄断损害赔偿之诉。在反垄断案件的管辖法院的设立方面，德国在州高级法院和联邦法院中还设置了卡特尔法庭；日本在东京高等法院中，也设立了只处理反垄断案件的专门法庭。

在实践中，当涉及域外执行时，一方面，各国都坚持反垄断法的域外适用原则，寻求在域外的效力；另一方面又反对和抵制他国的反垄断域外效力，积极制定阻却条款，限制他国的判决在本国的执行。例如，澳大利亚的 1979 年《外国反托拉斯判决法》第 3 条规定，如果外国反托拉斯判决对其他国家的贸易或商业产生有害的影响，这种判决在澳大利亚是无法律效力的。新西兰 1980 年《证据修正案》规定，总检察长有权禁止为外国当局提供任何资料和证据。如此一来，就造成了域外执行方面的冲突。域外调查取证、诉讼文书送达、判决的承认和执行都会因得不到他国的司法协助而存在执行困难，进而架空了反垄断法的域外效力。因此，正如学

① 史建三：《“经营者集中”的后续思考》，《华东政法大学学报》2008 年第 4 期，第 39 页。

者所说："主张反垄断法域外适用原则的国家永远都面临着执行中的困难。"①

综上所述，虽然反垄断法的域外适用已经成为常态，且逐渐形成一套理论依据，但是，反垄断法的域外适用有其自身不可克服的弊病，它会形成新的管辖权冲突以及随之而来的法律冲突。良好的跨国并购不仅能使并购双方获益，而且对世界经济也有积极的作用。它可以提高全球资源配置的效率，促进国际直接投资的增加，推动世界经济全球化的进程。为了减轻多个国家的反垄断审查给并购交易中各方企业所带来的巨大负担，以及减少不同国家对同一并购得出不同审查结果所带来的冲突，不同国家反垄断执法机关之间建立合作关系至关重要。为此，世界各国应当携起手来，加强国际间的协调与合作，建立统一的外资并购反垄断规制，为跨国公司进行跨国并购提供优越的法律环境，从而降低并购成本。

二、外资并购反垄断国际协调的实践考察

（一）国与国之间的双边协调

1. 双边协调的实践

一个国家的力量是无法实现跨国并购的反垄断规制的，必须认识到国际合作的重要性。经济合作与发展组织（OECD）早在1967年就提出了《成员国间就影响国际贸易的限制性商业行为进行合作的推荐意见》，目的在于推进成员国在反垄断领域的协调与合作。基于这些建议，许多欧美国家都相继开展了一系列的双边合作，以消除或缓解外资并购反垄断规制法律上的冲突给市场竞争秩序和消费者带来的负面影响。作为世界上两个最大的经济体，美国和欧盟先后与一些国家签订了双边合作协议。美国于1977年、1981年、1984年、1991年分别与德国、澳大利亚、加拿大和欧盟缔结了关于跨国并购内容的反垄断双边协议，并取得了良好的执行效果。欧盟不仅与澳大利亚、芬兰、挪威、瑞典、以色列、加拿大等国签订了双边合作协议，还与保加利亚、捷克、爱沙尼亚、匈牙利、拉脱维亚、立陶宛、波兰、罗马尼亚、斯洛伐克、塞浦路斯、马耳他等地中海国家以及与俄罗斯、乌克兰、摩尔多瓦和哈萨克斯坦等国家订立了反垄断双边合

① 时建中：《反垄断法——法典解释与学理探源》，中国人民大学出版社2008年版，第18页。

作协定。2000 年欧盟还与墨西哥订立了这种双边协定。[①]

这其中当属 1991 年美国与欧盟签订的并在 1995 年重新修订的《美国与欧洲共同体委员会关于竞争法适用的协定》最为瞩目，可以说是双边协调的典范之作。该协定规范了包括垄断性跨国并购在内的限制竞争行为。该协定除具备其他双边协定应有的通告、信息交流、反垄断程序的合作与协商的基本内容外，最具创造性和特色的是首次提出了反垄断国际协调的重要原则——礼让原则。2002 年 10 月，美国司法部、联邦贸易委员会与欧盟委员会签署了《美欧并购工作组关于并购审查合作最佳实践指南》，使双方在并购案件审查的程序上有了更进一步的合作。

2. 双边协调的困境

由于双边协议具有技术性强、内容明确详细的特点，双边协调成为目前外资并购反垄断最有效的国际合作方式，它有效提高了双方的反垄断执行能力。双边合作协定在缔约国之间关于通告、信息交流、磋商、程序中的合作与协调等方面发挥了积极作用，也有过成功的合作。例如，2009 年 12 月由全球最大的石油公司——Exxon Mobil（埃克森美孚）宣布，以 410 亿美元收购美国最大天然气开发商 XTO Energy，成为 2006 年以来国际能源界罕见的收购大手笔。双方在对石油与天然气的市场定义、该并购对上游市场（石油与天然气的勘探、开采、生产及销售）竞争效果的评估以及对双方提交的补救措施的落实与实施等展开了密切的合作。然而，双边协调有其自身的重大缺陷，使得有些冲突无法得到根本解决，给外资并购的反垄断执行带来了不利影响：

一是双边协调合作内容狭窄。外资并购反垄断领域的双边合作多是程序方面的，比如通告、磋商、信息交流。合作内容不够深入，不涉及实体规则方面的合作，这是因为大多数国家都坚持本国立法的独立性和自主性，都是以本国的外资并购反垄断规制为基础而参加的双边合作。各国外资并购反垄断规制又千差万别，所以缔约国都很难在实体规则上创造更深入的合作，也无法解决因实体规则冲突而导致的问题。

二是双边协调合作范围的局限性。双边合作协议的达成是以缔约国双方自愿为前提的。缔约国通常是具有较完善的国内反垄断法的发达国家。

① 王晓晔：《反垄断法对跨国公司限制竞争行为的管制》，载《经济全球化下竞争法的新发展》，王晓晔主编，社会科学出版社 2005 年版，第 299 页。

发展中国家由于国内外资并购反垄断立法发展缓慢，且存在较大差异，故而发达国家不愿与之合作。但是随着经济全球化的不断深入以及众多发展中国家的经济崛起，发展中国家的市场也引起了跨国公司极大的兴趣。因此，双边协调若没有发展中国家的参与，远不能说达成了世界范围的协调。此外，联合国贸发会议发表的《1996年世界投资报告》指出：一个完整的双边投资条约网络的形成大约需要两万多个投资条约（将花费许多年的时间来谈判），这不但不能缓解问题，反而会使问题更加恶化，如此广泛的网络给来自发达国家和发展中国家的投资者及各国政府带来的分歧、烦琐和不稳定将日趋严重，处理它们将需要付出更高的成本，包括增加投资者的交易成本和加大在一些国家投资的风险。[①] 同样，在经济全球化的背景下，跨国并购往往涉及两个以上甚至更多的国家，若要编织出2万多个双边协议，将会造成比实施并购更大的谈判成本的付出，这样的双边合作已经没有现实意义了。

三是双边合作不具有强制性，缺乏争端解决机制。双边协调最具创造性的特色便是礼让原则，而这一特色也成为限制双边协议发挥作用的阻碍因素，积极礼让原则适用的前提是双方自愿，它号召一国在做出有关本国反垄断法的实施的决定时对请求国的利益给予“充分而富有同情的考虑”，但双边协议大多是任意性规定，缺乏强制性条款，并没有规定违反了积极礼让将承担怎样的法律责任，也没有规定违反该原则的处理机制和责任方式，缺乏实际执行的力量。各国对请求国利益给予“充分而富有同情的考虑”是它的一种权利。因此，积极礼让更类似一种号召，而不是一种法律义务。从另一角度讲，根据双边协议，双边开展合作的前提是跨国并购的行为违反了请求方与被请求方的反垄断法。也就是说，它的效果依赖于双方反垄断法的实体内容（双边协议中并没有具体的实体内容），这更使得被请求方因没有违反本国反垄断法而拒绝双边合作，致使双边合作连开始的机会都没有。另外，双边协议多是程序规则上的合作，一旦涉及实体规则，若触及国家的重大经济利益，双方就会坚持自己的立场，更不会基于积极礼让而让步。这在波音与麦道的并购案中表现得相当鲜明。在此案中，美国虽然根据1991年合作协定的规定向欧共体委员会进行了通告，欧共体委员会在案件的审理中也与美国联邦贸易委员会进行了多次协商，但

① 刘和平：《欧盟并购控制法律制度研究》，北京大学出版社2006年版，第265页。

它们在涉及各自重大利益的相关问题上，谁都不肯向对方作出让步。这就意味着，在关键问题上或双方敏感的案件中，缔约方之间的积极礼让只不过是一纸空文。

（二）典型性区域协调的探索

1. 欧盟

在双边协调无法满足外资并购反垄断国际协调的情况下，我们开始转而寻求其他的解决途径。一些一体化程度较高的地区，试图建立外资并购反垄断的区域协调，其中尤以欧盟的区域性协议最为典型。欧盟是现今世界上一体化程度最高的区域经济组织，其在企业并购反垄断规制的协调方面形成的法律制度是迄今最完善、最具代表性的区域性反垄断法律制度。它体现了当前企业并购反垄断区域协调的最高水平。为了协调区域内企业并购反垄断产生的法律冲突，欧盟建立了一套完整的企业并购反垄断法律体系。它不仅限于通告、信息交流和磋商，更有统一的实体法和程序法规范以及独立于各成员国的执法机构。欧盟有关企业并购反垄断区域协调的法律主要包括《罗马条约》第 85 条、第 86 条①，1989 年 12 月欧盟部长理事会颁布的 4064/89 号企业并购条例以及经修改的新的并购条例。这些法律对欧盟所有成员国都是有约束力的，并且，各成员国都有建立各自的企业并购反垄断规制。其中大多数成员国的企业并购反垄断的理念与框架很大程度上是受欧盟企业并购条例的影响。虽然“欧盟并不谋求取代成员国自己的企业并购规制制度，成员国也没有义务制定统一范式的规制制度。但是在条例发布后，除德国较多地保留了本国特色外，欧盟其他各国纷纷以条例为范本，制定或修改了各自的企业并购规制制度”。②

为了满足区域内跨国并购反垄断规制的需求，欧盟制定了超国家的企业并购反垄断法律体系。欧盟的企业并购反垄断规制制度是不断改革发展的。起初，《罗马条约》第 85 条、第 86 条，并不直接规范欧盟的企业并

---

① 《罗马条约》诞生时，第 85 条和第 86 条是欧共体竞争规则的核心内容。1992 年，欧洲经济共同体的 12 个成员国签署了《马斯特里赫特条约》，（即《欧盟条约》），创建了欧洲联盟（简称欧盟）。《欧盟条约》对《罗马条约》作了重大修改和补充；1997 年欧盟 15 个成员国签署了《阿姆斯特丹条约》并对《罗马条约》旧条文的表述进行了一系列的合并，原来的第 85 条和第 86 条，现重新编排为《罗马条约》的第 81 条和第 82 条。

② 张俊文：《反垄断法的国际协调》，载《经济法研究》第 3 卷，杨紫烜主编，北京大学出版社 2003 年版，第 263 页。

购的垄断行为。直到 1973 年的大陆制罐公司案发生后，才通过第 85 条、第 86 条的扩张解释适用于企业并购的垄断行为。与此同时，欧盟委员会还向理事会提出了制定控制企业并购法的建议，当时欧盟一些成员国反对制定企业并购控制法，认为企业并购控制是一国主权范围的事务，若制定统一的企业并购控制法则是对一国国内事务的干预。后来，由于欧盟区域内并购事件愈发频繁，并购方需要向不同成员国的反垄断执法机构进行申报，这不仅给企业增添了许多麻烦，并且还增加了并购成本，延长了等候期，降低了企业并购效率。这时，各成员国逐渐认识到建立超国界的企业并购控制法是非常必要的。

1989 年，经过 17 年的不断争论和谈判，4064/89 号企业并购条例终于出台。该条例授予了欧共体委员会对具有“共同体规模”[①] 的并购行使并购反垄断审查的权力。而在此之前，委员会并没有任何并购控制权，对于企业合并的控制只能诉诸于欧共体法院。该条例也首次确立了统一的实质性审查标准——支配地位标准。欧盟委员会于 1997 年对 4064/89 号企业并购条例进行了修改，通过了 1310/97 号修改条例。该条例扩大了欧盟委员会集中审查并购的管辖权限，对欧共体规模作出新规定，降低了“一站式”审查的起点标准。[②] 欧盟企业并购审查管辖权是以共同体规模作为划分欧盟委员会与成员国的权限的。凡是达到共同体规模的并购，由委员会行使排他性管辖权。同时在企业并购反垄断的审查程度也有所改进，不仅提高了并购的效率，也节约了审查时间。2004 年新发布的企业并购条例保留了以上规定。

自支配性地位标准确立以来，欧盟并未对之进行立法修改。直到 2001 年 12 月欧盟委员会发表了《关于修改合并条例的绿皮书》，征求社会各界意见，以如何研究提供并购条例的有效性，使之能够适应欧盟不断提高的一体化程度。欧盟委员会在充分听取了社会各界的意见后，最终确立了新

① 4064/89 号并购条例规定，共同体规模的并购必须满足下列条件：所有参与并购的企业在全世界的营业额合计超过 50 亿欧元，并且至少两个参与并购的企业在欧盟境内的营业额均超过了 2.5 亿欧元，除非每个企业在共同体范围营业额的三分之二来自同一成员国。

② 1310/97 号修改条例对欧共体规模作出新规定：所有参与并购的企业在世界范围内的营业额合计超过 25 亿欧元，并且所有参与并购的企业至少三个成员国中的每一个成员国范围内的营业额均超过 1 亿欧元，在这三个成员国中每一个成员国范围内，至少两个企业各自的营业额均超过 2500 万欧元；并且至少来年各个企业中的每个企业共同体范围内的营业额均超过 1 亿欧元，除非这两个企业在共同体范围内营业额的三分之二都来自同一个成员国。

的实体性标准——严重损害竞争标准。新标准在欧盟理事会通过的新条例139/2004企业并购条例中得以体现。除此之外，139/2004企业并购条例的改革内容还包括：增加了申报前的移送管辖制度，这是2004年并购条例在并购管辖权移送制度方面的重大改革。在程序问题上扩大了调查权限，延长了调查期限。为了进一步达到欧盟内部的统一化标准，2004年欧盟对企业并购规制的相关立法进行了一揽子改革。139/2004号并购条例只是改革的其中一部分成果。其他改革成果还包括：《关于实施第139/2004号并购条例的委员会条例》（第802/2004号，简称实施细则）、《横向并购评估指南》、《欧共体并购控制程序最佳行动指南》等，构筑起了欧盟比较完整的企业并购反垄断法律体系。[①]

从欧盟企业并购反垄断法律制度的改革历程，我们可以看出，欧盟及其成员国为其区域内的协调作出了相当积极的努力。“它首次打破了国界，是国与国之间达成的在企业并购反垄断领域的第一个超越主权国司法权的法规，其效力高于成员国国内法的效力。成员国可以将欧共体的竞争规则作为国内法的一部分直接适用，当国内法与欧共体竞争法出现不一致时，应优先适用后者。”[②] 它的成功不仅在于形成了比较完善的企业并购反垄断法律体系，包括实体法规范、程序法规范以及统一的反垄断执法机构，更在于它实现了“统一”。它在27个成员国之间构建了统一的企业并购反垄断区域法律机制，并且做到对成员国有法律强制力，这一点是难能可贵的。这是欧盟与其成员国之间自《罗马条约》签订以来，经过50多年的利益斗争和妥协得来的成果。如今，欧盟企业并购反垄断规制已发展成为体系相对完备的法律制度，它在国际上独树一帜，具有深远的影响。欧盟区域协调的成功为在更大范围内建立统一的跨国并购反垄断法律机制提供了经验。

欧盟内部具有相似的法律文化、政治倾向、共同的利益需求，形成了高度一体化的经济体，因而建立了超国家的竞争机构，制定了统一的竞争政策。这样的高度一体化，并没有使欧盟成员国丧失拥有各自的独具特色的各成员国的企业并购控制法，而是在欧盟的共同市场层面上，建立起了统一的企业并购反垄断规制，实现了欧盟与其成员国之间对跨国并购反垄

---

① 尚明：《企业并购反垄断控制》，法律出版社2008年版，第3页。

② 国家工商局条法司：《现代竞争法的理论与实践》，法律出版社1993年版，第12页。

断规制的完美协调。也就是说，高度的一体化并不必然要求完全的统一，可以求同存异，它们之间达成的协议包含了相关的最低标准要相互承认，并且具有法律约束力即可使跨国合作得以维持与发展。欧盟这方面的成功完全值得我们学习和借鉴。

2. 亚太经合组织

1995年通过的《大阪行动议程》将竞争政策作为一个领域纳入亚太经合组织贸易投资自由化的进程中，这表明亚太经合组织（APEC）成员国开始重视这方面的区域合作。为此，APEC通过了诸如《APEC加强竞争与管制革新原则》、《执行APEC透明化标准原则声明》等国际文件，充分显示了APEC成员国愿在达成共识的基础上，开展进一步的立法与实践的愿望表达。APEC合作模式对于推动未来更大范围内的多边协调机制的构建具有重要的借鉴意义。《APEC加强竞争与管制革新原则》中的非歧视性、广泛性、透明性和责任性原则，不仅为APEC区域企业并购反垄断协调提供了明确的指导原则，还可以将其作为指导和研究国际性外资并购反垄断规制的原则框架。但是，APEC区域协调的局限性也非常明显。

一是没有形成有约束力的法律文件。APEC属于官方论坛性质，其采取自愿、协商一致的原则，所作决定都必须经成员国一致同意。虽然APEC认识到了竞争政策与贸易政策之间的紧密联系，并制订了竞争政策的集体行动计划以及各成员国的单边行动计划，但是由于APEC崇尚自觉自愿的活动原则，因此，无论是APEC宣言还是《APEC加强竞争与管制革新原则》等文件都不具有国际法上的拘束力，对成员国没有任何强制的履行义务，更何况这些文件只是一些建设性文件。目前APEC并没有提出任何关于跨国并购反垄断的合作内容，也就是说，APEC对于跨国并购反垄断区域协调问题还处于探索阶段，没有形成有效的协调合作机制。

二是成员国的多样化增加了合作难度。APEC的21个成员体，就其地理位置而言，遍及北美、南美、东亚和大洋洲；就经济发展水平而言，既有发达的工业国家，又有发展中国家；就社会政治制度而言，既有实施资本主义的，又有实施社会主义的；就宗教信仰而言，既有信仰基督教的，又有信仰佛教的；就文化而言，既有西方文化，又有东方文化；就法律制度而言，有些国家已经具备完善的企业并购反垄断体系，有些国家至今尚未制定有效的反垄断法。成员的复杂多样性是APEC存在的基础，也是制定一切纲领所要优先考虑的前提。所以，要在APEC范围内制定统一的企业并购反垄断法实属不易。

3. 北美自由贸易区

1992年美国、加拿大和墨西哥正式签署了《北美自由贸易协定》(NAFTA)。它是世界上第一个在发达国家与发展中国家之间签订的自由贸易协定。这样的合作模式也为在更大范围内开展发达国家与发展中国家的国际合作提供了范本。相对于亚太经合组织的竞争政策协调的有限进度，北美自由贸易所建立的竞争政策的区域协调，是比较进步的，体现了更高层次的合作。

首先，NAFTA是美、加、墨三国建立北美自由贸易区的基础法律文件，为三国的国际合作提供了具有法律约束力的国际条约，是三国政府最高意志的体现。它将成员国竞争法协调和执法程序合作纳入了自由贸易协定的基本文件之中，显示了成员国对于竞争政策和贸易政策之间的互动关系的高度关注和重视。其次，合作的内容更加具体。NAFTA有关跨国并购反垄断区域协调，主要体现在第15章。第1501条规定了成员国之间在竞争立法和执法过程中的相互合作机制。其第1款规定：缔约国应采取或维持施以禁止反竞争之商业行为，并对之采取适当行动；因其认知此等措施将可促使本协定目的之达成，为了达到此目的，缔约国应随时就任何一缔约国所采取之措施磋商其有效性。这就为成员国应采取的国内法措施做出了义务性规定。其第2款规定了多种合作渠道，包括法律互助、通知、磋商及信息交换等。第1504条规定建立一个由三方代表组成的贸易与竞争政策工作组，主要负责处理与市场竞争政策有关的事务。

通过美、加、墨三国国内竞争法主管机关之间执法程序的合作，逐步在竞争法的相关实体问题上取得共识，并最终实现区域内竞争法的趋同一致是完全有可能的。当然，由于美、加、墨三国在政治、经济、法律制度上的差异，现阶段这种在美国主导下所建立的NAFTA区域竞争政策合作模式也不可避免地带有明显的局限性。①

第一，合作的内容多是程序性规则的协调，缺乏实体性规则。第15章第1条第2款就规定：……缔约国应就竞争法执行政策之议题，包括就在自由贸易区竞争法与竞争政策执行之相互法律协助、通知、磋商及信息交换等，相互合作。可以看出，合作的内容主要是程序性规则，如通知、磋

① 漆彤：《跨国并购的法律规制》，武汉大学出版社2006年版，第242页。

商、信息交换。由于美、加、墨三国在政治、经济、法律制度上的差异，北美自由贸易区没有像欧盟那样走一体化发展的道路，而是采取相对松散的区域合作模式，因此，目前三国并无意建立超国家的企业并购反垄断实体规则以及统一的实体标准，三国仍强调国家主权的独立性与权威性。

第二，缺乏相应的争端解决机制。NAFTA 第 15 章第 1 条第 3 款规定，缔约国不得就本条有关之事项诉诸本协定的争端解决程序。北美自由贸易区没有试图建立超国家的反垄断执法机关（贸易与竞争政策工作组不具有执法权力，只能提出报告和建议），关于企业并购反垄断事项产生的冲突也不能诉诸于 NAFTA 争端解决程序。这无疑给 NAFTA 这个国际条约的法律约束力大打折扣，使之变成了一种自愿的合作模式。这也充分反映了高层次的竞争政策国际协调机制必然受制于一体化程度的影响。

（三）代表性多边协调的尝试

1. 经济合作与发展组织

经济合作与发展组织（OECD）是一个专门从事竞争法领域国际协调的论坛，对竞争法方面的研究相当激进。OECD 设有专门的委员会——竞争法与竞争政策委员会。该委员会先后于 1967 年、1973 年、1979 年及 1986 年采纳了一系列有关国际贸易的反竞争行为的建议。其中提出的《OECD 理事会关于成员国在影响国际贸易的限制商业行为上进行合作的推荐意见》，促使 OECD 成员国开展了一系列卓有成效的双边协议，推动了一定范围内的有关跨国并购反垄断的国际合作。OECD 对“建立国际性的企业并购的事前申报制度”的课题提出了大量的建设性意见，对跨国并购反垄断的国际协调做了大量有启发性的工作。OECD 已举办并参与了一百多个有关竞争问题的国际研讨活动，并对非会员国提供起草竞争法的技术性协助，其中包括协助草拟竞争法，改进竞争法，举办竞争法执行的研讨会等一系列有效的活动，以帮助其尽快建立起完善的法律体系，促进各国反垄断法的趋同发展，为建立更高层次的、更广范围的国际统一反垄断法律机制创造条件。

OECD 一直处于国际竞争法领域研究的前沿。它为跨国并购的反垄断国际协调提出了大量的相当激进的文件，发布了许多反垄断法领域的研究报告，并为成员国间进行反垄断法领域的协调合作提供了自由而广阔的平台。其局限性在于缺乏“代表性”，现今 OECD 的 34 个成员国都是市场经济体，且都是发达国家，没有考虑到广大发展中国家的利益。由于 OECD

是一个比较松散的论坛性质的国际组织，合作具有自愿性，所以 OECD 所做的工作大多是提出建议，研究报告，仅具有研究的参考价值，不具有法律约束力。因此，OECD 多边协调不能从根本上消除跨国并购产生的垄断影响，也难以在国际协调中成为中坚力量。

2. 国际竞争网络

国际竞争网络（ICN）于 2001 年 10 月在美国政府的倡导下成立。ICN 具有“专注于竞争政策研究”的论坛性质，它主要讨论包括交流控制跨国并购经验以及推进这方面的国际协调等的竞争法的议题。ICN 本身是一个非正式的、开放性的国际组织，模仿“七国集团”的模式，该组织既无常设的秘书处，也无常设的总部，除了各国的反垄断执法机关以外，各国在竞争政策领域的专家、律师甚至大企业的总裁均可以参与其中。ICN 的主要任务就是为其成员搭建一个相互交流、讨论和学习立法经验和执法经验的平台，以逐步协调各国的竞争法与竞争政策。ICN 于 2002 年的第 1 个年会上开展了题为“控制企业合并的程序”的讨论，并建立了一个合并审查工作组。工作组在 2002 年 9 月发布的《合并申报程序的推荐意见》是 ICN 迄今最重要的成就。这个推荐意见的目的是为了减少世界各国在企业申报方面的管辖权冲突和法律冲突。我们应该看到，ICN 与 OECD 类似，都是一种专门供交流、讨论、提供建议的非正式的组织，ICN 形成的各种倡议、建议对其成员都均无法律约束力，在强制执行方面尚未形成有效机制，使得其协调的效果缺乏稳定性，只能发挥有限的作用。另外，合并审查工作组的成员大多是欧美国家的反垄断执法机构，虽然它有利于借鉴当今世界最先进的企业并购规制经验，但也容易忽视发展中国家的诉求。工作组的各项倡议、建议都是在发达国家完善的立法、执法经验基础上提出的，并没有考虑发展中国家的国情和特殊需求，不适于发展中国家予以直接借鉴。ICN 还很年轻，没有在国际社会上形成广泛的影响，不为大众所熟知，因此它在对外资并购进行国际反垄断规制时发挥的作用也十分有限。

3. 世界贸易组织

长期以来，国际组织一直都在为建立全球统一的外资并购反垄断规则而努力着。1948 年 10 月在哈瓦那举行的联合国贸易和就业会议上，由美、英、中、法等 23 个世界贸易组织（WTO）的前身——关贸总协定（GATT）的成员国以及其他 30 个国家审议并通过了《哈瓦那宪章》（又称《国际贸易组织宪章》），其第五章专章规定了限制竞争性商业行为。这是全球范围内规制垄断行为的第一次尝试。但由于没有得到美国的支持，该宪章未能生效。虽然《哈瓦那宪章》没有生效，但是脱胎于该宪章的《关税及贸易总协定》（GATT）却在后来的国际社会中发挥了巨大的作用。在GATT前七个回合的谈判中，竞争政策议题一直未能进入谈判议程，直到乌拉圭回合谈判，竞争政策才得到广泛的关注，因而在乌拉圭回合形成的协定中都包含了竞争政策方面的内容，但是，这些规定都只是零散地分布于众多协定之中，并没有形成完整系统的体系。这些规定也不涉及竞争政策方面的协调问题，因此也谈不上对企业并购规制的反垄断的具体协调。事实上，1993年由美国、德国等国家的12位反垄断专家所组成的国际反垄断法典工作小组向关贸总协定总干事提交了一份国际反垄断法典草案（DIAC），希望它能够成为WTO的一个多边贸易协定。该法典草案共有21条，主要内容包括基本原则、实体规范、执行机构和程序。其中，实体法规范主要借鉴了德国、美国和欧共体的反垄断法。这是迄今为止提出的内容最全面、体系最完善、适用范围最广泛的国际反垄断法草案。

DIAC基本原则有5项，它同时可以作为企业并购反垄断规制的指导原则，包括适用国家实体法原则、国民待遇原则、最低标准原则、国际程序方案原则和适用国际案件原则。适用国家实体法原则是以各个国家的法律为基础，逐步建立起国际反垄断法的框架；国民待遇原则要求本国企业与外国企业应平等对待；最低标准原则是指成员国之间达成一套最低底线的国际统一标准；国际程序方案原则赋予了DIAC设立的“国际反垄断法局”以代位诉讼的权利。当有成员国怠于执行国内反垄断法时，国际反垄断法局可以要求该国执行，甚至可以代替该国反垄断执法机关在其国内提起反垄断诉讼；适用国际案件原则体现了国家主权原则，即纯粹的国内案件由该国国内法管辖，国际反垄断法局不予干涉。

DIAC的第三部分内容规定了企业并购反垄断规制问题，其主要内容有：

企业并购的含义及规制对象。DIAC第8条对企业并购做出了规定：事业（或控制事业的个人）以购买股票、资产或其他方式，直接或间接对其他事业的全部或重要部分取得控制权者，即认为发生了并购。根据DIAC的适用国际案件原则，第9条规定了DIAC规制的对象是至少对两个成员国的市场造成了阻碍竞争的影响。

企业并购的事前申报制度。第10条第1项规定，对于国际并购案件，参与并购的当事方向受影响国家的反垄断法主管机关提出申报；若受影响的国家为2个或2个以上，受理了申报的国内反垄断法主管机关应在接到通知后的一周内转报国际反垄断法局。它同时还规定了处理期限。国际反垄断法局必须在受理申报后一周内开展调查。此外，对于企业并购的禁止期间，草案规定为当事方在申报前及申报后的3个月内不得实施并购。

垄断的评判标准。DIAC第11条第1款第1项给出了总体标准。对于形成或者加强了妨害相关市场内的竞争秩序的企业并购，应被缔约国的反垄断执法机构禁止。第2项还规定了具体的判断标准：①所有有关市场的竞争结构，包括来自国家反垄断机关境内的或境外企业的实际或潜在的竞争；②有关企业的市场地位、经济和财政的力量；③进入市场的难易程度和其他的进入壁垒等。

对国际并购案件的统一规制。第11条第4款规定，在所有相关国家反垄断执法机构同意的情况下，才能对该项国际并购案件作出处理，当意见出现分歧时，应由国际反垄断局定夺。

上述草案是由许多专家站在学术研究的立场上制定的，基本不涉及政治因素和利益影响，体现了较高的立法水平。但是仔细分析上述规定之后，可以发现，条文不够精确、清晰，都是比较原则性的规定。显然，草案的起草者肯定也注意到了这一问题，但是由于DIAC本来计划作为关贸总协定的诸边协定的一部分，就是想使草案能够被成员国各方接受，从某种意义上说是一种最低标准，因而该草案制定得略显粗糙。遗憾的是，该草案最终也未获得通过，一直停留在草案阶段。也许正是由于它的浓重的学术因素，它离国际社会普遍接受的具有约束力的法案仍很遥远。

1995年WTO成立以后，WTO仍继续GATT未完成的竞争政策课题。1996年在新加坡召开的第二届部长级会议上，授权建立了贸易与竞争政策工作组。2001年WTO第四届部长级会议通过的《多哈宣言》确立了竞争政策对贸易政策的重要影响，同意在第五届部长级会议来临之前，贸易与竞争政策工作组将以澄清相关问题为重点做进一步的准备工作，如讨论非歧视、透明度、程序公正等核心原则，商讨自愿合作模式等，第五届部长会议将视前期准备情况决定是否启动竞争政策的谈判。[①] 然而，在WTO第

① 王晓晔、陶正华：《WTO竞争政策及其对中国的影响——兼论制定反垄断法的意义》，《中国社会科学》2003年第5期，第54页。

五届部长级会议上，成员国并没有就发起谈判达成共识，最后无果而终。庆幸的是，WTO成员国对将WTO核心原则引入竞争政策达成了比较一致的看法。

综上所述，联合国和WTO对促成统一的跨国并购反垄断规制的脚步从未停歇过，但每次的尝试总是以失败而告终。现有的WTO框架下的竞争政策暴露了许多问题：有关跨国并购反垄断的规定都散见于众多的协定之中，没有形成系统的外资并购反垄断规制体系；有关外资并购反垄断的政策也只是探索性的，因而不具有法律强制力；WTO各成员国对于建立统一的外资并购国际反垄断规制的态度并不一致。目前的障碍在短时间内虽很难克服，但是并不能阻止我们继续努力构建起WTO框架下的全球统一的跨国并购反垄断规制体系，以弥补双边协调、多边协调的局限性，实现WTO框架内最终的统一。广泛的国际协调与合作才是规制垄断性跨国并购行之有效的途径。

三、外资并购反垄断规制国际协调的前景

（一）外资并购反垄断国际协调的基本原则

构建外资并购反垄断国际协调的目的是为了维护国际市场自由、公平的竞争秩序，保障各国国内市场的秩序稳定，促进国际经济健康、有序地发展。然而，在如此庞大的、众多的国际成员中进行外资并购反垄断国际协调实属不易。因此，必须为其确定基本原则，将基本原则贯穿于外资并购反垄断国际协调的始终。笔者认为，基本原则应包括WTO核心原则、礼让原则以及平等协商原则。WTO核心原则包括国家主权原则、非歧视性原则、透明度原则、程序公正原则以及发展中国家特殊而有差别待遇原则。这些核心原则是WTO成员国进行协商的指导性原则，WTO的各项协定中无一例外地体现了WTO核心原则。关于WTO核心原则能否纳入统一的竞争政策中，作为它的基本原则，近年来WTO工作组、WTO各成员国以及一些国际组织进行了广泛的探讨，许多国家对此表示支持。平等协商原则是国际经济法的一个重要原则，在国际经济中发挥着重要的指引作用，将其援引到竞争政策中，赋予各国（无论是发展中国家还是发达国家）同等的谈判地位和权利，无疑能够调动各国在双边合作、区域协调，特别是WTO框架下谈判的积极性，并实现合作的积极性，促进国际协调的顺利开展。1991年、1998年美欧签订的双边协定中创设的礼让原则是针

对竞争政策的国际协调而提出的，将其引入国际协调中也应该算是实至名归。

1. 国家主权原则与国民待遇原则[①]

WTO 是 GATT 的继承者，其成立之初的创始成员和新加入成员都是有独立的国家主权（也包括单独关税区，比如中国的香港、澳门、台湾）。国家主权是指国家可以独立自主地处理对内对外事务，任何国家、组织、个人不得干预他国事务，简单地说就是“对内最高，对外独立”。一方面，国家主权原则是 WTO 成立的前提。各成员国的国家主权都受到充分尊重，其他个人、组织、国家都不得将其意志强加于任何一个主权国家之上。另一方面，各成员国所作决定往往是与本国的利益密切联系在一起的，在对外资并购的垄断行为进行规制时，常常优先考虑本国的市场经济秩序是否会受到侵害，或者这样的并购是否有利于本国的经济发展，国际组织规制权的高度集中不一定符合各国的反垄断目标。对此，我们不宜将权力过分地集中行使，应当在充分尊重各成员国的国家主权、充分协商的前提下开展工作。

值得注意的是，国家主权包括国家管辖权，其中有属人管辖权和属地管辖权。反垄断法的域外适用却对国家主权原则提出了挑战。对于同一并购案件，可能有两个或两个以上受影响的国家主张管辖权，这样势必导致一国反垄断法的域外适用与他国的国家主权之间产生冲突。现今规定反垄断法的域外适用已成为不可阻挡的潮流，运用反垄断法的域外效力的手段所产生的法律冲突已在所难免。而要解决这个问题，进行广泛的国际协调才是必由之路。

现有的 WTO 有关协定中所体现的国民待遇原则已经包含有公平竞争政策。在未来构建的外资并购反垄断国际协调中，国民待遇原则与公平竞争政策的联系是非常密切的，二者是和谐统一的。公平竞争政策给予所有的竞争者以平等的竞争机会，而国民待遇原则的内涵也折射和强化了竞争政策的宗旨，对于国民待遇原则在外资并购反垄断国际规制中的适用范围，“仅仅应该包括竞争法律和相关的竞争政策，而不要扩大到相关的产

---

① 非歧视原则是 WTO 的核心原则，它包括国民待遇原则与最惠国待遇原则，这里仅讨论国民待遇原则。

业政策或发展政策，也不包括国家在对外扩大市场准入方面的任何承诺”。①

我们不能将国民待遇原则理解为对发达国家和发展中国家之间同等适用的、普遍的、绝对的国民待遇。在经济发展水平相差悬殊的国家之间实行“国民待遇”，本身就是一种实质上的不平等。因此，国民待遇原则应当允许存在合理的例外，那就是应当充分考虑发展中国家的特殊利益。发展中国家在制定国家的经济发展规划时，往往要考虑贸易政策与竞争政策的相互关系。贸易政策与竞争政策之间的关系在不同时间、不同国家都有着微妙的变化。发展中国家为了提高国内企业的国际竞争力，促进经济增长，往往会优先考虑贸易政策，竞争政策则服务于贸易政策。鼓励国内企业之间的合并以扩大企业规模，增强竞争力，提高竞争效率，同时，为了保护弱小产业的生存和维护国家经济安全，又严格限制外资企业并购国内企业的产业范围和控股比例等。这些都会体现在发展中国家相关的竞争立法中，如反垄断法的立法宗旨、原则、适用除外等，都能体现出发展中国家采取的政策取向。正因如此，发展中国家与发达国家间采取的反垄断政策就有很大分歧，发达国家侧重于保护竞争本身，而发展中国家倾向于保护竞争者。由于经济发展程度的不同，这一问题是难以协调的，却又必须寻求一个合适的解决途径。因此，我们不能机械地适用国民待遇原则，要走出这种窘境，唯有发达国家降低一些标准，在协商中考虑发展中国家的特殊利益，给予发展中国家一定期限的过渡期，以谋求 WTO 所有成员国早日达成共识。

2. 透明度原则与程序公平原则

透明度原则同样是 WTO 的一项重要原则，它体现在 WTO 的主要协定、协议中，也应该成为未来外资并购反垄断国际协调的一项基础性原则。由于外资并购反垄断审查中的许多因素都具有不确定性，如相关市场的界定、市场集中度、市场份额等的计算，都需要在具体的个案中加以分析。在外资并购反垄断规制中引入透明度原则，不仅为非歧视原则以及程序公平原则的贯彻实施提供了保障，还可以降低这种不确定性，提高外资并购反垄断规制的稳定性和可预见性，使得并购企业与被并购企业能够更好地行使权利和遵守义务。“透明度原则不仅要求 WTO 成员国在实施相关

① 林燕萍：《贸易与国际竞争法》，上海人民出版社 2006 年版，第 221 页。

的法律法规前必须正式向公众公布，否则不发生法律效力，同时还应将法律、法规等的适用条件以及依其所做的决定的复议权公之于众；而且还要求成员国向 WTO 和其他成员国通告其政府的有关行为；成员国也应该承担起因其他成员要求提供有关信息和咨询的义务。”① 至于透明度如何实现，可以是各成员国反垄断执行机构之间开展的通告与信息交流，也可以是磋商或者更高级别的会见与协商。如此一来，既可以使反垄断执行机构及时获得信息并反馈信息，缩短审查时间，也可以为跨国公司及时提供信息决策，降低不必要的成本消耗。

“程序公平原则与其他基本原则之间具有密切的联系：透明度是公平程序的应有之义，透明度同时也是程序公平的保障；程序公平是非歧视原则的表现，非歧视原则也是程序公平的要求。”② 各成员国对在未来统一的外资并购反垄断规制中纳入程序公平原则的重要性都有普遍的认同。“程序公平原则应以赋予并购双方或多方以一定的权利而体现出程序公平。(1) 赋予当事人介入调查程序的权利。例如，这种权利包括企业在针对反垄断程序调查开始后获得通知的权利和被告是因何原因开始调查的权利；(2) 被调查的当事人应被赋予作出辩解的权利。当事人应有机会和时间用书面的方式向反垄断执法机构表述自己的意见；(3) 当事人的秘密信息包括商业秘密得到有效保护的权利。”③

3. 发展中国家特殊而有差别待遇原则

发展中国家特殊而有差别待遇原则并不是 WTO 原有的核心原则，它是经过 WTO 众多发展中国家经过无数次谈判争取过来的。在统一的外资并购反垄断规制中引入 WTO 核心原则，对于有反垄断执行经验的发达国家来说，并没有多大履行的困难，而对于发展中国家来说，由于其没有足够成熟的反垄断执法经验，以及发展中国家的某些脆弱产业尚不具备抵御外资企业并购风险的能力，严格遵守竞争政策下的 WTO 基本原则就变得有些困难。因此，经过谈判与讨论，WTO 工作组指出，应当给予发展中国家在外资并购反垄断规制的发展上渐进性的需要，在实施方面给予更多的灵活性。发达国家应予以体谅和让步，为其提供有效的技术援助，增强发

① 王晓晔：《王晓晔论反垄断法》，社会科学文献出版社 2010 年版，第 497 页。

② 林燕萍：《贸易与国际竞争法》，上海人民出版社 2006 年版，第 223 页。

③ 同上书，第 224 页。

展中国家履行透明度有关义务的能力。该原则已经得到了 WTO、WTO 成员国以及其他国际组织的承认与支持。特殊而有差别待遇原则的确立，有利于吸引更多的发展中国家积极加入 WTO，为发展中国家创造加快经济发展的条件，从而尽快实现广大发展中国家与发达国家关于外资并购反垄断规制的大趋同，早日达成 WTO 框架下全球统一的外资并购反垄断规制。

4. 礼让原则与平等协商原则

礼让原则又分为“积极礼让原则”和“消极礼让原则”。根据该协定第 6 条，消极礼让原则要求各成员国之间消极的不作为，意指各方在决定是否开始反垄断调查程序、决定调查的范围、实施救济及惩罚的性质以及其他方面行为时，应充分考虑到另一方的重要利益，甚至可以主动将案件交由另一有重要利益一方的主管机关处理。积极礼让原则是要求各成员国之间积极地作为，适用于跨国并购反垄断国际协调中，意指如果一方认为另一方境内发生的并购垄断行为对其重要利益有不利影响，前者可以通知另一方并可以请求对方的竞争当局采取适当的执法行动。为了使积极礼让原则得到进一步的深化与发展，1998 年，美国和欧共体签订了一个反垄断执行中适用积极礼让原则的协定（称补充协定），从而进一步扩充了积极礼让原则的含义。根据这个补充协定，对积极礼让原则进一步的解释是，即“不管在一国领域内的外资并购垄断行为是否同时触犯了请求方的竞争法，也不管请求方是否已经开始根据其自己的竞争法采取了执行措施，受到发生在另一方领土的反竞争行为影响的一方，可以要求该一方的主管机关根据其自己的法律对这种行为进行调查和处罚，甚至可以要求根据本国法修正对案件做出的决定”。① 礼让原则对解决当前反垄断法域外适用的冲突，促进跨国并购反垄断的国际协调具有巨大的推动作用。

平等协商原则是国际经济法的重要原则。它要求国家之间订立条约时，应当遵循平等互利、协商一致的原则。任何国家、组织和个人的意志不得强加于他国之上。外资并购反垄断国际协调需要各个国家的广泛参与。任何国际条约或国际文件的达成应是成员国家自由意志的表达。若不强调平等协商，以经济实力论权利和地位，将造成广大发展中国家的国家利益的忽视，在此条件下达成的国际条约必定是备受争议和质疑的，会给原本就障碍重重的外资并购反垄断国际协调罩上强权政治的不文明阴影。

① 李磊：《跨国公司在华并购的法律规制研究》，中国检察出版社 2008 年版，第 230 页。

因此，平等协商原则在国际协调中发挥的作用是至关重要的。

(二) 外资并购反垄断国际协调的开展方式

诚然，双边合作、区域协调以及多边协调均有不足之处，但是，我们不能因此而忽视它们发挥的作用。“存在即为合理”，短期内它们是无法取代的。双边合作、区域协调、多边协调三者均不能荒废，应该扬长避短，协调一致，共同发展。因此，我们需要开展一系列切实有效的工作，那就是拓展双边合作的广度和深度，加快区域内一体化进程，推动务实而有效的多边协调。双边合作是两个国家间关于外资并购反垄断规制的亲密合作，各个国家都应该积极地同更多的国家开展更广泛、更深层次的双边合作，以期在实质性问题的协调上取得重大进展。区域协调往往发生在具有共同的经济奋斗目标、相似的法律氛围，具有一定地缘性的国家之间。一体化程度越高的地区，就越容易实现区域协调，欧盟便是一个很好的例证。区域组织的各成员国应致力于区域论坛的高端对话、磋商，逐渐减少贸易摩擦，形成统一的区域经济，为建立有效的跨国并购反垄断的区域协调奠定基础。小范围的双边协调和区域协调可使 WTO 难以解决的问题先于解决，在小范围内先对一些重点难点问题达成一致，形成高度统一，也有助于促进 WTO 协议模式的协调。

1. 拓展双边合作的广度和深度

双边合作发挥的作用不容忽视，但仍有极大的拓展空间。各国应争取在双边合作的广度和深度上实现新的突破。由于双边合作是两个国家之间进行的合作，具有易操作、易协调一致的特点，双边合作容易在短期内取得一定的成效。发展中国家在完善本国国内外资并购反垄断规制的同时，应积极参与到双边合作的行列中来，以增加双边合作的广度，同时也是对其国际地位的提升。

除此之外，更重要的是要拓展双边合作的深度，拓宽双边合作的内容。一方面，进一步深化程序规则的合作程度。比如在信息交流方面存在某些障碍。由于有些信息可能涉及商业秘密，而“因为世界各国的法律一般都规定，商业秘密应当受到严格的法律保护。在大多数国家，泄露商业秘密的行为是要追究法律责任的，甚至会承担刑事责任。作为企业并购的反垄断执法机构，很容易接触到企业的经营决策、投资决策等商业秘密，此时，工作人员就要严格遵守法律的规定，保守商业秘密。此外，为了维护本国企业的合法利益和国家利益，各国反垄断执法机构也不愿将本国企业的商业秘密向他国执法机构透露。基于上述原因，各国反垄断执行机构之间就不能展开充分的信息交流与沟通，使双边合作举步维艰。因此，在未来的实践中，各国应该通过修改国内立法和签订谅解备忘录等形式加强这方面的合作”。[①] 另一方面，随着各国反垄断立法的不断完善，并有趋同的趋势，国家间应向着双边合作的某些实体规则达成一致的方向努力。有些实体规则并不关乎国家利益，这些规则便可以先行协调，从而迈出实体规则双边合作的第一步。此外，最束缚双边合作发展的是其缺乏法律约束力。因此，制定出有强制力的法律规范是其当务之急。这就需要缔约国双方为了共同的目标，各自作出适当的让步与妥协，将一些经过反复适用和检验的规则赋予法律约束力，从而使双边合作取得新的突破。

2. 加快区域性组织一体化进程

欧盟区域内的协调的经验告诉我们：“高层次的外资并购反垄断国际协调机制必然受制于区域内一体化程度的影响。”[②] 区域性组织的成员国首先要做到的是根据国情，建立和完善本国的外资并购反垄断规制，积极向本区域组织的主流规则靠拢，逐渐实现区域性组织内外资并购反垄断规制的统一。这并不妨碍各国保有自己特色的部分，因为，我们可以在其中“求同存异”，共同发展。各成员国也应主动减少本国反垄断法域外适用的使用频率，尽量避免与其他国家之间发生法律冲突。与双边合作类似，区域协调也缺乏实体性规则的统一，达成的协议也不具有法律约束力。这时，区域性组织机构应发挥作用，努力斡旋于各成员国之间，敦促成员国就某些实体性规则达成一致，也为逐步形成有法律约束力的协定打下良好基础。与此同时，区域性组织应保持原有的基本特色。例如，APEC 通过的《APEC 加强竞争与管制革新原则》中的各项原则可以作为 WTO 框架下形成的原则的参考。同时，APEC 应加强成员国对区域内形成的指导原则达成共识，并使成员国在这些基本原则的指导下开展区域合作。另外，要充分利用好 APEC 在信息收集技术协助、交流对话等方面的功能：积极建立和完善 APEC 竞争政策数据库，记录各成员国的主要反垄断政策和反垄断法内容及其执行情况；开展各种有益的论坛，研讨相关的竞争政策，形

---

① 胡磊：《跨国并购反垄断规制国际协调问题研究》，硕士学位论文，武汉大学，2005 年，第 39 页。

② 漆彤：《跨国并购的法律规制》，武汉大学出版社 2006 年版，第 243 页。

成广泛的交流，推动区域内各成员国达成共识的进程。

3. 推动务实而有效的多边协调

多边协调中的经济合作与发展组织（OECD）与国际竞争网络（ICN）二者的性质被定位在专注于竞争政策研究的论坛性质。OECD与ICN在过去的工作中为外资并购反垄断的国际协调提出了大量的有益的激进的建议，一直处在研究竞争政策的理论前沿。“它们制定的‘建议’、‘纲要’、‘宣言’、‘指南’等虽不具有法律约束力，但对各国却有一定的示范、指引作用。”[①] 因此，在今后的工作中，OECD与ICN应继续立足于这一点，对各国的国内立法与司法予以指导，逐步协调各成员国的竞争法与竞争政策。OECD、ICN也可以为世界各国提供有关竞争政策的研究报告，甚至是针对某一国家提出相关的完善建议，成为为全世界服务的国际组织。此外，多边协调中必须更加关注以下问题：

（1）重视WTO的作用

首先，构建外资并购反垄断多边协调的平台WTO是首选。从前文论述的外资并购反垄断规制国际协调的现状可知，双边协调以及区域性协调在范围上有很大的局限性，涉及的国家范围较窄，并且在区域性协调中的欧盟、北美自由贸易区以及亚太经合组织分属于不同的利益集合体，很难形成世界范围的国际性的外资并购反垄断规制。多边协调中的OECD、ICN，虽说比前两者的成员国范围要广，但还不能和WTO相提并论。OECD和ICN的性质属于论坛性质，主要是为成员国提供一个表明观点、交流经验的平台，没有形成任何有约束力的文件。因此，在WTO框架下开展成员国的谈判与合作，形成统一的外资并购反垄断规制是上乘之选。事实上，早在1996年12月新加坡召开的WTO首届部长级大会上已将竞争政策提到议事日程上来。WTO的三个主要协定：《服务贸易总协定》、《与贸易有关的知识产权协议》、《与贸易有关的投资措施协议》中虽有规定相关的竞争规则，但遗憾的是，外资并购违反竞争政策的行为并没有实体规定。WTO框架下至今未形成国际统一的外资并购反垄断规制是因为在跨国并购、合营中，涉及众多的竞争问题。

其次，WTO成员国历来对WTO框架下是否应建立统一的竞争政策有不同的立场。欧盟向来是支持在WTO框架下建立统一的竞争规则。这些

① 林燕萍：《贸易与国际竞争法》，上海人民出版社2006年版，第122页。

竞争规则对于WTO成员国来说应该具有法律约束力。美国支持竞争政策谈判但极力反对在WTO框架下引入统一的竞争政策。尽管美国极力反对，但是，欧盟的主张还是受到WTO众多成员国的支持，包括韩国、日本、印尼等许多亚洲国家。建立WTO统一竞争规则之所以得到国际社会的广泛支持，这是因为，一方面，国际贸易政策与国际竞争政策有着密切的联系。WTO的各种协议都是以自由贸易政策贯穿其中的。WTO内部在相当程度上已经实现了贸易自由化，WTO框架下也要制定自由竞争政策。因为这二者的基本目标是一致的，即追求资源配置的效率和增加消费者的福利。这一点WTO成员国已经达成了共识。竞争政策有利于贸易政策实现自身的目标；相反，若缺少了竞争政策的支持，由于外资并购造成的限制竞争的效果，在一定程度上会抵消通过关税和非关税壁垒而取得的有益成果。因此，只有建立起统一的贸易政策和统一的竞争政策，WTO体制下的法律体系才是完整的。另一方面，随着世界经济国际关联性的日益增强，因外资并购所引起的垄断效果极易随之涉及多个国家，甚至波及全球，这时一个国家很难单枪匹马调查和处理垄断性的外资并购案件，必须形成广泛的国际合作关系。

最后，WTO自身的优点也是重要依据。一是WTO是当今最广泛的国际组织。它拥有153个成员国，具有广泛性、多样性和代表性，在WTO框架内达成的多边协议具有广泛的约束力，可以在最大范围内将多边协议付诸实施，在国际上取得了良好的执行效果。多边协议也被成员国视为本国法律体系中国际法的渊源，具有法律约束力。当多边协议与国内法相冲突时，以多边协议为准。二是WTO确立的核心原则与竞争政策相结合已经得到大多数成员国的认同。引入WTO核心原则对于建立统一的竞争规则大有裨益。它赋予成员国在谈判中享有独立的主权地位，给予国内外企业平等的竞争待遇，要求外资并购反垄断执法机构程序公平正义，及时公布信息，加强各国之间的信息交流。这些核心原则有利于绝大多数国家的根本利益，有利于世界经济的可持续发展。三是WTO曾有过构建国际统一的外资并购规制的尝试，虽然这些尝试并未取得实质性成果，但是在WTO框架下建立国际统一的外资并购反垄断规制是一种必然趋势，是值得国际社会为之努力奋斗的事情。“WTO体系中现存的种种不适宜国际并购规制之处是可以得到完善并改进的，WTO的法律制度会随着成员国的认识不断趋同，随着全球化不断演进，不应该僵化地看待它。”①

（2）WTO 框架下外资并购反垄断多边协调的运行模式

各国对 WTO 基本原则适用于国际统一的外资并购反垄断规制基本达成了共识，这种共识是最基本的、最原则性的。它为建立国际统一的外资并购反垄断规制提供指导性原则，而在具体适用和操作问题上，如国际统一的外资并购反垄断规制采取怎样的运行方式都存在分歧。第一种观点主张建立统一的外资并购反垄断法。经过 WTO 全体成员的协商，力争在跨国并购反垄断的实体性标准、垄断的界定、适用除外、程序规则等方面达成一致，形成系统的反垄断规则体系，建立独立于各国的执法机构，制定《跨国并购反垄断法》，并由各国签署具有法律约束力。第二种观点主张国内跨国并购反垄断标准与国际标准进行协调，在这个过程中，寻求发达国家间成功的双边和区域就特定问题的合作协定作为参考，逐步发展到国际立法。第三种观点主张先建立统一的最低标准规则，得到发达国家与发展中国家的普遍认同。即达成统一适用的跨国并购反垄断的基本原则，反垄断法的基本价值目标以及最低限度的实体性规则，不主张建立统一的反垄断执法机构。上述三种运行模式哪一种最适合在 WTO 框架下运作呢？这要结合每一种运行模式的特点和国际协调的现状加以分析：

第一种运行模式颇受发达国家的推崇，原因何在？首先，经济基础决定上层建筑，发达国家在 WTO 中有十足的话语权，并力图通过 WTO 达成各项协定控制发展中国家，实现他们的经济扩张战略。力推制定统一的跨国并购反垄断法也是发达国家的“如意算盘”。其次，这一方案确实勾勒出了跨国并购反垄断法统一的美好蓝图，但由于经济发展水平的差别，发展中国家与发达国家之间的反垄断立法水平相去甚远，这样一个统一的跨国并购反垄断法，对于广大的发展中国家是很难接受的，况且广大发展中国家一直以建立国际经济新秩序为奋斗目标，他们是不会接受强加于之的义务的。此外，若要建立独立的执法机构必然会涉及国家主权的让渡。就目前情况来说，WTO 内部还未形成高度的一体化，因此要成员国放弃一部分原本属于自己的主权，而听从于目前还不完善、不成熟的执法机构真是难上加难。因此，此方案在当前和可以预见的将来都是难以实现的，但我们也并不能因此而放弃这一梦想，因为最终实现 WTO 内部的统一，是外

① 张劲松：《试论对国际性并购的法律管制》，《国际贸易问题》2001 年第 1 期，第 57 页。

资并购反垄断国际协调的必然趋势和发展方向。

第二种模式似乎更是一种折衷的方式，是第一种和第三种方式的过渡方式。其所谓的国际标准是指企业并购反垄断体制完善的、执法经验丰富的国家制定出一个小范围的多边协调机制，其他 WTO 成员国就在双边、区域协调中就国际标准中的特定问题达成共识，逐步实现统一立法。问题是，国际标准的出台已经产生了“先入为主”的嫌疑。这个国际标准貌似于 1993 年由美、德等国家的 12 名反垄断专家提出的《国际反垄断法典草案》，都是由发达国家组成的团队，制定出的国际标准往往会忽视发展中国家的利益诉求。这样的国际标准不能获得通过，一旦通过表决，国际标准就成为有法律约束力的多边条约，其他 WTO 成员国只能以这个国际标准为目标，在双边、区域协调中予以谈判。如此一来，广大发展中国家将承担过于沉重的义务，并且是在短时间内难以履行的义务。在谈判中，他们根据自身的经济水平和法治程度提出，符合自己的方案的可能性大受限制，这是各成员国不愿接受的。因此，第二种运行模式也很难在短期内获得普遍赞同。

相比之下，第三种运行方式在当前形势下，可以满足各成员国最低限度的协调，实现最基本的要求。在适用 WTO 核心原则的同时，要凸显对发展中国家特殊而有差别待遇原则。比较和归纳发达国家实体规则的规定，与发展中国家协商，从而确定最低限度的实体规则。不设立独立于国家的专门的执法机构，而是以各国承认并签署的最低标准为依据，通过各成员国本国的反垄断执法机构的合作来完成外资并购的反垄断调查。它对国家主权限制小，有较大的独立性，容易被各成员国接受。最低限度的运行方式也有可发展的前途，并不是一成不变的。当所有成员国都对最低限度运行方式认可和遵守时，我们可以在此基础上经过一定时间的协商、磨合，力求在更实质的问题上形成统一意见，制定高层次的标准，逐步递进完善到国际统一立法。

可以说，三种运行方式有着一定的内在逻辑。第三种运行方式是最基本的合理选择，第二种则在不久的将来为我们提供可行性的期待，而第一种运行方式是我们最终要实现的目标。为此，笔者赞同从最低限度模式开始，针对不同时期的情况确立相应的运行方式，循序渐进，随着全球经济一体化的发展，最终实现全球统一的外资并购反垄断法也非天方夜谭。

四、我国参与外资并购反垄断国际协调的路径设计

（一）WTO 核心原则在我国的选择与适用

1. 认同并坚持 WTO 核心原则

WTO 核心原则与反垄断法的价值目标是完全一致的。二者都体现了对公平、效率的价值追求。我国作为 WTO 的成员和 WTO 贸易大国理应认同并坚持 WTO 基本原则，将 WTO 核心原则作为我国反垄断立法以及参与国际协调的指导原则。

国家主权原则要求我国在不损害他国利益的前提下，积极参与 WTO 反垄断的谈判，发挥应有的作用，影响谈判的进程和方向，最大限度地维护我国的国家利益。我国在进行单边协调即建立和完善反垄断体系时，[①]要掌握好国家主权原则的适用尺度。反垄断法的域外效力是国家主权原则的表现，但是，反垄断法域外效力的过度适用必然会引起相关国家反垄断法的冲突与对抗，损害其他国家的国家利益，对他国的国家主权造成一定的威胁。因此，我国在完善反垄断立法时，对反垄断法的域外适用的原则予以完善，降低域外适用的频率，在主张反垄断法域外适用时，也要考虑到是否侵害了他国的主权以及适用结果是否合理等因素。

具体到透明度原则，我国应立足于本国的国情，积极推进法律、法规等信息的公开化进程，做好相关法律法规草案或征求意见稿的公之于众及通过表决的发布工作。另外，在权力交接的过程中要注意透明执法。虽然新出台的《经营者集中申报办法》规定了商务部是专门的反垄断执法机关，[②]但由于我国反垄断执法机关处于长期的执法权分散交叉管理的局面，在短时间内还很难做到权力的统一专门行使。因此，在一段过渡期内，原来的反垄断调查部门，即商务部反垄断调查办公室、国家工商总局交易局反垄断处和国家发改委三者要做好协调工作。对于各种问题需要公开的均应予以公开，做到透明执法。

商务部在今后的反垄断审查工作中，应及时公布并购案的审查过程及

---

① 我们只有把自身的反垄断法建立并完善起来，才能在国际协调中取得规则上的优势，因此，笔者把建立和完善反垄断体系也称为“单边协调”。

② 《经营者集中申报办法》第 2 条：商务部是经营者集中反垄断审查执法机构，承担受理和审查经营者集中申报的具体执法工作。

审查结果，使并购当事人及公众知晓应公开的各类并购事项，牵涉并购双方的保密信息，应维护并购双方的合法权益。涉及我国的或侵害我国重大利益的跨国并购案件，我国商务部还需要与相关国家的反垄断执法机构之间开展必要的通告与信息交流。

对于程序公平原则应做到制定相关法律法规实行听证制度，听取相关群体的意见。由于我国“重实体、轻程序”的长期诟病，致使许多案件只注重审查结果的公正，而忽视审查程序的违法。我国加入 WTO 以后，对于跨国并购反垄断方面展开的国家协调，必须与国际接轨，注重程序公正。

坚持发展中国家享有特殊而有差别待遇的原则，其实就是对我国合法权益的保护。鉴于我国的反垄断法律体系不够完善，任何多边竞争政策协定都应当包含合适的过渡期、承担义务的渐进性以及技术合作条款。我国作为 WTO 成员国中最大的发展中国家，作为 WTO 中的一个贸易大国，应首先把自己定位于发展中国家，贸易大国是其次。只有和众多的发展中国家携起手来，共同推动 WTO 外资并购反垄断立法进程，发挥应有的作用，才能在 WTO 中占据一席之地，享有特殊而有差别待遇。在坚持 WTO 基本原则的前提下，应允许发展中国家的例外情况，如允许扶持国内小企业发展的产业政策方面的例外。我国刚刚实施反垄断法不久，缺乏相关执法经验，国际组织如 OECD、ICN 都乐于向我国提供帮助，如分析我国反垄断政策现状提出改善建议，鼓励发展中国家多参加各种竞争论坛，以促进外资并购反垄断国际协调。

2. 强化国民待遇原则

国民待遇原则是非歧视原则的重要原则之一。事实上，虽然我国在企业所得税、公司法的相关规定上都实现了内外资统一，但是本质上我国的法律体制仍实行的是内外有别的双轨制。我国历来对外商投资采取鼓励和限制相结合的政策，形成了事实上的“超国民待遇”和“次国民待遇”。

一方面，给予外资高于内资企业的优惠。包括我国在内的许多发展中国家为了吸引外资，制定了各种优惠政策，给予了较多的政策倾斜，在经营权、管理权、税收等方面，外资都享有着比内资企业更优越的“超国民待遇”。例如，在经营方面的优惠，外商投资企业享有进出口经营权；在管理权方面，外资企业享有充分的自主经营权；在税收上，“生产性的外资企业，从获利年度开始，享有两年免征三年减半征收企业所得税的待遇；高新技术、产品出口型的外商投资企业，在此基础上可得到更优惠的待遇；再投资可以退回再投资部分已缴40%的企业所得税，还享有进出口关税的优惠”。[①] 由于内外资企业的待遇差别明显，滋生了一些内资企业或本国投资者千方百计通过“买壳”、“借壳”取得外资或外商身份的“假外资”现象。

另一方面，对外资又有许多歧视性要求，形成了“次国民待遇”问题。最明显的例子就是我国的外资企业法规定“出口实绩要求”，即将产品全部出口或出口达到一定的比例作为外资企业设立的条件之一。

不管是“超国民待遇”还是“次国民待遇”，都造成了内外资企业的权利不平等，这与国民待遇原则是相违背的。从长远来看，我国的“超国民待遇”问题更加明显。“超国民待遇”不仅以牺牲国家资源为代价，而且还使内资企业的竞争处于劣势，不利于我国国民经济的发展。因此，我国在完善外资并购反垄断立法时，要将外资并购与内资并购适用法律的双轨制变为适用同一法律的单轨制，这样才能使外国企业与国内企业在同一起跑线上公平竞争。毕竟随着经济全球化的深入，外国企业越来越注重的是良好的市场竞争环境和平等、相同的竞争机会，并非基于何种优惠。“所有市场主体，不论是国内还是国外投资者，在企业的设立、经营、合并等方面，都应一视同仁，没有政策和制度上的差异，享有公平的待遇，以保持充分的市场竞争。”[②] 培养良好的竞争文化，形成公平竞争机制，实现国民待遇才是我国今后努力的方向。

国民待遇也并不意味着内资与外资待遇上的绝对平等。在适用国民待遇原则时，允许有例外的地方。这与上述立场并不矛盾，因为在当今国际环境下，还没有任何一个国家能做到在任何领域内外资的绝对平等。外资并购的产业限制是各国通行的做法。例如，“根据美国联邦及各州的法律法规，原子能、水力发电及通信业等，只能由美国公民、美国的社团或在美国国内注册的公司经营，其他社会团体是禁止经营的；而在银行、保险等行业，外资则受到一定的限制”。[③] 再如，我国国务院发布的《国务院关于振兴装备制造业的若干意见》中就明确指出，大型重点骨干装备制造企

① 陈笑梅：《解析国际投资法中的国民待遇》，《科技与法律》2007年第5期，第69页。
② 李依遥、朱圣春：《论跨国并购的国际协调》，《特区经济》2002年第12期，第45页。
③ 李文华：《WTO规则下我国外资收购法律制度研究》，兰州大学出版社2006年版，第233页。

业控股权向外资转让时应征求国务院有关部门的意见。这也正符合国民待遇原则适用的范围仅仅应该包括竞争法律和相关的竞争政策，而不要扩大到相关的产业政策或发展政策，也不包括国家在对外扩大市场准入方面的任何承诺。

国民待遇原则与坚持发展中国家享有特殊而有差别待遇原则也不矛盾。国民待遇原则主要是针对一国之内的所有企业之间的竞争而言，后者则是针对发展中国家相对于发达国家享有的一些竞争政策上的放宽待遇。二者所阐述的立场是不同的。须知发展中国家享有某些特殊而有差别待遇是暂时的，一旦某个发展中国家不具备享有差别待遇的条件，就应该予以停止。而国民待遇原则是维护公平竞争的长久保障，是我国应长期坚持不变的基本原则。

（二）建立并完善我国的外资并购反垄断体系

欲齐其家者，先修其身。我国只有先解决自身存在的问题，才能在国际协调中发挥作用。构建并完善外资并购反垄断法律体系，结合我国国情，借鉴国外先进立法经验，使我国反垄断法内容国际化，是参与国际协调必须迈出的第一步。它是双赢的，是保护国内市场竞争秩序的需要。自中国加入 WTO 以来，随着中国对外开放的深入与扩大，国内市场迅速融入国际市场，跨国公司纷纷涌入中国市场寻求理想的并购目标。尤其是近几年来中国经济的飞速发展以及投资环境的改善，我国成为跨国公司最受青睐的并购市场之一。从 SEB 收购苏泊尔到可口可乐并购汇源，从新桥投资控股深发展再到凯雷并购徐工，跨国公司对我国的各个行业展开了新一轮的并购浪潮，可谓是“无孔不入”。面对这样的情况，必须通过外资并购反垄断规制对他们的行为加以规范。对于那些严重损害我国国内市场竞争秩序，侵害消费者权益，甚至危害国家安全的并购必须坚决抵制；对于在一定程度上既有利于市场竞争的形成，又提高了经济效率的并购，则允许实施。因此，构建并完善外资并购反垄断法律体系是当务之急。

同时，它也是支持我国企业海外并购的需要。随着中国综合实力的增强，一些实力强大的国内企业开始注重海外资源和市场的开发，对海外并购开始市场化运作。尤其是中国加入 WTO 后的近几年，国内企业掀起了一波海外并购的浪潮。海外并购领域从电子、家电到机械、石化、煤炭都曾见到中国企业的身影。2004 年 12 月，盛大网络收购韩国网络游戏的 Actoz 公司 29% 的股份，同时，冠捷科技也收购了飞利浦的显示器业务，

2005年年初联想集团成功收购美国IBM的PC部门，还有2005年以来海尔集团收购美国第三大家电巨头美泰克、中海油收购优尼科的尝试，显现出了中国企业在海外并购市场上的能力与信心。我们在看到成果的同时，中国企业在海外并购面临的反垄断风险更令人担忧。欧美等发达国家拥有一整套完善的外资并购反垄断法律体系，我国企业海外并购必然遭受到其严格的反垄断审查，甚至会遭遇国家安全审查。我国企业由于缺乏海外并购经验，面对发达国家一系列的严格程序化的反垄断审查，无形中就构成了阻碍中国企业海外并购的风险和壁垒。2005年海尔并购美国第三大家电巨头美泰克就遭遇了“反垄断风险”这个无形壁垒。为了解决这一难题，我国必须尽快建立和完善其外资并购反垄断法律体系，以对我国企业海外并购予以支持和指导，降低反垄断风险。

构建并完善外资并购反垄断法律体系，是为我国更好地参与外资并购反垄断国际协调的需要。首先，现今参与国际协调的方式，如双边合作、区域性协调以及在WTO框架下进行的多边协调，大多是以成员国的国内外资并购反垄断规制为谈判基础的。它是其在国际谈判中据以坚持本国立场的法律依据。我国要想在外资并购国际协调中站稳脚跟，拥有足够的话语权，首先应做的就是我国的外资并购反垄断立法应与时俱进，吸收借鉴欧美的相关立法经验，结合中国的国情，制定出完善的以反垄断法为核心的外资并购法律体系。再者，自中国加入WTO至今，仍有许多国家并不承认中国的市场经济地位，其中最重要的原因就是没有形成保护市场竞争的反垄断法律体系。虽然我国于2008年最终颁布了反垄断法，但仅仅50多个条文只是做了原则性规定，之后虽然出台了部分相配套的实施细则，但还不尽完善。许多发达国家不愿与包括我国在内的发展中国家开展外资并购反垄断国际协调的缘由即在于此。他们认为，没有系统的外资并购反垄断法律体系的国家缺乏反垄断的执法经验，没有形成长期稳定的外资并购反垄断的政策和目标，与之合作缺乏安全性。从这一方面讲，我国要在外资并购反垄断协调中发挥作用，就必须抓紧构建起外资并购反垄断法律体系，以立法形式确立我国的外资并购反垄断的立场，表明我国的竞争政策，以此取得规则上的优势。

1. 明确实质性审查标准

我国目前关于外资并购反垄断规制方面的法律法规主要集中于《反垄断法》和国务院于2008年8月1日出台的《关于经营者集中申报标准的

规定》以及商务部于2009年11月发布的《经营者集中申报办法》和《经营者集中审查办法》。《反垄断法》历经19载才出台，标志着我国社会主义市场经济的法制建设进入到了一个新的阶段。它仅仅只有57个条文，虽然构成了《反垄断法》的基本框架，但对于反垄断行为只做了原则性的规定，比较笼统，缺乏可操作性。申报标准决定着外资并购申报与否，它是申报制度中最重要的制度设计，是国务院反垄断执法机构对经营者集中进行审查的门槛。《反垄断法》第21条并没有明确规定申报标准。2008年8月1日，国务院颁布了《关于经营者集中申报标准的规定》，该规定第3条从营业额角度明确了申报标准，为申报者和执法机构提供了一定的操作依据。但是对于营业额如何计算、关联公司的营业额是否计算在内等问题，该规定仍没有给予详细的规定。《经营者集中申报办法》第3、4、5、6、7条对营业额问题做了详尽的规定，细化了操作标准。令人遗憾的是，《反垄断法》以及出台的几个细则对于相关市场的界定方法、市场份额、市场集中度的计算等反垄断审查的实质标准都没有规定具体的标准。《经营者集中审查办法》只是对审查的程序性事项做了规定，避而不谈实质性事项。因此，必须及时完善《反垄断法》的相关细则，明确实质性审查标准，落实具体操作规定。

首先，我国应明确立场采取何种实质审查标准。目前世界上有两种实质性审查标准。一种是以美国为代表的实质性减少竞争标准，另一种是以欧盟为代表的严重损害有效竞争标准。其实欧盟的实质审查标准经历了三个阶段的发展，最终确立的严重损害有效竞争标准和美国的实质性减少竞争标准有趋同的倾向。从各国的立法和司法实践来看，“英国、新西兰、澳大利亚、加拿大等国家都采用了美国的实质性减少竞争标准。除上述国家外，日本、韩国也都采用了这一标准，这说明各国对经营者集中控制的实体标准出现了趋同化，实质性减少竞争标准成为一种发展趋势。”① 实质性减少竞争标准的优势在于它更注重对市场竞争秩序的保护，它把重点放在企业市场行为和企业间的动态竞争上，而严重损害有效竞争标准则把重点机械地放在市场集中度上。实质性减少竞争标准更有利于集中带来的其他利益的衡量，如市场准入、寡头合谋、单边效应等，同时更容易接受效率分析。基于实质性减少竞争标准的发展趋势及其优势，我国应遵从立法

① 时建中.《反垄断法——法典解释与学理探源》，中国人民大学出版社2008年版，第308页。

潮流，确立“实质性减少竞争标准”作为我国的实质审查标准。

其次，评价外资并购带来的市场垄断效应的因素主要有市场份额、市场集中度以及市场进入壁垒等其他因素。其中市场集中度是衡量市场份额的经济指标，集中体现了市场的竞争和垄断的程度。世界各国的企业合并规制的实体标准审查都是以市场集中度为起点展开的。一般来讲，某一市场集中度越高，则少数企业所占市场份额越大，垄断程度越高。因此，能否精确考察市场集中度就成为最关键的问题。目前国际上通行的有两种方法来确定市场集中度。一种是大企业集中率，即计算相关市场上最大的几家经营者的市场份额之和。另一种是赫芬达尔——赫希曼指数（HHI）。世界上许多国家和地区都采用 HHI 来测算市场集中度。以美国为例，依美国《横向合并指南》，HHI 将市场分为三种集中状态。“如果并购后 HHI 不足 1000，为非高度集中市场，在此市场内进行并购，当局不予干预。如果并购后市场的 HHI 为 1000—1800 之间，是中度集中市场，在这样的市场，如果并购行为使 HHI 提高了不足 100 个点，则集中不会产生垄断效果；若并购使 HHI 提高了 100 点以上，则并购可能对竞争产生重大影响，从而禁止该并购。如果并购后的 HHI 在 1800 以上，则视为高度集中市场，若并购使 HHI 提高了 50 个点以上，则该并购极可能阻碍市场竞争，从而禁止该并购。”赫芬达尔指数相对于大企业集中法更能准确反映市场上的竞争状况，它既能反映大企业的集中率，也能考虑中小企业的分量。因此，我国可根据本国并购市场上的行情，借鉴赫芬达尔指数来确定市场集中度，这样既科学又符合时代潮流。

2. 完善反垄断域外适用的原则

我国《反垄断法》第 2 条规定，中华人民共和国境外的垄断行为，对境内市场产生排除、限制影响，适用本法。由此确立了我国反垄断法的域外效力。在国际社会还未形成有效的外资并购反垄断国际协调以前，对于反垄断的域外适用是非常必要的。我国反垄断法的域外效力，隐含着两层含义：“第一，对于符合本条规定的境外垄断行为，我国反垄断执法机关拥有执法管辖权，有权依据我国《反垄断法》的规定予以处理；第二，外国在处理影响我国境内市场竞争的垄断行为时，应当以我国《反垄断法》作为准据法。”[①] 这样可以使我国与其他国家的反垄断法域外

① 时建中：《反垄断法——法典解释与学理探源》，中国人民大学出版社 2008 年版，第 11 页。

效力对等，以保护国内市场竞争和企业的正当权益，同时也有利于我国在外资并购反垄断国际协调中享有平等的地位，增加谈判筹码和自我保护能力。

从法条可以看出，我国单纯采用了美国的“效果原则”。效果原则是一种积极的域外管辖原则。它主张，只要限制竞争的行为在本国国内市场上产生了影响，就可以适用本国反垄断法。美国适用的效果原则在遭到许多国家反对的同时，越来越多的国家如德国、法国、奥地利、瑞士、日本等都在本国的反垄断立法中以效果原则作为域外适用的依据。然而，由于反垄断法域外适用的效果原则比较强硬，不考虑其他国家的合法利益，很容易引起国际社会的管辖权冲突。美国也在适用效果原则的过程中，对此加以修正，发展成了“合理管辖原则”。合理管辖原则是与国际礼让密切联系在一起的，是通过国际礼让来自我限制管辖权的。美国法院在行使域外管辖权时，应考虑三个问题：“第一，这个限制竞争是否影响或者是否企图影响美国的对外贸易？第二，这个限制竞争对美国对外贸易的损害程度是否非常严重？第三，依据国际礼让，美国对这个案件应当主张域外管辖权吗？”① 因此，我国在进行反垄断法域外适用的实践时，要尽量避免经常适用效果原则，做到审慎适用，同时，确立合理管辖原则，充分发挥合理管辖原则与国际礼让原则的优势，在行使域外管辖权时，也要相应地考虑以上三个问题，不能过度适用反垄断法的域外效力。

除了确立合理管辖原则，我国还可以借鉴欧盟的立法经验，确立履行地原则和单一经济实体原则，做到根据不同情况适用不同的原则，实现域外效力的理性适用。履行地原则与单一经济实体原则体现了“密切联系原则”的要求，强调以公司的国籍、合同履行地为连结点，很大程度上限制了域外效力的滥用。“履行地原则适用于虽然签订协议的地点在我国领域外，但在我国国内履行或利用其分支机构在国内履行，对我国市场造成了重大的实质性的限制竞争的垄断行为之情况。”“对于分别处于境内外的跨国公司的母子公司，如果受母公司控制的子公司在国内进行了限制竞争的违法行为，可对该母公司考虑适用单一经济实体原则。”②

---

① 王晓晔：《我国反垄断法的域外适用》，《上海财经大学学报（哲学社会科学版）》2008 年第 1 期，第 31 页。

② 李磊：《跨国公司在华并购的法律规制研究》，中国检察出版社 2008 年版，第 192 页。

由于澳大利亚巨头必和必拓意图收购英国力拓，已向我国反垄断执法机构提出了申报，这是我国反垄断法颁布以来的第一个有关域外适用的案件。“根据目前的统计数据，必和必拓和力拓两大集团年产铁矿石2.6亿吨，它们和巴西淡水河谷公司一起，在铁矿石国际市场的份额共同达到75%。随着必和必拓和力拓的合并，全球铁矿石市场的主要竞争者将从现在的三家减少为两家，从而进一步提高市场的集中度，进一步加剧全球矿产资源的垄断性，当然也进一步影响铁矿石的质量和价格。我国目前是全球铁矿石的消费大国，在进口的铁矿石中，40%来自‘两拓’，因此两拓合并对我国钢铁业有着严重的不利影响。”①

我国反垄断执法机构应作出禁止“两拓”合并的决定，毫无疑问是正确的，但这个决定似乎在当前并没有威慑力。因为“两拓”在我国并无财产可以执行，并且我国缺乏反垄断的域外执行经验，没有任何惩罚措施可以适用，但这个决定并不意味着关于域外适用的决定永远没有威慑力。“两拓”合并案只是我国反垄断域外执行积累经验的开始。由于“两拓”合并案的影响广泛，它还向欧盟、美国、南非、加拿大、澳大利亚、日本、韩国提出了反垄断审查申请。因此，随着经济一体化的深入，我国还需要与其他国家或地区开展合作，化解各国在反垄断法的域外适用上产生的矛盾和冲突，以推动国际反垄断规制的统一进程。

3. 制定专门的外资并购产业政策

“世界上几乎每个国家都对外资并购进入的领域有所限制，就连号称世界市场化程度最高、投资最自由的美国，在国防、自然资源与能源、通讯、航空、原子能、金融等行业，都受到严格的限制。”② 我国企业在国际竞争中的竞争力还比较弱，一些幼稚产业尚需得到一定的保护，而我国的市场是开放的，面对外资并购的侵袭，如何既保护国内的脆弱产业，又不损害适当的市场竞争？这就需要协调好产业政策与竞争政策的矛盾关系。“协调竞争政策与产业政策的冲突，应该注意到利益平衡协调的原则、产业政策的阶段性和反垄断法的长期稳定性的关系，以及国家在不同的经济发展阶段，面对不同的经济发展水平，协调反垄断法与产业政策之间的关

---

① 王晓晔：《我国反垄断执法机构应拒绝批准“两拓”合并》，《中国经济日报》2008年11月5日。

② 李依遥、朱圣春：《论跨国并购的国际协调》，《特区经济》2002年第12期，第46页。

系，应把握的原则也会有所不同。”① 我国正处于从产业政策为主向竞争政策为主的过渡期，加入 WTO 后的经济开放加速了这一转变的进程。向竞争政策为主导的方向发展，并不意味着要放弃产业政策，相反，这时更要注重产业政策与反垄断法之间的动态协调。目前我国于 1995 年颁布的《指导外商投资方向暂行规定》和 2001 年经修改的《外商投资产业指导目录》主要针对的是外商新建三资企业，不适用于外资并购。我国的外资并购缺乏具体的产业政策的指导。因此，我国应将外资并购的行业范围纳入产业政策中加以规范，以向并购双方提供明确的并购方向，降低不必要的成本消耗。制定外资并购产业目录，具体规定哪些产业允许外资并购进入，哪些产业需要得到保护，有步骤、分阶段地扩大外资并购的领域，履行“入世”承诺。在一些战略性行业和敏感性产业，如核电设备、能源、金融、电信等，明确外资持股比例，对涉及国家安全的行业应禁止并购，做到保护有节，开放有度。综上所述，外资并购并不是一成不变的，应随着我国经济发展阶段、不同时期的竞争政策与产业政策的关系，随时变更产业指导目录。

（三）参与国际协调的最佳路径

1. 积极构建双边合作

我国分别于 1996 年、1999 年与俄罗斯、哈萨克斯坦签订了《在反不正当竞争和反垄断领域开展合作的协定》，这是我国最早开展的反垄断双边合作的实践。2007 年中俄双方还签署了《中华人民共和国工商行政管理总局和俄罗斯联邦反垄断局关于实施中俄反不正当竞争与反垄断领域合作交流协定谅解备忘录（2008—2009 年度）》。自 1996 年中俄两国签署了关于反不正当竞争与反垄断领域的合作协定以来，两国每两年签订一次合作谅解备忘录，这是为了使两国之间的合作进入常态化，进而更好地开展深入的合作。我国还进一步加强了与美国、欧盟、日本等发达国家和地区的双边合作。2004 年 5 月，我国与欧盟签署了一份关于在中国与欧盟之间开展竞争政策对话的协议，正式启动了中欧竞争政策对话机制。2005 年 4 月 21—22 日，原商务部部长薄熙来与欧盟竞争事务委员会委员 Monti 共同签署了《欧盟与中国在竞争政策领域双边对话协议》（对话范围中包括了跨国并

---

① 孟雁北：《论产业政策与反垄断法的冲突与协调》，《社会科学研究》2005 年第 2 期，第 81—82 页。

购规制问题），决定建立中欧竞争政策交流与合作机制，成为我国建立的第一个竞争政策对话机制，为我国在跨国并购领域迈出了重要的第一步。

总之，我国应在现有的基础上进一步构建更广泛、更深入的双边合作。根据近年来涉及我国的外资并购形势和趋势的分析，与我国有经常性的国际并购、投资往来的国家或地区签订双边协定，降低因无目的性的谈判成本的付出。在双边合作的大方向上，我国应注意维护本国利益以及从发展中国家的角度开展双边合作。由于跨国公司在我国的并购远远多于我国企业的海外并购，若从维护我国利益出发，应当把双边合作的重点放在严格规制外资并购的垄断界定问题，以及外资并购实质性审查标准的统一问题上，从而最大限度地维护我国市场上的公平、自由竞争秩序。与此同时，我国与之开展双边合作的多是发达国家，我国应以发展中国家的姿态，充分利用双边合作的契机，积极向发达国家学习，完善我国外资并购反垄断法律体系，坚强我国企业海外并购的后盾，在双边合作的深度与广度上更上一层楼。

2. 努力促使 APEC 区域协调

我国在加强双边合作的同时，应努力促使区域性协调的构建。目前，国际上存在着众多小范围的反垄断的国际合作组织，我国应在哪些国际组织中发挥作用呢？作为亚太经济合作组织（Asia-Pacific Economic Cooperation，简称 APEC）成员国，我国应积极推动 APEC 成员国反垄断法的进一步协调与合作。首先，APEC 是亚洲成员占多数的国际组织之一，中国又是亚洲大国，APEC 对中国来说具有水平相当、地域相邻、法律文化相近等地缘优势，我国完全可以通过 APEC 扩大自己的影响力，促进我国外资并购反垄断法律体系的完善，进而在 WTO 占据重要的发言权。其次，虽然从目前来看，APEC 并没有实现制度化，但 APEC 近年来的迅速发展，让我们有理由相信它会在外资并购反垄断国际协调问题上作出重要贡献。相对于 WTO 来说，APEC 在小范围内可以先于 WTO 解决一些重点、难点问题，达成共识，深化区域内的合作与协调程度。“WTO 作为一个国际经贸领域的‘群众性’组织，可能会在某些问题上因‘众口难调’而出现停滞不前的现象，而 APEC 的迅速发展有可能使之在一些问题上比 WTO 走得更快更远。”① 我国应把握住 APEC 蓬勃发展的机会，借助 APEC 经济活力

① 杜幸：《反垄断法的国际协调》，硕士学位论文，山西大学，2006 年，第 18 页。

的优势，在 APEC 中发挥领头羊的作用，以维护我国以及发展中国家的利益，促进 WTO 协调模式的大范围内的协调。

3. 积极参与 WTO 多边协调

对于中国而言，WTO 模式是中国未来可以接受的外资并购反垄断多边协调中最适宜的方式。一方面，WTO 模式是国际社会普遍认可的模式，参与 WTO 谈判的国家占大多数。随着我国国际经济地位的不断提升，牵涉到包括我国在内的多国外资并购反垄断案件也越来越多，中国在这样一个由众多国家组成的组织中谈判，得到的结果适用性会更强。

另一方面，积极参与 WTO 多边协调对我国的意义重大。一是 WTO 多边协调有利于遏制跨国并购对我国的不利影响。随着我国加入 WTO 的各项承诺一一兑现，越来越多的跨国公司加入我国的市场竞争，我国在跨国并购反垄断方面需要国际合作的案件也越来越多。因此，我国有必要参与 WTO 框架下统一竞争规则的制定，以维护我国的利益与经济安全。二是 WTO 多边协调有利于我国企业进行海外并购。我国企业海外并购起步晚，并购经验不足，特别需要国际社会的支持，更需要拥有公平、自由的国际竞争环境。若在 WTO 框架下达成多国认同的国际统一竞争规则，将为我国企业开展海外并购提供良好的开局。三是 WTO 多边协调有利于我国外资并购反垄断法律体系的发展和完善。“根据 WTO 竞争政策多边框架协议的核心原则，各成员方应当建立自己的竞争法。因为这方面的规定是强制性的，一旦谈判成功，成员方就应当履行它们的义务，因此这个多边框架协议不仅是我国建立和完善社会主义市场秩序和竞争秩序的一个重要推动力，而且也是一个外部压力。”① 事实上，我国从市场经济体制改革初期，就开始制定了保护竞争的法律。随着经济体制改革的不断深入、外资并购活动的持续升温，我国陆续颁布了一系列的法律法规来加强对外资并购的反垄断规制，如《反不正当竞争法》、《利用外资改组国有企业暂行规定》、《关于外商投资者并购境内企业的规定》等。最重要的是近年来颁布的《反垄断法》、《关于相关市场界定的指南》、《经营者集中申报标准的规定》、《经营者集中申报办法》、《经营者集中审查办法》，形成了较为完整的外资并购反垄断法律体系。从这些法律法规颁布的历程，可以看到中国

① Wang Xiaoye, and Tao Zhenghua , WTO Competition Policy and Its Influence in China, Social Sciences in China, 2004, 10, page50.

法律制度是在不断进步的。我国外资并购法律体系的完善对我国参与 WTO 多边协调也具有促动力。只有国内具有完善法律制度的支撑，我国在 WTO 中发挥的作用才会更大，从而在谈判中维护我国利益。

我国在认同并坚持 WTO 基本原则的同时，应积极参与 WTO 框架下全球统一的外资并购反垄断规则的制定，力争在谈判中体现中国的意志，坚持发展中国家的立场，结合我国当前的经济水平和法制程度，提出有利于我国的最低标准方案，而不应迁就、顺从一些国家的主张。此外，ICN 和 OECD 都是专门致力于竞争政策的论坛，这是它们相对于 WTO 的一个明显优势。ICN 是一个开放性的、非正式的论坛，我国参与 ICN 的讨论可以学到其他国家的反垄断执法经验和立法经验，以促进和完善我国的反垄断立法体系。我国虽不是 OECD 的成员国，但是 OECD 对我国的外资并购的市场状况、反垄断法的构建提出了中肯的建议，我国应多关注国际上外资并购反垄断执法的政策趋势，及时规范国内的法律法规，并扩大与其成员国的对话范围，加强交流合作。

附录一

《关于外国投资者并购境内企业的规定》

（2006年8月8日中华人民共和国商务部、国务院国有资产监督管理委员会、国家税务总局、国家工商行政管理总局、中国证券监督管理委员会、国家外汇管理局制定，自2006年9月8日起施行）

第一章 总则

第一条 为了促进和规范外国投资者来华投资，引进国外的先进技术和管理经验，提高利用外资的水平，实现资源的合理配置，保证就业、维护公平竞争和国家经济安全，依据外商投资企业的法律、行政法规及《公司法》和其他相关法律、行政法规，制定本规定。

第二条 本规定所称外国投资者并购境内企业，系指外国投资者购买境内非外商投资企业（以下称“境内公司”）股东的股权或认购境内公司增资，使该境内公司变更设立为外商投资企业（以下称“股权并购”）；或者，外国投资者设立外商投资企业，并通过该企业协议购买境内企业资产且运营该资产，或，外国投资者协议购买境内企业资产，并以该资产投资设立外商投资企业运营该资产（以下称“资产并购”）。

第三条 外国投资者并购境内企业应遵守中国的法律、行政法规和规章，遵循公平合理、等价有偿、诚实信用的原则，不得造成过度集中、排除或限制竞争，不得扰乱社会经济秩序和损害社会公共利益，不得导致国有资产流失。

第四条 外国投资者并购境内企业，应符合中国法律、行政法规和规章对投资者资格的要求及产业、土地、环保等政策。

依照《外商投资产业指导目录》不允许外国投资者独资经营的产业，并购不得导致外国投资者持有企业的全部股权；需由中方控股或相对控股的产业，该产业的企业被并购后，仍应由中方在企业中占控股或相对控股地位；禁止外国投资者经营的产业，外国投资者不得并购从事该产业的企业。

被并购境内企业原有所投资企业的经营范围应符合有关外商投资产业

政策的要求；不符合要求的，应进行调整。

第五条 外国投资者并购境内企业涉及企业国有产权转让和上市公司国有股权管理事宜的，应当遵守国有资产管理的相关规定。

第六条 外国投资者并购境内企业设立外商投资企业，应依照本规定经审批机关批准，向登记管理机关办理变更登记或设立登记。

如果被并购企业为境内上市公司，还应根据《外国投资者对上市公司战略投资管理办法》，向国务院证券监督管理机构办理相关手续。

第七条 外国投资者并购境内企业所涉及的各方当事人应当按照中国税法规定纳税，接受税务机关的监督。

第八条 外国投资者并购境内企业所涉及的各方当事人应遵守中国有关外汇管理的法律和行政法规，及时向外汇管理机关办理各项外汇核准、登记、备案及变更手续。

第二章 基本制度

第九条 外国投资者在并购后所设外商投资企业注册资本中的出资比例高于25%的，该企业享受外商投资企业待遇。

外国投资者在并购后所设外商投资企业注册资本中的出资比例低于25%的，除法律和行政法规另有规定外，该企业不享受外商投资企业待遇，其举借外债按照境内非外商投资企业举借外债的有关规定办理。审批机关向其颁发加注“外资比例低于25%”字样的外商投资企业批准证书（以下称“批准证书”）。登记管理机关、外汇管理机关分别向其颁发加注“外资比例低于25%”字样的外商投资企业营业执照和外汇登记证。

境内公司、企业或自然人以其在境外合法设立或控制的公司名义并购与其有关联关系的境内公司，所设立的外商投资企业不享受外商投资企业待遇，但该境外公司认购境内公司增资，或者该境外公司向并购后所设企业增资，增资额占所设企业注册资本比例达到25%以上的除外。根据该款所述方式设立的外商投资企业，其实际控制人以外的外国投资者在企业注册资本中的出资比例高于25%的，享受外商投资企业待遇。

外国投资者并购境内上市公司后所设外商投资企业的待遇，按照国家有关规定办理。

第十条 本规定所称的审批机关为中华人民共和国商务部或省级商务主管部门（以下称“省级审批机关”），登记管理机关为中华人民共和国国家工商行政管理总局或其授权的地方工商行政管理局，外汇管理机关为中华人民共和国国家外汇管理局或其分支机构。

并购后所设外商投资企业，根据法律、行政法规和规章的规定，属于应由商务部审批的特定类型或行业的外商投资企业的，省级审批机关应将申请文件转报商务部审批，商务部依法决定批准或不批准。

第十一条　境内公司、企业或自然人以其在境外合法设立或控制的公司名义并购与其有关联关系的境内的公司，应报商务部审批。

当事人不得以外商投资企业境内投资或其他方式规避前述要求。

第十二条　外国投资者并购境内企业并取得实际控制权，涉及重点行业、存在影响或可能影响国家经济安全因素或者导致拥有驰名商标或中华老字号的境内企业实际控制权转移的，当事人应就此向商务部进行申报。

当事人未予申报，但其并购行为对国家经济安全造成或可能造成重大影响的，商务部可以会同相关部门要求当事人终止交易或采取转让相关股权、资产或其他有效措施，以消除并购行为对国家经济安全的影响。

第十三条　外国投资者股权并购的，并购后所设外商投资企业承继被并购境内公司的债权和债务。

外国投资者资产并购的，出售资产的境内企业承担其原有的债权和债务。

外国投资者、被并购境内企业、债权人及其他当事人可以对被并购境内企业的债权债务的处置另行达成协议，但是该协议不得损害第三人利益和社会公共利益。债权债务的处置协议应报送审批机关。

出售资产的境内企业应当在投资者向审批机关报送申请文件之前至少15 日，向债权人发出通知书，并在全国发行的省级以上报纸上发布公告。

第十四条　并购当事人应以资产评估机构对拟转让的股权价值或拟出售资产的评估结果作为确定交易价格的依据。并购当事人可以约定在中国境内依法设立的资产评估机构。资产评估应采用国际通行的评估方法。禁止以明显低于评估结果的价格转让股权或出售资产，变相向境外转移资本。

外国投资者并购境内企业，导致以国有资产投资形成的股权变更或国有资产产权转移时，应当符合国有资产管理的有关规定。

第十五条　并购当事人应对并购各方是否存在关联关系进行说明，如果有两方属于同一个实际控制人，则当事人应向审批机关披露其实际控制人，并就并购目的和评估结果是否符合市场公允价值进行解释。当事人不得以信托、代持或其他方式规避前述要求。

第十六条　外国投资者并购境内企业设立外商投资企业，外国投资者应自外商投资企业营业执照颁发之日起3个月内向转让股权的股东，或出售资产的境内企业支付全部对价。对特殊情况需要延长者，经审批机关批准后，应自外商投资企业营业执照颁发之日起6个月内支付全部对价的60%以上，1年内付清全部对价，并按实际缴付的出资比例分配收益。

外国投资者认购境内公司增资，有限责任公司和以发起方式设立的境内股份有限公司的股东应当在公司申请外商投资企业营业执照时缴付不低于20%的新增注册资本，其余部分的出资时间应符合《公司法》、有关外商投资的法律和《公司登记管理条例》的规定。其他法律和行政法规另有规定的，从其规定。股份有限公司为增加注册资本发行新股时，股东认购新股，依照设立股份有限公司缴纳股款的有关规定执行。

外国投资者资产并购的，投资者应在拟设立的外商投资企业合同、章程中规定出资期限。设立外商投资企业，并通过该企业协议购买境内企业资产且运营该资产的，对与资产对价等额部分的出资，投资者应在本条第一款规定的对价支付期限内缴付；其余部分的出资应符合设立外商投资企业出资的相关规定。

外国投资者并购境内企业设立外商投资企业，如果外国投资者出资比例低于企业注册资本25%的，投资者以现金出资的，应自外商投资企业营业执照颁发之日起3个月内缴清；投资者以实物、工业产权等出资的，应自外商投资企业营业执照颁发之日起6个月内缴清。

第十七条　作为并购对价的支付手段，应符合国家有关法律和行政法规的规定。外国投资者以其合法拥有的人民币资产作为支付手段的，应经外汇管理机关核准。外国投资者以其拥有处置权的股权作为支付手段的，按照本规定第四章办理。

第十八条　外国投资者协议购买境内公司股东的股权，境内公司变更设立为外商投资企业后，该外商投资企业的注册资本为原境内公司注册资本，外国投资者的出资比例为其所购买股权在原注册资本中所占比例。

外国投资者认购境内有限责任公司增资的，并购后所设外商投资企业的注册资本为原境内公司注册资本与增资额之和。外国投资者与被并购境内公司原其他股东，在境内公司资产评估的基础上，确定各自在外商投资企业注册资本中的出资比例。

外国投资者认购境内股份有限公司增资的，按照《公司法》有关规定确定注册资本。

第十九条　外国投资者股权并购的，除国家另有规定外，对并购后所设外商投资企业应按照以下比例确定投资总额的上限：

（一）注册资本在210万美元以下的，投资总额不得超过注册资本的10/7；

（二）注册资本在210万美元以上至500万美元的，投资总额不得超过注册资本的2倍；

（三）注册资本在500万美元以上至1200万美元的，投资总额不得超过注册资本的2.5倍；

（四）注册资本在1200万美元以上的，投资总额不得超过注册资本的3倍。

第二十条　外国投资者资产并购的，应根据购买资产的交易价格和实际生产经营规模确定拟设立的外商投资企业的投资总额。拟设立的外商投资企业的注册资本与投资总额的比例应符合有关规定。

第三章　审批与登记

第二十一条　外国投资者股权并购的，投资者应根据并购后所设外商投资企业的投资总额、企业类型及所从事的行业，依照设立外商投资企业的法律、行政法规和规章的规定，向具有相应审批权限的审批机关报送下列文件：

（一）被并购境内有限责任公司股东一致同意外国投资者股权并购的决议，或被并购境内股份有限公司同意外国投资者股权并购的股东大会决议；

（二）被并购境内公司依法变更设立为外商投资企业的申请书；

（三）并购后所设外商投资企业的合同、章程；

（四）外国投资者购买境内公司股东股权或认购境内公司增资的协议；

（五）被并购境内公司上一财务年度的财务审计报告；

（六）经公证和依法认证的投资者的身份证明文件或注册登记证明及资信证明文件；

（七）被并购境内公司所投资企业的情况说明；

（八）被并购境内公司及其所投资企业的营业执照（副本）；

（九）被并购境内公司职工安置计划；

（十）本规定第十三条、第十四条、第十五条要求报送的文件。

并购后所设外商投资企业的经营范围、规模、土地使用权的取得等，涉及其他相关政府部门许可的，有关的许可文件应一并报送。

第二十二条 股权购买协议、境内公司增资协议应适用中国法律，并包括以下主要内容：

（一）协议各方的状况，包括名称（姓名），住所，法定代表人姓名、职务、国籍等；

（二）购买股权或认购增资的份额和价款；

（三）协议的履行期限、履行方式；

（四）协议各方的权利、义务；

（五）违约责任、争议解决；

（六）协议签署的时间、地点。

第二十三条 外国投资者资产并购的，投资者应根据拟设立的外商投资企业的投资总额、企业类型及所从事的行业，依照设立外商投资企业的法律、行政法规和规章的规定，向具有相应审批权限的审批机关报送下列文件：

（一）境内企业产权持有人或权力机构同意出售资产的决议；

（二）外商投资企业设立申请书；

（三）拟设立的外商投资企业的合同、章程；

（四）拟设立的外商投资企业与境内企业签署的资产购买协议，或外国投资者与境内企业签署的资产购买协议；

（五）被并购境内企业的章程、营业执照（副本）；

（六）被并购境内企业通知、公告债权人的证明以及债权人是否提出异议的说明；

（七）经公证和依法认证的投资者的身份证明文件或开业证明、有关资信证明文件；

（八）被并购境内企业职工安置计划；

（九）本规定第十三条、第十四条、第十五条要求报送的文件。

依照前款的规定购买并运营境内企业的资产，涉及其他相关政府部门许可的，有关的许可文件应一并报送。

外国投资者协议购买境内企业资产并以该资产投资设立外商投资企业的，在外商投资企业成立之前，不得以该资产开展经营活动。

第二十四条 资产购买协议应适用中国法律，并包括以下主要内容：

（一）协议各方的状况，包括名称（姓名），住所，法定代表人姓名、职务、国籍等；

（二）拟购买资产的清单、价格；

（三）协议的履行期限、履行方式；

（四）协议各方的权利、义务；

（五）违约责任、争议解决；

（六）协议签署的时间、地点。

第二十五条 外国投资者并购境内企业设立外商投资企业，除本规定另有规定外，审批机关应自收到规定报送的全部文件之日起30日内，依法决定批准或不批准。决定批准的，由审批机关颁发批准证书。

外国投资者协议购买境内公司股东股权，审批机关决定批准的，应同时将有关批准文件分别抄送股权转让方、境内公司所在地外汇管理机关。股权转让方所在地外汇管理机关为其办理转股收汇外资外汇登记并出具相关证明，转股收汇外资外汇登记证明是证明外方已缴付的股权收购对价已到位的有效文件。

第二十六条 外国投资者资产并购的，投资者应自收到批准证书之日起30日内，向登记管理机关申请办理设立登记，领取外商投资企业营业执照。

外国投资者股权并购的，被并购境内公司应依照本规定向原登记管理机关申请变更登记，领取外商投资企业营业执照。原登记管理机关没有登记管辖权的，应自收到申请文件之日起10日内转送有管辖权的登记管理机关办理，同时附送该境内公司的登记档案。被并购境内公司在申请变更登记时，应提交以下文件，并对其真实性和有效性负责：

（一）变更登记申请书；

（二）外国投资者购买境内公司股东股权或认购境内公司增资的协议；

（三）修改后的公司章程或原章程的修正案和依法需要提交的外商投资企业合同；

（四）外商投资企业批准证书；

（五）外国投资者的主体资格证明或者自然人身份证明；

（六）修改后的董事会名单，记载新增董事姓名、住所的文件和新增董事的任职文件；

（七）国家工商行政管理总局规定的其他有关文件和证件。

投资者自收到外商投资企业营业执照之日起30日内，到税务、海关、土地管理和外汇管理等有关部门办理登记手续。

第四章　外国投资者以股权作为支付手段并购境内公司

第一节　以股权并购的条件

第二十七条　本章所称外国投资者以股权作为支付手段并购境内公司，系指境外公司的股东以其持有的境外公司股权，或者境外公司以其增发的股份，作为支付手段，购买境内公司股东的股权或者境内公司增发股份的行为。

第二十八条　本章所称的境外公司应合法设立并且其注册地具有完善的公司法律制度，且公司及其管理层最近3年未受到监管机构的处罚；除本章第三节所规定的特殊目的公司外，境外公司应为上市公司，其上市所在地应具有完善的证券交易制度。

第二十九条　外国投资者以股权并购境内公司所涉及的境内外公司的股权，应符合以下条件：

（一）股东合法持有并依法可以转让；

（二）无所有权争议且没有设定质押及任何其他权利限制；

（三）境外公司的股权应在境外公开合法证券交易市场（柜台交易市场除外）挂牌交易；

（四）境外公司的股权最近1年交易价格稳定。

前款第（三）、（四）项不适用于本章第三节所规定的特殊目的公司。

第三十条　外国投资者以股权并购境内公司，境内公司或其股东应当聘请在中国注册登记的中介机构担任顾问（以下称“并购顾问”）。并购顾问应就并购申请文件的真实性、境外公司的财务状况以及并购是否符合本规定第十四条、第二十八条和第二十九条的要求作尽职调查，并出具并购顾问报告，就前述内容逐项发表明确的专业意见。

第三十一条　并购顾问应符合以下条件：

（一）信誉良好且有相关从业经验；

（二）无重大违法违规记录；

（三）应有调查并分析境外公司注册地和上市所在地法律制度与境外公司财务状况的能力。

第二节 申报文件与程序

第三十二条 外国投资者以股权并购境内公司应报送商务部审批，境内公司除报送本规定第三章所要求的文件外，另须报送以下文件：

（一）境内公司最近1年股权变动和重大资产变动情况的说明；

（二）并购顾问报告；

（三）所涉及的境内外公司及其股东的开业证明或身份证明文件；

（四）境外公司的股东持股情况说明和持有境外公司5%以上股权的股东名录；

（五）境外公司的章程和对外担保的情况说明；

（六）境外公司最近年度经审计的财务报告和最近半年的股票交易情况报告。

第三十三条 商务部自收到规定报送的全部文件之日起30日内对并购申请进行审核，符合条件的，颁发批准证书，并在批准证书上加注“外国投资者以股权并购境内公司，自营业执照颁发之日起6个月内有效”。

第三十四条 境内公司应自收到加注的批准证书之日起30日内，向登记管理机关、外汇管理机关办理变更登记，由登记管理机关、外汇管理机关分别向其颁发加注“自颁发之日起8个月内有效”字样的外商投资企业营业执照和外汇登记证。

境内公司向登记管理机关办理变更登记时，应当预先提交旨在恢复股权结构的境内公司法定代表人签署的股权变更申请书、公司章程修正案、股权转让协议等文件。

第三十五条 自营业执照颁发之日起6个月内，境内公司或其股东应就其持有境外公司股权事项，向商务部、外汇管理机关申请办理境外投资开办企业核准、登记手续。

当事人除向商务部报送《关于境外投资开办企业核准事项的规定》所要求的文件外，另须报送加注的外商投资企业批准证书和加注的外商投资企业营业执照。商务部在核准境内公司或其股东持有境外公司的股权后，颁发中国企业境外投资批准证书，并换发无加注的外商投资企业批准证书。

境内公司取得无加注的外商投资企业批准证书后，应在30日内向登记管理机关、外汇管理机关申请换发无加注的外商投资企业营业执照、外汇登记证。

第三十六条　自营业执照颁发之日起6个月内，如果境内外公司没有完成其股权变更手续，则加注的批准证书和中国企业境外投资批准证书自动失效，登记管理机关根据境内公司预先提交的股权变更登记申请文件核准变更登记，使境内公司股权结构恢复到股权并购之前的状态。

并购境内公司增发股份而未实现的，在登记管理机关根据前款予以核准变更登记之前，境内公司还应当按照《公司法》的规定，减少相应的注册资本并在报纸上公告。

境内公司未按照前款规定办理相应的登记手续的，由登记管理机关按照《公司登记管理条例》的有关规定处理。

第三十七条　境内公司取得无加注的外商投资企业批准证书、外汇登记证之前，不得向股东分配利润或向有关联关系的公司提供担保，不得对外支付转股、减资、清算等资本项目款项。

第三十八条　境内公司或其股东凭商务部和登记管理机关颁发的无加注批准证书和营业执照，到税务机关办理税务变更登记。

第三节　对于特殊目的公司的特别规定

第三十九条　特殊目的公司系指中国境内公司或自然人为实现以其实际拥有的境内公司权益在境外上市而直接或间接控制的境外公司。

特殊目的公司为实现在境外上市，其股东以其所持公司股权，或者特殊目的公司以其增发的股份，作为支付手段，购买境内公司股东的股权或者境内公司增发的股份的，适用本节规定。

当事人以持有特殊目的公司权益的境外公司作为境外上市主体的，该境外公司应符合本节对于特殊目的公司的相关要求。

第四十条　特殊目的公司境外上市交易，应经国务院证券监督管理机构批准。

特殊目的公司境外上市所在国家或者地区应有完善的法律和监管制度，其证券监管机构已与国务院证券监督管理机构签订监管合作谅解备忘录，并保持着有效的监管合作关系。

第四十一条　本节所述的权益在境外上市的境内公司应符合下列条件：

（一）产权明晰，不存在产权争议或潜在产权争议；

（二）有完整的业务体系和良好的持续经营能力；

（三）有健全的公司治理结构和内部管理制度；

（四）公司及其主要股东近 3 年无重大违法违规记录。

第四十二条　境内公司在境外设立特殊目的公司，应向商务部申请办理核准手续。办理核准手续时，境内公司除向商务部报送《关于境外投资开办企业核准事项的规定》要求的文件外，另须报送以下文件：

（一）特殊目的公司最终控制人的身份证明文件；

（二）特殊目的公司境外上市商业计划书；

（三）并购顾问就特殊目的公司未来境外上市的股票发行价格所作的评估报告。

获得中国企业境外投资批准证书后，设立人或控制人应向所在地外汇管理机关申请办理相应的境外投资外汇登记手续。

第四十三条　特殊目的公司境外上市的股票发行价总值，不得低于其所对应的经中国有关资产评估机构评估的被并购境内公司股权的价值。

第四十四条　特殊目的公司以股权并购境内公司的，境内公司除向商务部报送本规定第三十二条所要求的文件外，另须报送以下文件：

（一）设立特殊目的公司时的境外投资开办企业批准文件和证书；

（二）特殊目的公司境外投资外汇登记表；

（三）特殊目的公司最终控制人的身份证明文件或开业证明、章程；

（四）特殊目的公司境外上市商业计划书；

（五）并购顾问就特殊目的公司未来境外上市的股票发行价格所作的评估报告。

如果以持有特殊目的公司权益的境外公司作为境外上市主体，境内公司还须报送以下文件：

（一）该境外公司的开业证明和章程；

（二）特殊目的公司与该境外公司之间就被并购的境内公司股权所作的交易安排和折价方法的详细说明。

第四十五条　商务部对本规定第四十四条所规定的文件初审同意的，出具原则批复函，境内公司凭该批复函向国务院证券监督管理机构报送申请上市的文件。国务院证券监督管理机构于 20 个工作日内决定是否核准。

境内公司获得核准后，向商务部申领批准证书。商务部向其颁发加注“境外特殊目的公司持股，自营业执照颁发之日起 1 年内有效”字样的批准证书。

并购导致特殊目的公司股权等事项变更的，持有特殊目的公司股权的境内公司或自然人，凭加注的外商投资企业批准证书，向商务部就特殊目的公司相关事项办理境外投资开办企业变更核准手续，并向所在地外汇管理机关申请办理境外投资外汇登记变更。

第四十六条　境内公司应自收到加注的批准证书之日起30日内，向登记管理机关、外汇管理机关办理变更登记，由登记管理机关、外汇管理机关分别向其颁发加注“自颁发之日起14个月内有效”字样的外商投资企业营业执照和外汇登记证。

境内公司向登记管理机关办理变更登记时，应当预先提交旨在恢复股权结构的境内公司法定代表人签署的股权变更申请书、公司章程修正案、股权转让协议等文件。

第四十七条　境内公司应自特殊目的公司或与特殊目的公司有关联关系的境外公司完成境外上市之日起30日内，向商务部报告境外上市情况和融资收入调回计划，并申请换发无加注的外商投资企业批准证书。同时，境内公司应自完成境外上市之日起30日内，向国务院证券监督管理机构报告境外上市情况并提供相关的备案文件。境内公司还应向外汇管理机关报送融资收入调回计划，由外汇管理机关监督实施。境内公司取得无加注的批准证书后，应在30日内向登记管理机关、外汇管理机关申请换发无加注的外商投资企业营业执照、外汇登记证。

如果境内公司在前述期限内未向商务部报告，境内公司加注的批准证书自动失效，境内公司股权结构恢复到股权并购之前的状态，并应按本规定第三十六条办理变更登记手续。

第四十八条　特殊目的公司的境外上市融资收入，应按照报送外汇管理机关备案的调回计划，根据现行外汇管理规定调回境内使用。融资收入可采取以下方式调回境内：

（一）向境内公司提供商业贷款；

（二）在境内新设外商投资企业；

（三）并购境内企业。

在上述情形下调回特殊目的公司境外融资收入，应遵守中国有关外商投资及外债管理的法律和行政法规。如果调回特殊目的公司境外融资收入，导致境内公司和自然人增持特殊目的公司权益或特殊目的公司净资产增加，当事人应如实披露并报批，在完成审批手续后办理相应的外资外汇登记和境外投资登记变更。

境内公司及自然人从特殊目的公司获得的利润、红利及资本变动所得外汇收入，应自获得之日起6个月内调回境内。利润或红利可以进入经常项目外汇账户或者结汇。资本变动外汇收入经外汇管理机关核准，可以开立资本项目专用账户保留，也可经外汇管理机关核准后结汇。

第四十九条 自营业执照颁发之日起1年内，如果境内公司不能取得无加注批准证书，则加注的批准证书自动失效，并应按本规定第三十六条办理变更登记手续。

第五十条 特殊目的公司完成境外上市且境内公司取得无加注的批准证书和营业执照后，当事人继续以该公司股份作为支付手段并购境内公司的，适用本章第一节和第二节的规定。

第五章 反垄断审查

第五十一条 外国投资者并购境内企业有下列情形之一的，投资者应就所涉情形向商务部和国家工商行政管理总局报告：

（一）并购一方当事人当年在中国市场营业额超过15亿元人民币；

（二）1年内并购国内关联行业的企业累计超过10个；

（三）并购一方当事人在中国的市场占有率已经达到20%；

（四）并购导致并购一方当事人在中国的市场占有率达到25%。

虽未达到前款所述条件，但是应有竞争关系的境内企业、有关职能部门或者行业协会的请求，商务部或国家工商行政管理总局认为外国投资者并购涉及市场份额巨大，或者存在其他严重影响市场竞争等重要因素的，也可以要求外国投资者作出报告。

上述并购一方当事人包括与外国投资者有关联关系的企业。

第五十二条 外国投资者并购境内企业涉及本规定第五十一条所述情形之一，商务部和国家工商行政管理总局认为可能造成过度集中，妨害正当竞争、损害消费者利益的，应自收到规定报送的全部文件之日起90日内，共同或经协商单独召集有关部门、机构、企业以及其他利害关系方举行听证会，并依法决定批准或不批准。

第五十三条 境外并购有下列情形之一的，并购方应在对外公布并购方案之前或者报所在国主管机构的同时，向商务部和国家工商行政管理总局报送并购方案。商务部和国家工商行政管理总局应审查是否存在造成境内市场过度集中，妨害境内正当竞争、损害境内消费者利益的情形，并做出是否同意的决定：

（一）境外并购一方当事人在我国境内拥有资产 30 亿元人民币以上；

（二）境外并购一方当事人当年在中国市场上的营业额 15 亿元人民币以上；

（三）境外并购一方当事人及与其有关联关系的企业在中国市场占有率已经达到 20%；

（四）由于境外并购，境外并购一方当事人及与其有关联关系的企业在中国的市场占有率达到 25%；

（五）由于境外并购，境外并购一方当事人直接或间接参股境内相关行业的外商投资企业将超过 15 家。

第五十四条　有下列情况之一的并购，并购一方当事人可以向商务部和国家工商行政管理总局申请审查豁免：

（一）可以改善市场公平竞争条件的；

（二）重组亏损企业并保障就业的；

（三）引进先进技术和管理人才并能提高企业国际竞争力的；

（四）可以改善环境的。

第六章　附则

第五十五条　外国投资者在中国境内依法设立的投资性公司并购境内企业，适用本规定。

外国投资者购买境内外商投资企业股东的股权或认购境内外商投资企业增资的，适用现行外商投资企业法律、行政法规和外商投资企业投资者股权变更的相关规定，其中没有规定的，参照本规定办理。

外国投资者通过其在中国设立的外商投资企业合并或收购境内企业的，适用关于外商投资企业合并与分立的相关规定和关于外商投资企业境内投资的相关规定，其中没有规定的，参照本规定办理。

外国投资者并购境内有限责任公司并将其改制为股份有限公司的，或者境内公司为股份有限公司的，适用关于设立外商投资股份有限公司的相关规定，其中没有规定的，适用本规定。

第五十六条　申请人或申报人报送文件，应依照本规定对文件进行分类，并附文件目录。规定报送的全部文件应用中文表述。

第五十七条　被股权并购境内公司的中国自然人股东，经批准，可继续作为变更后所设外商投资企业的中方投资者。

第五十八条　境内公司的自然人股东变更国籍的，不改变该公司的企业性质。

第五十九条　相关政府机构工作人员必须忠于职守、依法履行职责，不得利用职务之便牟取不正当利益，并对知悉的商业秘密负有保密义务。

第六十条　香港特别行政区、澳门特别行政区和台湾地区的投资者并购境内其他地区的企业，参照本规定办理。

第六十一条　本规定自 2006 年 9 月 8 日起施行。

附录二

《中华人民共和国反垄断法》

中华人民共和国主席令

第 68 号

《中华人民共和国反垄断法》已由中华人民共和国第十届全国人民代表大会常务委员会第二十九次会议于 2007 年 8 月 30 日通过，现予公布，自 2008 年 8 月 1 日起施行。

中华人民共和国主席　胡锦涛

2007 年 8 月 30 日

中华人民共和国反垄断法

（2007 年 8 月 30 日第十届全国人民代表大会常务委员会第二十九次会议通过）

目　　录

第一章　总　　则

第一条　为了预防和制止垄断行为，保护市场公平竞争，提高经济运行效率，维护消费者利益和社会公共利益，促进社会主义市场经济健康发展，制定本法。

第二条　中华人民共和国境内经济活动中的垄断行为，适用本法；中华人民共和国境外的垄断行为，对境内市场竞争产生排除、限制影响的，适用本法。

第三条　本法规定的垄断行为包括：

（一）经营者达成垄断协议；

（二）经营者滥用市场支配地位；

（三）具有或者可能具有排除、限制竞争效果的经营者集中。

第四条　国家制定和实施与社会主义市场经济相适应的竞争规则，完善宏观调控，健全统一、开放、竞争、有序的市场体系。

第五条　经营者可以通过公平竞争、自愿联合，依法实施集中，扩大经营规模，提高市场竞争能力。

第六条　具有市场支配地位的经营者，不得滥用市场支配地位，排除、限制竞争。

第七条　国有经济占控制地位的关系国民经济命脉和国家安全的行业以及依法实行专营专卖的行业，国家对其经营者的合法经营活动予以保护，并对经营者的经营行为及其商品和服务的价格依法实施监管和调控，维护消费者利益，促进技术进步。

前款规定行业的经营者应当依法经营，诚实守信，严格自律，接受社会公众的监督，不得利用其控制地位或者专营专卖地位损害消费者利益。

第八条　行政机关和法律、法规授权的具有管理公共事务职能的组织不得滥用行政权力，排除、限制竞争。

第九条　国务院设立反垄断委员会，负责组织、协调、指导反垄断工作，履行下列职责：

（一）研究拟订有关竞争政策；

（二）组织调查、评估市场总体竞争状况，发布评估报告；

（三）制定、发布反垄断指南；

（四）协调反垄断行政执法工作；

（五）国务院规定的其他职责。

国务院反垄断委员会的组成和工作规则由国务院规定。

第十条　国务院规定的承担反垄断执法职责的机构（以下统称国务院反垄断执法机构）依照本法规定，负责反垄断执法工作。

国务院反垄断执法机构根据工作需要，可以授权省、自治区、直辖市人民政府相应的机构，依照本法规定负责有关反垄断执法工作。

第十一条　行业协会应当加强行业自律，引导本行业的经营者依法竞争，维护市场竞争秩序。

第十二条　本法所称经营者，是指从事商品生产、经营或者提供服务的自然人、法人和其他组织。

本法所称相关市场，是指经营者在一定时期内就特定商品或者服务（以下统称商品）进行竞争的商品范围和地域范围。

第二章　垄断协议

第十三条　禁止具有竞争关系的经营者达成下列垄断协议：

（一）固定或者变更商品价格；

（二）限制商品的生产数量或者销售数量；

（三）分割销售市场或者原材料采购市场；

（四）限制购买新技术、新设备或者限制开发新技术、新产品；

（五）联合抵制交易；

（六）国务院反垄断执法机构认定的其他垄断协议。

本法所称垄断协议，是指排除、限制竞争的协议、决定或者其他协同行为。

第十四条　禁止经营者与交易相对人达成下列垄断协议：

（一）固定向第三人转售商品的价格；

（二）限定向第三人转售商品的最低价格；

（三）国务院反垄断执法机构认定的其他垄断协议。

第十五条　经营者能够证明所达成的协议属于下列情形之一的，不适用本法第十三条、第十四条的规定：

（一）为改进技术、研究开发新产品的；

（二）为提高产品质量、降低成本、增进效率，统一产品规格、标准或者实行专业化分工的；

（三）为提高中小经营者经营效率，增强中小经营者竞争力的；

（四）为实现节约能源、保护环境、救灾救助等社会公共利益的；

（五）因经济不景气，为缓解销售量严重下降或者生产明显过剩的；

（六）为保障对外贸易和对外经济合作中的正当利益的；

（七）法律和国务院规定的其他情形。

属于前款第一项至第五项情形，不适用本法第十三条、第十四条规定的，经营者还应当证明所达成的协议不会严重限制相关市场的竞争，并且能够使消费者分享由此产生的利益。

第十六条　行业协会不得组织本行业的经营者从事本章禁止的垄断行为。

第三章　滥用市场支配地位

第十七条　禁止具有市场支配地位的经营者从事下列滥用市场支配地位的行为：

（一）以不公平的高价销售商品或者以不公平的低价购买商品；

（二）没有正当理由，以低于成本的价格销售商品；

（三）没有正当理由，拒绝与交易相对人进行交易；

（四）没有正当理由，限定交易相对人只能与其进行交易或者只能与其指定的经营者进行交易；

（五）没有正当理由搭售商品，或者在交易时附加其他不合理的交易条件；

（六）没有正当理由，对条件相同的交易相对人在交易价格等交易条件上实行差别待遇；

（七）国务院反垄断执法机构认定的其他滥用市场支配地位的行为。

本法所称市场支配地位，是指经营者在相关市场内具有能够控制商品价格、数量或者其他交易条件，或者能够阻碍、影响其他经营者进入相关市场能力的市场地位。

第十八条　认定经营者具有市场支配地位，应当依据下列因素：

（一）该经营者在相关市场的市场份额，以及相关市场的竞争状况；

（二）该经营者控制销售市场或者原材料采购市场的能力；

（三）该经营者的财力和技术条件；

（四）其他经营者对该经营者在交易上的依赖程度；

（五）其他经营者进入相关市场的难易程度；

（六）与认定该经营者市场支配地位有关的其他因素。

第十九条　有下列情形之一的，可以推定经营者具有市场支配地位：

（一）一个经营者在相关市场的市场份额达到二分之一的；

（二）两个经营者在相关市场的市场份额合计达到三分之二的；

（三）三个经营者在相关市场的市场份额合计达到四分之三的。

有前款第二项、第三项规定的情形，其中有的经营者市场份额不足十分之一的，不应当推定该经营者具有市场支配地位。

被推定具有市场支配地位的经营者，有证据证明不具有市场支配地位的，不应当认定其具有市场支配地位。

第四章　经营者集中

第二十条　经营者集中是指下列情形：

（一）经营者合并；

（二）经营者通过取得股权或者资产的方式取得对其他经营者的控制权；

（三）经营者通过合同等方式取得对其他经营者的控制权或者能够对其他经营者施加决定性影响。

第二十一条　经营者集中达到国务院规定的申报标准的，经营者应当事先向国务院反垄断执法机构申报，未申报的不得实施集中。

第二十二条　经营者集中有下列情形之一的，可以不向国务院反垄断执法机构申报：

（一）参与集中的一个经营者拥有其他每个经营者百分之五十以上有表决权的股份或者资产的；

（二）参与集中的每个经营者百分之五十以上有表决权的股份或者资产被同一个未参与集中的经营者拥有的。

第二十三条　经营者向国务院反垄断执法机构申报集中，应当提交下列文件、资料：

（一）申报书；

（二）集中对相关市场竞争状况影响的说明；

（三）集中协议；

（四）参与集中的经营者经会计师事务所审计的上一会计年度财务会计报告；

（五）国务院反垄断执法机构规定的其他文件、资料。

申报书应当载明参与集中的经营者的名称、住所、经营范围、预定实施集中的日期和国务院反垄断执法机构规定的其他事项。

第二十四条　经营者提交的文件、资料不完备的，应当在国务院反垄断执法机构规定的期限内补交文件、资料。经营者逾期未补交文件、资料的，视为未申报。

第二十五条 国务院反垄断执法机构应当自收到经营者提交的符合本法第二十三条规定的文件、资料之日起三十日内，对申报的经营者集中进行初步审查，作出是否实施进一步审查的决定，并书面通知经营者。国务院反垄断执法机构作出决定前，经营者不得实施集中。

国务院反垄断执法机构作出不实施进一步审查的决定或者逾期未作出决定的，经营者可以实施集中。

第二十六条 国务院反垄断执法机构决定实施进一步审查的，应当自决定之日起九十日内审查完毕，作出是否禁止经营者集中的决定，并书面通知经营者。作出禁止经营者集中的决定，应当说明理由。审查期间，经营者不得实施集中。

有下列情形之一的，国务院反垄断执法机构经书面通知经营者，可以延长前款规定的审查期限，但最长不得超过六十日：

（一）经营者同意延长审查期限的；

（二）经营者提交的文件、资料不准确，需要进一步核实的；

（三）经营者申报后有关情况发生重大变化的。

国务院反垄断执法机构逾期未作出决定的，经营者可以实施集中。

第二十七条 审查经营者集中，应当考虑下列因素：

（一）参与集中的经营者在相关市场的市场份额及其对市场的控制力；

（二）相关市场的市场集中度；

（三）经营者集中对市场进入、技术进步的影响；

（四）经营者集中对消费者和其他有关经营者的影响；

（五）经营者集中对国民经济发展的影响；

（六）国务院反垄断执法机构认为应当考虑的影响市场竞争的其他因素。

第二十八条 经营者集中具有或者可能具有排除、限制竞争效果的，国务院反垄断执法机构应当作出禁止经营者集中的决定。但是，经营者能够证明该集中对竞争产生的有利影响明显大于不利影响，或者符合社会公共利益的，国务院反垄断执法机构可以作出对经营者集中不予禁止的决定。

第二十九条 对不予禁止的经营者集中，国务院反垄断执法机构可以决定附加减少集中对竞争产生不利影响的限制性条件。

第三十条 国务院反垄断执法机构应当将禁止经营者集中的决定或者对经营者集中附加限制性条件的决定，及时向社会公布。

第三十一条 对外资并购境内企业或者以其他方式参与经营者集中，涉及国家安全的，除依照本法规定进行经营者集中审查外，还应当按照国家有关规定进行国家安全审查。

第五章 滥用行政权力排除、限制竞争

第三十二条 行政机关和法律、法规授权的具有管理公共事务职能的组织不得滥用行政权力，限定或者变相限定单位或者个人经营、购买、使用其指定的经营者提供的商品。

第三十三条 行政机关和法律、法规授权的具有管理公共事务职能的组织不得滥用行政权力，实施下列行为，妨碍商品在地区之间的自由流通：

（一）对外地商品设定歧视性收费项目、实行歧视性收费标准，或者规定歧视性价格；

（二）对外地商品规定与本地同类商品不同的技术要求、检验标准，或者对外地商品采取重复检验、重复认证等歧视性技术措施，限制外地商品进入本地市场；

（三）采取专门针对外地商品的行政许可，限制外地商品进入本地市场；

（四）设置关卡或者采取其他手段，阻碍外地商品进入或者本地商品运出；

（五）妨碍商品在地区之间自由流通的其他行为。

第三十四条 行政机关和法律、法规授权的具有管理公共事务职能的组织不得滥用行政权力，以设定歧视性资质要求、评审标准或者不依法发布信息等方式，排斥或者限制外地经营者参加本地的招标投标活动。

第三十五条 行政机关和法律、法规授权的具有管理公共事务职能的组织不得滥用行政权力，采取与本地经营者不平等待遇等方式，排斥或者限制外地经营者在本地投资或者设立分支机构。

第三十六条 行政机关和法律、法规授权的具有管理公共事务职能的组织不得滥用行政权力，强制经营者从事本法规定的垄断行为。

第三十七条　行政机关不得滥用行政权力，制定含有排除、限制竞争内容的规定。

第六章　对涉嫌垄断行为的调查

第三十八条　反垄断执法机构依法对涉嫌垄断行为进行调查。

对涉嫌垄断行为，任何单位和个人有权向反垄断执法机构举报。反垄断执法机构应当为举报人保密。

举报采用书面形式并提供相关事实和证据的，反垄断执法机构应当进行必要的调查。

第三十九条　反垄断执法机构调查涉嫌垄断行为，可以采取下列措施：

（一）进入被调查的经营者的营业场所或者其他有关场所进行检查；

（二）询问被调查的经营者、利害关系人或者其他有关单位或者个人，要求其说明有关情况；

（三）查阅、复制被调查的经营者、利害关系人或者其他有关单位或者个人的有关单证、协议、会计账簿、业务函电、电子数据等文件、资料；

（四）查封、扣押相关证据；

（五）查询经营者的银行账户。

采取前款规定的措施，应当向反垄断执法机构主要负责人书面报告，并经批准。

第四十条　反垄断执法机构调查涉嫌垄断行为，执法人员不得少于二人，并应当出示执法证件。

执法人员进行询问和调查，应当制作笔录，并由被询问人或者被调查人签字。

第四十一条　反垄断执法机构及其工作人员对执法过程中知悉的商业秘密负有保密义务。

第四十二条　被调查的经营者、利害关系人或者其他有关单位或者个人应当配合反垄断执法机构依法履行职责，不得拒绝、阻碍反垄断执法机构的调查。

第四十三条　被调查的经营者、利害关系人有权陈述意见。反垄断执法机构应当对被调查的经营者、利害关系人提出的事实、理由和证据进行核实。

第四十四条　反垄断执法机构对涉嫌垄断行为调查核实后，认为构成垄断行为的，应当依法作出处理决定，并可以向社会公布。

第四十五条　对反垄断执法机构调查的涉嫌垄断行为，被调查的经营者承诺在反垄断执法机构认可的期限内采取具体措施消除该行为后果的，反垄断执法机构可以决定中止调查。中止调查的决定应当载明被调查的经营者承诺的具体内容。

反垄断执法机构决定中止调查的，应当对经营者履行承诺的情况进行监督。经营者履行承诺的，反垄断执法机构可以决定终止调查。

有下列情形之一的，反垄断执法机构应当恢复调查：

（一）经营者未履行承诺的；

（二）作出中止调查决定所依据的事实发生重大变化的；

（三）中止调查的决定是基于经营者提供的不完整或者不真实的信息作出的。

第七章　法律责任

第四十六条　经营者违反本法规定，达成并实施垄断协议的，由反垄断执法机构责令停止违法行为，没收违法所得，并处上一年度销售额百分之一以上百分之十以下的罚款；尚未实施所达成的垄断协议的，可以处五十万元以下的罚款。

经营者主动向反垄断执法机构报告达成垄断协议的有关情况并提供重要证据的，反垄断执法机构可以酌情减轻或者免除对该经营者的处罚。

行业协会违反本法规定，组织本行业的经营者达成垄断协议的，反垄断执法机构可以处五十万元以下的罚款；情节严重的，社会团体登记管理机关可以依法撤销登记。

第四十七条　经营者违反本法规定，滥用市场支配地位的，由反垄断执法机构责令停止违法行为，没收违法所得，并处上一年度销售额百分之一以上百分之十以下的罚款。

第四十八条　经营者违反本法规定实施集中的，由国务院反垄断执法机构责令停止实施集中、限期处分股份或者资产、限期转让营业以及采取其他必要措施恢复到集中前的状态，可以处五十万元以下的罚款。

第四十九条　对本法第四十六条、第四十七条、第四十八条规定的罚款，反垄断执法机构确定具体罚款数额时，应当考虑违法行为的性质、程度和持续的时间等因素。

第五十条 经营者实施垄断行为，给他人造成损失的，依法承担民事责任。

第五十一条 行政机关和法律、法规授权的具有管理公共事务职能的组织滥用行政权力，实施排除、限制竞争行为的，由上级机关责令改正；对直接负责的主管人员和其他直接责任人员依法给予处分。反垄断执法机构可以向有关上级机关提出依法处理的建议。

法律、行政法规对行政机关和法律、法规授权的具有管理公共事务职能的组织滥用行政权力实施排除、限制竞争行为的处理另有规定的，依照其规定。

第五十二条 对反垄断执法机构依法实施的审查和调查，拒绝提供有关材料、信息，或者提供虚假材料、信息，或者隐匿、销毁、转移证据，或者有其他拒绝、阻碍调查行为的，由反垄断执法机构责令改正，对个人可以处二万元以下的罚款，对单位可以处二十万元以下的罚款；情节严重的，对个人处二万元以上十万元以下的罚款，对单位处二十万元以上一百万元以下的罚款；构成犯罪的，依法追究刑事责任。

第五十三条 对反垄断执法机构依据本法第二十八条、第二十九条作出的决定不服的，可以先依法申请行政复议；对行政复议决定不服的，可以依法提起行政诉讼。

对反垄断执法机构作出的前款规定以外的决定不服的，可以依法申请行政复议或者提起行政诉讼。

第五十四条 反垄断执法机构工作人员滥用职权、玩忽职守、徇私舞弊或者泄露执法过程中知悉的商业秘密，构成犯罪的，依法追究刑事责任；尚不构成犯罪的，依法给予处分。

第八章 附 则

第五十五条 经营者依照有关知识产权的法律、行政法规规定行使知识产权的行为，不适用本法；但是，经营者滥用知识产权，排除、限制竞争的行为，适用本法。

第五十六条 农业生产者及农村经济组织在农产品生产、加工、销售、运输、储存等经营活动中实施的联合或者协同行为，不适用本法。

第五十七条 本法自 2008 年 8 月 1 日起施行。

附录三

《关于相关市场界定的指南》

（二〇〇九年五月二十四日）

第一章　总　　则

第一条　指南的目的和依据

为了给相关市场界定提供指导，提高国务院反垄断执法机构执法工作的透明度，根据《中华人民共和国反垄断法》（以下称《反垄断法》），制定本指南。

第二条　界定相关市场的作用

任何竞争行为（包括具有或可能具有排除、限制竞争效果的行为）均发生在一定的市场范围内。界定相关市场就是明确经营者竞争的市场范围。在禁止经营者达成垄断协议、禁止经营者滥用市场支配地位、控制具有或者可能具有排除、限制竞争效果的经营者集中等反垄断执法工作中，均可能涉及相关市场的界定问题。

科学合理地界定相关市场，对识别竞争者和潜在竞争者、判定经营者市场份额和市场集中度、认定经营者的市场地位、分析经营者的行为对市场竞争的影响、判断经营者行为是否违法以及在违法情况下需承担的法律责任等关键问题，具有重要的作用。因此，相关市场的界定通常是对竞争行为进行分析的起点，是反垄断执法工作的重要步骤。

第三条　相关市场的含义

相关市场是指经营者在一定时期内就特定商品或者服务（以下统称商品）进行竞争的商品范围和地域范围。在反垄断执法实践中，通常需要界定相关商品市场和相关地域市场。

相关商品市场，是根据商品的特性、用途及价格等因素，由需求者认为具有较为紧密替代关系的一组或一类商品所构成的市场。这些商品表现出较强的竞争关系，在反垄断执法中可以作为经营者进行竞争的商品范围。

相关地域市场，是指需求者获取具有较为紧密替代关系的商品的地理区域。这些地域表现出较强的竞争关系，在反垄断执法中可以作为经营者进行竞争的地域范围。

当生产周期、使用期限、季节性、流行时尚性或知识产权保护期限等已构成商品不可忽视的特征时，界定相关市场还应考虑时间性。

在技术贸易、许可协议等涉及知识产权的反垄断执法工作中，可能还需要界定相关技术市场，考虑知识产权、创新等因素的影响。

第二章　界定相关市场的基本依据

第四条　替代性分析

在反垄断执法实践中，相关市场范围的大小主要取决于商品（地域）的可替代程度。

在市场竞争中对经营者行为构成直接和有效竞争约束的，是市场里存在需求者认为具有较强替代关系的商品或能够提供这些商品的地域，因此，界定相关市场主要从需求者角度进行需求替代分析。当供给替代对经营者行为产生的竞争约束类似于需求替代时，也应考虑供给替代。

第五条　需求替代

需求替代是根据需求者对商品功能用途的需求、质量的认可、价格的接受以及获取的难易程度等因素，从需求者的角度确定不同商品之间的替代程度。

原则上，从需求者角度来看，商品之间的替代程度越高，竞争关系就越强，就越可能属于同一相关市场。

第六条　供给替代

供给替代是根据其他经营者改造生产设施的投入、承担的风险、进入目标市场的时间等因素，从经营者的角度确定不同商品之间的替代程度。

原则上，其他经营者生产设施改造的投入越少，承担的额外风险越小，提供紧密替代商品越迅速，则供给替代程度就越高，界定相关市场尤其在识别相关市场参与者时就应考虑供给替代。

第三章　界定相关市场的一般方法

第七条　界定相关市场的方法概述

界定相关市场的方法不是唯一的。在反垄断执法实践中，根据实际情况，可能使用不同的方法。界定相关市场时，可以基于商品的特征、用途、价格等因素进行需求替代分析，必要时进行供给替代分析。在经营者竞争的市场范围不够清晰或不易确定时，可以按照“假定垄断者测试”的分析思路（具体见第十条）来界定相关市场。

反垄断执法机构鼓励经营者根据案件具体情况运用客观、真实的数据，借助经济学分析方法来界定相关市场。

无论采用何种方法界定相关市场，都要始终把握商品满足消费者需求的基本属性，并以此作为对相关市场界定中出现明显偏差时进行校正的依据。

第八条　界定相关商品市场考虑的主要因素

从需求替代角度界定相关商品市场，可以考虑的因素包括但不限于以下各方面：

（一）需求者因商品价格或其他竞争因素变化，转向或考虑转向购买其他商品的证据。

（二）商品的外形、特性、质量和技术特点等总体特征和用途。商品可能在特征上表现出某些差异，但需求者仍可以基于商品相同或相似的用途将其视为紧密替代品。

（三）商品之间的价格差异。通常情况下，替代性较强的商品价格比较接近，而且在价格变化时表现出同向变化趋势。在分析价格时，应排除与竞争无关的因素引起价格变化的情况。

（四）商品的销售渠道。销售渠道不同的商品面对的需求者可能不同，相互之间难以构成竞争关系，则成为相关商品的可能性较小。

（五）其他重要因素。如，需求者偏好或需求者对商品的依赖程度；可能阻碍大量需求者转向某些紧密替代商品的障碍、风险和成本；是否存在区别定价等。

从供给角度界定相关商品市场，一般考虑的因素包括：其他经营者对商品价格等竞争因素的变化做出反应的证据；其他经营者的生产流程和工艺，转产的难易程度，转产需要的时间，转产的额外费用和风险，转产后所提供商品的市场竞争力，营销渠道等。

任何因素在界定相关商品市场时的作用都不是绝对的，可以根据案件的不同情况有所侧重。

第九条　界定相关地域市场考虑的主要因素

从需求替代角度界定相关地域市场，可以考虑的因素包括但不限于以下各方面：

（一）需求者因商品价格或其他竞争因素变化，转向或考虑转向其他地域购买商品的证据。

（二）商品的运输成本和运输特征。相对于商品价格来说，运输成本越高，相关地域市场的范围越小，如水泥等商品；商品的运输特征也决定了商品的销售地域，如需要管道运输的工业气体等商品。

（三）多数需求者选择商品的实际区域和主要经营者商品的销售分布。

（四）地域间的贸易壁垒，包括关税、地方性法规、环保因素、技术因素等。如关税相对商品的价格来说比较高时，则相关地域市场很可能是一个区域性市场。

（五）其他重要因素。如，特定区域需求者偏好；商品运进和运出该地域的数量。

从供给角度界定相关地域市场时，一般考虑的因素包括：其他地域的经营者对商品价格等竞争因素的变化做出反应的证据；其他地域的经营者供应或销售相关商品的即时性和可行性，如将订单转向其他地域经营者的转换成本等。

第四章　关于假定垄断者测试分析思路的说明

第十条　假定垄断者测试的基本思路

假定垄断者测试是界定相关市场的一种分析思路，可以帮助解决相关市场界定中可能出现的不确定性，目前为各国和地区制定反垄断指南时普遍采用。依据这种思路，人们可以借助经济学工具分析所获取的相关数据，确定假定垄断者可以将价格维持在高于竞争价格水平的最小商品集合和地域范围，从而界定相关市场。

假定垄断者测试一般先界定相关商品市场。首先从反垄断审查关注的经营者提供的商品（目标商品）开始考虑，假设该经营者是以利润最大化为经营目标的垄断者（假定垄断者），那么要分析的问题是，在其他商品的销售条件保持不变的情况下，假定垄断者能否持久地（一般为1年）小幅（一般为5%—10%）提高目标商品的价格。目标商品涨价会导致需求者转向购买具有紧密替代关系的其他商品，从而引起假定垄断者销售量下降。如果目标商品涨价后，即使假定垄断者销售量下降，但其仍然有利可图，则目标商品就构成相关商品市场。

如果涨价引起需求者转向具有紧密替代关系的其他商品，使假定垄断者的涨价行为无利可图，则需要把该替代商品增加到相关商品市场中，该替代商品与目标商品形成商品集合。接下来分析如果该商品集合涨价，假定垄断者是否仍有利可图。如果答案是肯定的，那么该商品集合就构成相关商品市场；否则还需要继续进行上述分析过程。

随着商品集合越来越大，集合内商品与集合外商品的替代性越来越小，最终会出现某一商品集合，假定垄断者可以通过涨价实现盈利，由此便界定出相关商品市场。

界定相关地域市场与界定相关商品市场的思路相同。首先从反垄断审查关注的经营者经营活动的地域（目标地域）开始，要分析的问题是，在其他地域的销售条件不变的情况下，假定垄断者对目标地域内的相关商品进行持久（一般为 1 年）小幅涨价（一般为 5%—10%）是否有利可图。如果答案是肯定的，目标地域就构成相关地域市场；如果其他地域市场的强烈替代使得涨价无利可图，就需要扩大地域范围，直到涨价最终有利可图，该地域就是相关地域市场。

第十一条　假定垄断者测试的几个实际问题

原则上，在使用假定垄断者测试界定相关市场时，选取的基准价格应为充分竞争的当前市场价格。但在滥用市场支配地位、共谋行为和已经存在共谋行为的经营者集中案件中，当前价格明显偏离竞争价格，选择当前价格作为基准价格会使相关市场界定的结果不合理。在此情况下，应该对当前价格进行调整，使用更具有竞争性的价格。

此外，一般情况下，价格上涨幅度为 5%—10%，但在执法实践中，可以根据案件涉及行业的不同情况，对价格小幅上涨的幅度进行分析确定。

在经营者小幅提价时，并不是所有需求者（或地域）的替代反应都是相同的。在替代反应不同的情况下，可以对不同需求者群体（或地域）进行不同幅度的测试。此时，相关市场界定还需要考虑需求者群体和特定地域的情况。

附录四

《国务院关于经营者集中申报标准的规定》

中华人民共和国国务院令

第 529 号

《国务院关于经营者集中申报标准的规定》已经 2008 年 8 月 1 日国务院第 20 次常务会议通过，现予公布，自公布之日起施行。

总　理　温家宝

二〇〇八年八月三日

国务院关于经营者集中申报标准的规定

第一条　为了明确经营者集中的申报标准，根据《中华人民共和国反垄断法》，制定本规定。

第二条　经营者集中是指下列情形：

（一）经营者合并；

（二）经营者通过取得股权或者资产的方式取得对其他经营者的控制权；

（三）经营者通过合同等方式取得对其他经营者的控制权或者能够对其他经营者施加决定性影响。

第三条　经营者集中达到下列标准之一的，经营者应当事先向国务院商务主管部门申报，未申报的不得实施集中：

（一）参与集中的所有经营者上一会计年度在全球范围内的营业额合计超过 100 亿元人民币，并且其中至少两个经营者上一会计年度在中国境内的营业额均超过 4 亿元人民币；

（二）参与集中的所有经营者上一会计年度在中国境内的营业额合计超过 20 亿元人民币，并且其中至少两个经营者上一会计年度在中国境内的营业额均超过 4 亿元人民币。

营业额的计算，应当考虑银行、保险、证券、期货等特殊行业、领域的实际情况，具体办法由国务院商务主管部门会同国务院有关部门制定。

第四条　经营者集中未达到本规定第三条规定的申报标准，但按照规定程序收集的事实和证据表明该经营者集中具有或者可能具有排除、限制竞争效果的，国务院商务主管部门应当依法进行调查。

第五条　本规定自公布之日起施行。

附录五

《经营者集中审查办法》

中华人民共和国商务部令2009年第12号

《经营者集中审查办法》已经2009年7月15日商务部第26次部务会议审议通过，现予公布，自2010年1月1日起施行。

部长　陈德铭

二〇〇九年十一月二十四日

第一条　为规范经营者集中反垄断审查工作，明确经营者集中反垄断审查程序，根据《中华人民共和国反垄断法》（以下简称《反垄断法》），制定本办法。

第二条　商务部是经营者集中反垄断审查执法机构，承担受理和审查经营者集中申报的具体执法工作。

第三条　在商务部立案之后、做出审查决定之前，申报人要求撤回经营者集中申报的，应当提交书面申请并说明理由。除放弃集中交易的情形外，申报的撤回应当经商务部同意。

撤回经营者集中申报的，审查程序终止。商务部同意撤回申报不视为对集中的批准。

第四条　在审查过程中，商务部鼓励申报人尽早主动提供有助于对经营者集中进行审查和做出决定的有关文件、资料。

第五条　在审查过程中，参与集中的经营者可以通过信函、传真等方式向商务部就有关申报事项进行书面陈述、申辩，商务部应当听取当事人的陈述和申辩。

第六条　在审查过程中，商务部可以根据需要征求有关政府部门、行业协会、经营者、消费者等单位或个人的意见。

第七条　在审查过程中，商务部可以主动或应有关方面的请求决定召开听证会，调查取证，听取有关各方的意见。商务部召开听证会，应当提前书面通知听证会参加方。听证会参加方提出书面意见的，应当在听证会举办前向商务部提交。

商务部举行听证会，可以通知参与集中的经营者及其竞争者、上下游企业及其他相关企业的代表参加，并可以酌情邀请有关专家、行业协会代表、有关政府部门的代表以及消费者代表参加。

听证会参加方应当按时出席听证会，遵守听证会程序，服从听证会主持人安排。

听证会参加方出于商业秘密等保密因素考虑，希望单独陈述的，可以安排单独听证；安排单独听证的，听证内容应当按有关保密规定处理。

第八条　听证会按照以下程序进行：

（一）听证会主持人宣布听证会开始，宣读听证会纪律；

（二）核对听证会参加方；

（三）参加方就听证内容进行陈述；

（四）听证会主持人就听证内容询问有关参加方；

（五）听证会主持人宣布听证会结束。

第九条　在初步审查阶段，商务部应当在《反垄断法》第二十五条规定的期限内做出是否实施进一步审查的决定。商务部做出不实施进一步审查决定的，应当书面通知申报人；认为有必要实施进一步审查的，应当做出实施进一步审查的决定，并书面通知申报人。

商务部做出不实施进一步审查的决定或者逾期未做出决定的，参与集中的经营者可以实施集中。

第十条　在进一步审查阶段，商务部认为经营者集中具有或者可能具有排除、限制竞争效果的，应当将其反对意见告知参与集中的经营者，并设定一个允许参与集中的经营者提交书面抗辩意见的合理期限。

参与集中的经营者的书面抗辩意见应当包括相关的事实和理由，并提供相应的证据。参与集中的经营者逾期未提交书面抗辩意见的，视为对反对意见无异议。

第十一条　在审查过程中，为消除或减少经营者集中具有或者可能具有的排除、限制竞争的效果，参与集中的经营者可以提出对集中交易方案进行调整的限制性条件。

根据经营者集中交易具体情况，限制性条件可以包括如下种类：

（一）剥离参与集中的经营者的部分资产或业务等结构性条件；

（二）参与集中的经营者开放其网络或平台等基础设施、许可关键技术（包括专利、专有技术或其他知识产权）、终止排他性协议等行为性条件；

（三）结构性条件和行为性条件相结合的综合性条件。

第十二条　参与集中的经营者提出的限制性条件应当能够消除或减少经营者集中具有或者可能具有的排除、限制竞争效果，并具有现实的可操作性。限制性条件的书面文本应当清晰明确，以便于能够充分评价其有效性和可行性。

第十三条　在审查过程中，为消除或减少经营者集中具有或者可能具有的排除、限制竞争效果，商务部和参与集中的经营者均可以提出对限制性条件进行修改的意见和建议。

第十四条　商务部应当在《反垄断法》第二十六条规定的期限内做出禁止或不予禁止经营者集中的决定，并书面通知申报人。对不予禁止的经营者集中，商务部可以决定附加减少集中对竞争产生不利影响的限制性条件。商务部做出进一步审查决定前，参与集中的经营者不得实施集中。

商务部做出对经营者集中不予禁止的决定或逾期未做出决定的，参与集中的经营者可以实施集中。

第十五条　对于附加限制性条件批准的经营者集中，商务部应当对参与集中的经营者履行限制性条件的行为进行监督检查，参与集中的经营者应当按指定期限向商务部报告限制性条件的执行情况。

参与集中的经营者未依限制性条件履行规定义务的，商务部可以责令其限期改正；参与集中的经营者在规定期限内未改正的，商务部可以依照《反垄断法》相关规定予以处理。

第十六条　商务部、申报人以及其他单位和个人对于在经营者集中审查中知悉的商业秘密和其他需要保密的信息承担保密义务。

第十七条　本办法自2010年1月1日起施行。

附录六

《经营者集中申报办法》

中华人民共和国商务部令2009年第11号

《经营者集中申报办法》已经2009年7月15日商务部第26次部务会议审议通过，现予公布，自2010年1月1日起施行。

部长 陈德铭

二〇〇九年十一月二十一日

第一条 为规范经营者集中申报和反垄断执法机构受理申报，根据《中华人民共和国反垄断法》（以下简称《反垄断法》）和《国务院关于经营者集中申报标准的规定》（以下简称《规定》），制定本办法。

第二条 商务部是经营者集中反垄断审查执法机构，承担受理和审查经营者集中申报的具体执法工作。

第三条 本办法所称经营者集中，系指《反垄断法》第二十条所规定的下列情形：

（一）经营者合并；

（二）经营者通过取得股权或者资产的方式取得对其他经营者的控制权；

（三）经营者通过合同等方式取得对其他经营者的控制权或者能够对其他经营者施加决定性影响；

第四条 营业额包括相关经营者上一会计年度内销售产品和提供服务所获得的收入，扣除相关税金及其附加。

《规定》第三条所称“在中国境内”是指经营者提供产品或服务的买方所在地在中国境内。

第五条 参与集中的单个经营者的营业额应当为下述经营者的营业额总和：

（一）该单个经营者；

（二）第（一）项所指经营者直接或间接控制的其他经营者；

（三）直接或间接控制第（一）项所指经营者的其他经营者；

（四）第（三）项所指经营者直接或间接控制的其他经营者；

（五）第（一）至（四）项所指经营者中两个或两个以上经营者共同控制的其他经营者。

参与集中的单个经营者的营业额不包括上述（一）至（五）项所列经营者之间发生的营业额。

如果参与集中的单个经营者之间或者参与集中的单个经营者和未参与集中的经营者之间有共同控制的其他经营者，参与集中的单个经营者的营业额应当包括被共同控制的经营者与第三方经营者之间的营业额，且此营业额只计算一次。

第六条　如果参与集中的单个经营者之间有共同控制的其他经营者，则参与集中的所有经营者的合计营业额不应包括被共同控制的经营者与任何一个共同控制他的参与集中的经营者，或与后者有控制关系的经营者之间发生的营业额。

第七条　在一项经营者集中包括收购一个或多个经营者的一部分时：

（一）对于卖方而言，只计算集中涉及部分的营业额；

（二）相同经营者之间在两年内多次实施的未达到《规定》第三条规定的申报标准的经营者集中，应当视为一次集中交易，集中发生时间从最后一次交易算起，该经营者集中的营业额应当将多次交易合并计算。经营者通过与其有控制关系的其他经营者实施的上述行为，依照本项规定处理。

前款第（二）项所称“两年内”是指从第一次集中交易完成之日起至最后一次集中交易签订协议之日止的期间。

第八条　在正式申报前，参与集中的经营者可以就集中申报的相关问题向商务部申请商谈。商谈申请应当以书面方式提出。

第九条　通过合并方式实施的经营者集中，由参与合并的各方经营者申报；其他方式的经营者集中，由取得控制权或能够施加决定性影响的经营者申报，其他经营者予以配合。

申报义务人未进行集中申报的，其他参与集中的经营者可以提出申报。

申报义务人可以自行申报，也可以依法委托他人代理申报。

第十条　申报文件、材料应当包括如下内容：

（一）申报书。申报书应当载明参与集中的经营者的名称、住所、经营范围、预定实施集中的日期。申报人的身份证明或注册登记证明，境外申报人还须提交当地公证机关的公证文件和相关的认证文件。委托代理人申报的，应当提交经申报人签字的授权委托书。

（二）集中对相关市场竞争状况影响的说明。具体包括：集中交易概况；相关市场界定；参与集中的经营者在相关市场的市场份额及其对市场的控制力；主要竞争者及其市场份额；市场集中度；市场进入；行业发展现状；集中对市场竞争结构、行业发展、技术进步、国民经济发展、消费者以及其他经营者的影响；集中对相关市场竞争影响的效果评估及依据。

（三）集中协议及相关文件。具体包括：各种形式的集中协议文件，如协议书、合同以及相应的补充文件等。

（四）参与集中的经营者经会计师事务所审计的上一会计年度财务会计报告。

（五）商务部要求提交的其他文件、资料。

第十一条　除本规定第十条要求提供的文件、资料外，申报人可以自愿提供有助于商务部对该集中进行审查和做出决定的其他文件、资料，如地方人民政府和主管部门等有关方面的意见，支持集中协议的各类报告等。

第十二条　申报人提交纸质申报文件、资料的同时，应当提交内容相同的光盘电子文档。申报文件、资料应当合理编排以方便查阅。

申报人应当提交中文撰写的文件、资料。文件、资料的原件是外文书写的，应当提交中文翻译件并附外文原件。文件、资料为副本、复印件或传真件的，应当根据商务部的要求出示原件供验证。

申报人应当同时提交申报文件、资料的公开版本和保密版本。申报人应当对申报文件、资料中的商业秘密和其他需要保密的信息进行标注。

第十三条　申报人应当提交完备的文件、资料，商务部应对申报人提交的文件、资料进行核查。商务部发现申报的文件、资料不完备的，可以要求申报人在规定期限内补交。申报人逾期未补交的，视为未申报。

第十四条　商务部经核查认为申报文件、资料符合法定要求的，应当自收到完备的申报文件、资料之日予以立案并书面通知申报人。

第十五条　申报人故意隐瞒重要情况或者提供虚假信息的，商务部不予立案。

第十六条　经营者集中未达到《规定》第三条规定的申报标准，参与集中的经营者自愿提出经营者集中申报，商务部收到申报文件、资料后经审查认为有必要立案的，应当按照《反垄断法》的规定进行立案审查并作出决定。

在前款所述申报和立案审查期间，参与集中的经营者可以自行决定是否暂停实施其集中交易，并承担相应的后果。

第十七条　商务部和申报人对在经营者集中申报前商谈和申报审查工作中知悉的商业秘密和其他需要保密的信息承担保密义务。

第十八条　本办法自 2010 年 1 月 1 日起施行。

附录七

《国务院办公厅关于建立外国投资者并购境内企业安全审查制度的通知》

国办发〔2011〕6号

各省、自治区、直辖市人民政府，国务院各部委、各直属机构：

近年来，随着经济全球化的深入发展和我国对外开放的进一步扩大，外国投资者以并购方式进行的投资逐步增多，促进了我国利用外资方式多样化，在优化资源配置、推动技术进步、提高企业管理水平等方面发挥了积极作用。为引导外国投资者并购境内企业有序发展，维护国家安全，经国务院同意，现就建立外国投资者并购境内企业安全审查（以下简称并购安全审查）制度有关事项通知如下：

一、并购安全审查范围

（一）并购安全审查的范围为：外国投资者并购境内军工及军工配套企业，重点、敏感军事设施周边企业，以及关系国防安全的其他单位；外国投资者并购境内关系国家安全的重要农产品、重要能源和资源、重要基础设施、重要运输服务、关键技术、重大装备制造等企业，且实际控制权可能被外国投资者取得。

（二）外国投资者并购境内企业，是指下列情形：

1. 外国投资者购买境内非外商投资企业的股权或认购境内非外商投资企业增资，使该境内企业变更设立为外商投资企业。

2. 外国投资者购买境内外商投资企业中方股东的股权，或认购境内外商投资企业增资。

3. 外国投资者设立外商投资企业，并通过该外商投资企业协议购买境内企业资产并且运营该资产，或通过该外商投资企业购买境内企业股权。

4. 外国投资者直接购买境内企业资产，并以该资产投资设立外商投资企业运营该资产。

（三）外国投资者取得实际控制权，是指外国投资者通过并购成为境内企业的控股股东或实际控制人。包括下列情形：

1. 外国投资者及其控股母公司、控股子公司在并购后持有的股份总额在50%以上。

2. 数个外国投资者在并购后持有的股份总额合计在50%以上。

3. 外国投资者在并购后所持有的股份总额不足50%，但依其持有的股份所享有的表决权已足以对股东会或股东大会、董事会的决议产生重大影响。

4. 其他导致境内企业的经营决策、财务、人事、技术等实际控制权转移给外国投资者的情形。

二、并购安全审查内容

（一）并购交易对国防安全，包括对国防需要的国内产品生产能力、国内服务提供能力和有关设备设施的影响。

（二）并购交易对国家经济稳定运行的影响。

（三）并购交易对社会基本生活秩序的影响。

（四）并购交易对涉及国家安全关键技术研发能力的影响。

三、并购安全审查工作机制

（一）建立外国投资者并购境内企业安全审查部际联席会议（以下简称联席会议）制度，具体承担并购安全审查工作。

（二）联席会议在国务院领导下，由发展改革委、商务部牵头，根据外资并购所涉及的行业和领域，会同相关部门开展并购安全审查。

（三）联席会议的主要职责是：分析外国投资者并购境内企业对国家安全的影响；研究、协调外国投资者并购境内企业安全审查工作中的重大问题；对需要进行安全审查的外国投资者并购境内企业交易进行安全审查并作出决定。

四、并购安全审查程序

（一）外国投资者并购境内企业，应按照本通知规定，由投资者向商务部提出申请。对属于安全审查范围内的并购交易，商务部应在5个工作日内提请联席会议进行审查。

（二）外国投资者并购境内企业，国务院有关部门、全国性行业协会、同业企业及上下游企业认为需要进行并购安全审查的，可以通过商务部提出进行并购安全审查的建议。联席会议认为确有必要进行并购安全审查的，可以决定进行审查。

（三）联席会议对商务部提请安全审查的并购交易，首先进行一般性审查，对未能通过一般性审查的，进行特别审查。并购交易当事人应配合联席会议的安全审查工作，提供安全审查需要的材料、信息，接受有关询问。

一般性审查采取书面征求意见的方式进行。联席会议收到商务部提请安全审查的并购交易申请后，在5个工作日内，书面征求有关部门的意见。有关部门在收到书面征求意见函后，应在20个工作日内提出书面意见。如有关部门均认为并购交易不影响国家安全，则不再进行特别审查，由联席会议在收到全部书面意见后5个工作日内提出审查意见，并书面通知商务部。

如有部门认为并购交易可能对国家安全造成影响，联席会议应在收到书面意见后5个工作日内启动特别审查程序。启动特别审查程序后，联席会议组织对并购交易的安全评估，并结合评估意见对并购交易进行审查，意见基本一致的，由联席会议提出审查意见；存在重大分歧的，由联席会议报请国务院决定。联席会议自启动特别审查程序之日起60个工作日内完成特别审查，或报请国务院决定。审查意见由联席会议书面通知商务部。

（四）在并购安全审查过程中，申请人可向商务部申请修改交易方案或撤销并购交易。

（五）并购安全审查意见由商务部书面通知申请人。

（六）外国投资者并购境内企业行为对国家安全已经造成或可能造成重大影响的，联席会议应要求商务部会同有关部门终止当事人的交易，或采取转让相关股权、资产或其他有效措施，消除该并购行为对国家安全的影响。

五、其他规定

（一）有关部门和单位要树立全局观念，增强责任意识，保守国家秘密和商业秘密，提高工作效率，在扩大对外开放和提高利用外资水平的同时，推动外资并购健康发展，切实维护国家安全。

（二）外国投资者并购境内企业涉及新增固定资产投资的，按国家固定资产投资管理规定办理项目核准。

（三）外国投资者并购境内企业涉及国有产权变更的，按国家国有资产管理的有关规定办理。

（四）外国投资者并购境内金融机构的安全审查另行规定。

（五）香港特别行政区、澳门特别行政区、台湾地区的投资者进行并购，参照本通知的规定执行。

（六）并购安全审查制度自本通知发布之日起30日后实施。

国务院办公厅

二〇一一年二月三日

参考文献

一、中文文献

1. 叶军、鲍治：外资并购境内企业的法律分析（2008 年修订增补版），法律出版社 2008 年版。

2. 刘恒：《外资并购行为与政府规制》，法律出版社 2000 年版。

3. 江平主编：《新编公司法教程》，法律出版社 1998 年版。

4. 李磊：《跨国公司并购在华并购的法律规制研究》，中国检察出版社 2007 年版。

5. 张晓君等：《国家经济安全的法律保障制度研究》，重庆出版社 2007 年版。

6. 种明钊主编：《竞争法》，法律出版社 2005 年版。

7. 李俊峰：《反垄断法的私人实施》，中国法制出版社 2009 年版，第 259 页。

8. 尧秋根：《中国外资并购市场：国际背景与市场转型》，中国经济出版社 2008 年版。

9. 周小知：《兼并收购和企业扩张》，中国劳动出版社 1999 年版。

10. 林新：《企业并购与竞争规制》，中国社会科学出版社 2001 年版。

11. 宋军：《跨国并购与经济发展》，中国财政经济出版社 2004 年版。

12. 王一：《企业并购》，上海财经大学出版社 2001 年版。

13. 王志乐主编：《2002—2003 跨国公司在中国投资报告》，中国经济出版社 2003 年版。

14. 黄中文、刘向东、李建良：《外资在华并购研究》，中国金融出版社 2010 年版。

15. 吴晓求主编：《公司并购原理》，中国人民大学出版社 2002 年版。

16. 漆彤：《跨国并购的法律规制》，武汉大学出版社 2006 年版。

17. 卫新江：《欧盟、美国企业合并反垄断规制比较研究》，北京大学出版社 2005 年版。

18. ［美国］理查德·波斯纳：《反托拉斯法》，孙秋宁译，中国政法大学出版社 2002 年版。

19. 尚明：《主要国家（地区）反垄断法律汇编》，法律出版社 2004 年版。

20. 尚明：《企业并购反垄断控制——欧盟及部分成员国立法执法经验》，法律出版社 2008 年版。

21. 尚明主编，商务部条法副编：《中国企业并购反垄断审查相关法律制度研究》，北京大学出版社 2008 年版。

22. 李国海：《反垄断法实施机制研究》，中国方正出版社 2006 年版。

23. 刘和平：《欧盟并购控制法律制度研究》，北京大学出版社 2006 年版。

24. 王晓晔：《企业合并中的反垄断问题》，法律出版社 1996 年版。

25. 王晓晔：《欧共体竞争法》，中国法制出版社 2001 年版，第 165 页。

26. 王晓晔：《反垄断法对跨国公司限制竞争行为的管制》，载《经济全球化下竞争法的新发展》，王晓晔主编，社会科学出版社 2005 年版。

27. 王晓晔：《王晓晔论反垄断法》，社会科学文献出版社 2010 年版。

28. 王中美：《并购与反垄断》，上海世纪出版集团 2008 年版。

29. 沈敏荣：《法律的不确定性——反垄断法规则分析》，法律出版社 2001 年版。

30. 孙效敏：《外资并购国有企业法律问题研究》，北京大学出版社 2007 年版。

31. 孙效敏：《外资并购境内企业监管研究》，北京大学出版社 2010 年版。

32. 陈爱斌：《结构与行为——论反垄断法的规制对象》，《经济法论丛》1999 年第 1 期，中国方正出版社 1999 年版。

33. 郑泰安、郑鈜等著：《反垄断法律制度研究》，四川人民出版社 2008 年版。

34. 时建中：《反垄断法——法典解释与学理探源》，中国人民大学出版社 2008 年版，第 18 页。

35. 国家工商局条法司：《现代竞争法的理论与实践》，法律出版社 1993 年版。

36. 林燕萍：《贸易与国际竞争法》，上海人民出版社 2006 年版，第

221 页。

37. 李文华:《WTO 规则下我国外资收购法律制度研究》，兰州大学出版社 2006 年版。

38. 张俊文:《反垄断法的国际协调》，载《经济法研究》第 3 卷，杨紫烜主编，北京大学出版社 2003 年版。

39. 吕红梅：《外资并购对我国国家经济安全的影响及对策研究》，《知识经济》2009 年 16 期。

40. 贾华强，韩冰:《外资并购与国家经济安全》，《中国发展观察》2006 年 09 期。

41. 陈春锋:《外资依赖与外资依赖型金融危机探析》，《同济大学学报（社会科学版)》2003 年 02 期。

42. 杨益：《理性看待外资并购，在进一步开放中维护产业安全》，《国际贸易》2009 年第 1 期。

43. 陈启清、任一泓:《高估值背后的市场逻辑——外资高价收购中国啤酒企业的市场价值解读》,《中外食品》2006 年第 7 期。

44. 王平、潘月杰：《跨国零售滥用市场优势地位及其法律规制》，《改革与战略》2009 年第 4 期。

45. 邓田生、刘慷豪:《外商在华垄断性并购对我国产业安全的影响分析》,《现代管理科学》2007 年第 3 期。

46. 罗汉春:《外资并购高峰突现》,《中国外资》2006 年 07 期。

47. 韩彩珍:《外资并购国内企业的问题及政策取向》，《中国外资》2006 年第 1 期。

48. 谢振莲、刘会敏：《外资并购我国国有企业的动因及效应分析》，《管理观察》总第 381 期。

49. 吴宗杰、曹东锋：《新一轮外资并购的战略意图及对策分析》，《商场现代化》2006 年 9 月（上旬刊）总第 478 期。

50. 田天:《开放格局下的外资并购和国家经济安全》，《天津市财贸管理干部学院学报》2009 年第 2 期。

51. 侯怀霞、钟瑞栋:《企业并购立法研究》，《中国法学》1999 年第 2 期。

52. 陈丽、刘东:《论日本反垄断法及其对我国的启示》，《郑州航空工业管理学院学报（社会科学版)》2011 年 06 月第 3 期。

53. 高雅瑞、姜发根：《外资并购境内企业的反垄断问题研究》，《三峡大学学报》2009 年第 1 期。

54. 史建三：《“经营者集中”的后续思考》，《华东政法大学学报》2008 年第 4 期。

55. 代高洁、戴武堂：《日本反垄断法的新发展及其对中国的借鉴意义》，《内蒙古财经学院学报》2009 年第 6 期。

56. 肖维：《日本反垄断法的实施及其对我国的启示》，《重庆科技学院学报（社会科学版）》2011 年第 9 期。

57. 吕冰心：《解读 2007 年外资并购大事件》，载《法人杂志》2007 年第 12 期。

58. 苏昕：《详解 GOODBABY GROUP（好孩子集团）杠杆收购案》，《科教导刊》2011 年 1 月（中）。

59. 姜占英：《新桥资本收购深发展案的思考》，《银行家》2004 年第 8 期。

60. 陈艳：《卡特彼勒的中国攻略及国内重型机械企业的对策》，《湖南商学院学报》2007 年第 3 期。

61. 晓石：《卡特彼勒中国猜想》，《工程机械与维修》2004 年第 1 期。

62. 蒋姮，伍燕然：《外国投资国家安全审查：美国的新举措及其借鉴》，《国际经济合作》2007 年第 9 期。

63. 王小琼、何焰：《美国外资并购国家安全审查立法的新发展及其启示——兼论〈中华人民共和国反垄断法〉第 31 条的实施》，《法商研究》2008 年 6 期。

64. 李英辉、袁晖：《我国反垄断规章制度及反垄断法草案存在的问题》，《现代财经》2003 年第 9 期。

65. 杨俊锋：《跨国并购考问中国法规》，《新远见》2006 年第 6 期。

66. 孙红霞：《浅谈我国外资并购的法制环境及完善途径》，《政法论丛》2004 年第 1 期。

67. 孙韦：《外资在中国并购的新探讨》，《皖西学院学报》2004 年第 4 期。

68. 邓菲、邓小超：《外资并购的反垄断立法初探》，《高等函授学报（哲学社会科学版）》2007 年第 20 卷第 4 期。

69. 马蓉：《跨国并购对国家产业与经济安全的影响与对策》，《对外经贸实务》2004 年第 6 期。

70. 汤世生、刘吉等:《高度关注全球并购对我国经济安全的影响》,《中国企业家》2005 年第 12 期。

71. 徐中起、刘鹏:《我国外资并购反垄断的域外适用问题》,《法学杂志》2006 年第 1 期。

72. 王晓晔、陶正华:《WTO 竞争政策及其对中国的影响——兼论制定反垄断法的意义》,《中国社会科学》2003 年第 5 期。

73. 王晓晔:《我国反垄断法的域外适用》,《上海财经大学学报(哲学社会科学版)》2008 年第 1 期。

74. 张劲松:《试论对国际性并购的法律管制》,《国际贸易问题》2001 年第 1 期。

75. 陈笑梅:《解析国际投资法中的国民待遇》,《科技与法律》2007 年第 5 期。

76. 李依遥、朱圣春:《论跨国并购的国际协调》,《特区经济》2002 年第 12 期。

77. 孟雁北:《论产业政策与反垄断法的冲突与协调》,《社会科学研究》2005 年第 2 期。

二、英文文献

1. Alison Jones and Brenda Sufrin, EC Competition Law, Text, Cases and Materials, Oxford University Press 2001.

2. Raymond Vernon, "Storm over the Multinationals", Harvard University Press, 1977.

3. Damien, Neven. Merger in Daylight, London: Centre for Economic Policy Research, 1993.

4. Foreign Investment and National Security, Yale Journal on Regulation, Winter, 2008, (4).

5. A. M. Arnull, A. A. Dashwood, M. G. Ross & D. A. Wyatt, European Union Law, Fourth Edition, Sweet & Maxwell, 2000.

6. Markusen, J. R., Multinational firms and the theory of international trade, MIT Press, 2002.

7. Caves, R. E., Multinational Enterprises and Economic Analysis, Cambridge University Press, Cambridge, 1996.

8. Waller, Spencer Weber, Federal Antitrust and EC Competition Law Analysis, World Competition: Law & Economics Review, 2009.

9. Waller, SpencerWeber, The Antitrust Revolution: Economics, Competition, and Policy, World Competition: Law & Economics Review, 2009.

10. Dogan, Stacey L., Lemley, Mark A., Antitrust Law and Regulatory Gaming, Texas LawReview, 2009.

11. Costello MM., After the fact: the case for posttransaction antitrust review of health plan mergers, Hosp Top, 2008.

12. Peritz, Rudolph J. R., The Roberts Court after two years: antitrust, intellectual propertyrights, and competition policy, Antitrust Bulletin, 2008.

13. Gundlach, Gregory T., Foer, Albert A., Buyer power in antitrust: an overview of the American Antitrust Institute's invitational symposium on buyer power, Antitrust Bulletin, 2008.